DIGITAL VORTEX

How Today's Market Leaders Can Beat Disruptive Competitors at Their Own Game

対デジタル・ディスラプター戦略

既存企業の戦い方

マイケル・ウェイド、ジェフ・ルークス、ジェイムズ・マコーレー、アンディ・ノロニャ
根来龍之 監訳、武藤陽生、デジタルビジネス・イノベーションセンター 訳

日本経済新聞出版社

DIGITAL VORTEX
How Today's Market Leaders Can Beat
Disruptive Competitors at Their Own Game
by Jeff Loucks, James Macaulay, Andy Noronha and Michael Wade

Japanese translation and electronic rights arranged with
IMD – International Institute for Management Development,
Lausanne, Switzerland
through Tuttle-Mori Agency, Inc., Tokyo

デジタル・ボルテックス、この無数のチャレンジとチャンスのなかで
成長しているふたりの息子、ドミニクとマルコムに――J・L

すばらしいビジネス精神の持ち主にして、
それよりもっとすばらしい父親だったジム・マコーレーの思い出に――J・M

私の子供たち、アレッサンドラとマテウスに。
たゆまぬ冒険と発見、それから破壊を――A・N

ハイジに。きみの忍耐、サポート、愛に……
そして今回も私の学究的な道楽に耐えてくれたことに――M・W

はじめに

シスコのＣＥＯとして過ごした20年以上のあいだに私が学んだ最も大きな教訓のひとつは、自分自身を破壊する勇気を持たなければならないということだ。それは取りも直さず、同僚に先んじて市場の変化を読み、機をとらえるということである。リーダーであれば大胆な動きに出てコンフォートゾーン（訳注、不確実性のない居心地のよい世界）の外側に足を踏み出さなければならないこともしばしばだ。こうした変化を試練と受け止めるのではなく、むしろチャンスと考えたい。その意気があれば、リーダーは自らを変え、自社のビジネスを変え、究極的にはテクノロジーの未来を変えることができる。私はそう信じている。

私たちはいま、史上空前のテクノロジー激動期であるデジタル時代を生きている。デジタル化が、これまでインターネットがもたらしてきた衝撃の5倍から10倍もの衝撃をもたらす日が来るだろう。シスコの分析によれば、インターネットに接続されているデバイスの数は２０１５年時点では１５０億台だったが、２０２０年には５００億台以上になる。この前代未聞の「つながり（コネクティビティ）」が数兆ドル規模のチャンスを生むだろう。いまこの事実を受け入れるリーダーには、前進を続ける「デジタル・トランスフォーメーション」の価値を最大限に生かすチャンスがやってくる。さもなければ、業界をリードしている企業の10社中4社が、今後5年のうちに「デジタル・ディスラプション」によってその座から引きずりおろされ、姿を消すだろう。

この変化を見越し、シスコはIMDと5年間のパートナーシップを結んで「グローバルセンター・フォー・デジタルビジネス・トランスフォーメーション（DBTセンター）」を設立した。この画期的な共同プロジェクトにより企業と学界のリーダーたちがデジタル化の最前線に集い、現代という「あらゆるものがつながった世界」で直面している最大の問題を、顧客や企業、社会が探求し、それに対処するための世界初のグローバルな研究拠点が誕生した。

エグゼクティブ教育の分野で世界的に突出したリーダーであるIMDをパートナーに選んだのは、「私たちの顧客にこの現実を理解し、デジタル時代に成功を収めてもらうためには、新しいモデルと継続的な努力が不可欠だ」という信念を共有していたからだ。最初の1年間で、シスコのスタッフとIMDの教授陣、研究スタッフは力を合わせ、デジタル・ディスラプションについて調査しつつ、さまざまな企業と協働して「ディスラプションが企業にとってどんな意味を持つのか」「この状況から生まれてくる試練を乗りきるにはどうすればいいのか」を見きわめようとしてきた。

その集大成が本書だ。本書では著者らが「デジタル・ボルテックス」と呼ぶ、今日の競争の現実が説明される。デジタル・ボルテックスとは、ビジネスに飛躍的な変化をもたらす「デジタル」によって支えられた一連の市場変化すべてをひっくるめた呼称だ。

本書には、「ディスラプター（破壊的イノベーター）」がビジネスを構築し、市場に変化をもたらしている手法や、組織に不可欠な最先端の調査、示唆に富んだ洞察、次世代のベストプラクティスが書かれている。既存の組織や機関はこれらの知識を活用することで攻勢に転じ、自らディスラプターとなれるだろう。これは、どんな企業のＣＥＯやリーダーにとっても最優先で考えるべき課題だ。「デジタル・ボルテックス」の力学を理解すれば、新次元のアジリティ（敏捷性）を身につけ、自らの行動を変えるだけでなく状況に適応できるようになる。本書は、そうした変化を実現する（ディスラプトされるのではなく、どうすればディスラプトできるかを考える）ための実用的なロードマップだ。

業界や地域、市場シェアを問わず、企業リーダーたちは岐路に立たされている。まずはその事実を受け入れることからはじめよう。本書ならびに本書内で紹介される調査やツールには、テクノロジー史上におけるこの重大局面を自らが有利になるよう導くためのヒントが詰まっている。あらゆる企業がデジタル・ボルテックスの影響を受けるだろう。そして、あらゆる企業がライバルより一歩リードする方法を学べるはずだ。

シスコシステムズ取締役会長　ジョン・Ｔ・チェンバーズ

対デジタル・ディスラプター戦略　目次

II デジタルビジネス・アジリティ

装丁――松田行正十倉橋弘

序章 「破壊者」ではなく「破壊の力学」に注目する

Introduction

本書の4人の著者、ジェフ・ルークス、ジェイムズ・マコーレー、アンディ・ノロニャ、マイケル・ウェイドは、いずれもまったく異なる出発点から「デジタル・トランスフォーメーション」というテーマにたどり着いた。うち3人はシリコンバレーに拠点を構えるグローバルな大手ネットワーク企業、シスコの内部研究グループのメンバーであり、残るひとりはエグゼクティブ教育に力を注ぐスイスのビジネススクール、IMDの教授だった。私たち4人はみな、2012年から14年までのあいだに、おもだった顧客や受講生がデジタル関連の話題にがぜん大きな興味を示しだしたことに気づいた。これを受け、「一点に集まりつつあるテクノロジーのメガトレンド」に関する調査がシスコで開始され、このトレンドは今後10年間で19兆ドルの価値を持つにいたると試算された（注1）。デジタル技術は急速に成長、進化しており、シスコはその中心にいた。

毎年IMDの門を叩く9000人のエグゼクティブたちのほとんどが、デジタルに関心を持っていたが、その多くは「様子見」を決め込んでいた。なかにはデジタルに対して健全な疑念を表明する者もいた。そもそも「デジタル」という用語には、はっきりとした定義が存在しない。エグゼクティブたちは、グーグルやアマゾン、フェイスブックといった大いにもてはやされているインターネットの巨人たちと自分たちにそれほど接点があるとは考えておらず、デジタルというのは何かを採掘したり、製造したり、運んだりする業界ではなく、「1と0に変換できる製品」にのみ関係があるものだと考えていた。自らの旧態依然とした事業にデジタルを組み込めるかどうかや、デジタル・ビジネスモデル（訳注、デジタル技術を活用して収益機会をとらえるビジネスモデル）を自社に導入するとしてそれがいつになるかについて、彼らは具体的な考えを持っていなかった。それに、以前にも同じようなことがあった。2000年代のインターネットバブル崩壊と、その後に続いた「テクノロジーがあればなんでも可能になる」という大言壮語の類いを彼らは何度も経験してきた。

時は流れ、デジタル分野の語彙に新たな単語が加わった。それが「ディスラプション（創造的破壊）」だ。空き部屋をシェアするエアビーアンドビー（Airbnb）やスマートフォンからタクシーを呼べるウーバー（Uber）といったディスラプターは大きな（大きすぎるくらいの）注目を集めたが、彼らの出現はたんなる転換点に過ぎない。デジタル・ビジネスモデルは、これまで明らかに「物質的」だった業界をも脅かしている。これは新聞業界のことではない。エアビーアンドビーが狙ったホテル業界も、ウーバーが狙ったタクシー業界も、この種のディスラプションが起きるとは考えられていなかったし、業界関係者たちもその備えができていなかった。彼らは完全に不意打ちを食らった。ここにきて、他のもっと時代遅れな分野を狙ったスタートアップ企業が、にわかにメディアやベンチャーファンドの注目を集めはじめている。業界を問わず、市場の変化は加速しているのだ。

２０１５年がはじまったころには、シスコやＩＭＤで、それぞれの顧客や受講生であるエグゼクティブたちからこう尋ねられることが多くなっていた。「スタートアップ企業がデジタル技術とデジタル・ビジネスモデルを駆使して私の業界や会社をディスラプト（破壊）することはありえるのでしょうか」。たんなる好奇心だったものがやがて焦りに変わると、質問の性質も変わっていった。「ディスラプターたちはどうしてこんなにうまく、すばやく既存企業を攻撃できるのでしょうか」「私の会社も狙われる可能性がありますか」「自社にデジタル・ビジネスモデルを取り入れて競争力を高めるにはどうすればいいでしょうか」。デジタルはもはや抽象的なものでもなければ、アカデミックな興味の対象でもない。もっと身近で個人的なものになったのだ。

彼らの疑問に対する答えを出すべく、シスコとＩＭＤはタッグを組み、２０１５年のなかごろに「グローバルセンター・フォー・デジタルビジネス・トランスフォーメーション（ＤＢＴセンター）」を立ち上げた。デジタルによる変革について調べるため、ビジネスと経営というＩＭＤの視点と、テクノロジーというシスコの視点、この補完的なふたつの視点を組み合わせたものがＤＢＴセンターだ。ふたつの視点をひとつにすることで、ユニークかつ強力な、調査のための「レンズ」ができあがり、私たちはそのレンズを通してデジタル・ディスラプションを観察した。４人の著者が知り合ったのも、ＤＢＴセンターの調査を通してだった。

当初、私たちはエグゼクティブたちの疑問に対して、あまりいい答えを見つけられずにいた。学術論文やコンサルティング文献を漁っても、誰ひとりとして答えを持っていないことがわかっただけだった。デジタルを活用した企業変革を説いた書籍や文書は数多くあったが、そうしたアドバイスのほとんどは非常に技術的で、従来の「チェンジマネジメント」の域を出ていないか、あるいはマーケティング用の販促資料と大差ないものだった。企業がトップダウン型で変革を主導して組織文化を変えることも大事かもしれないが、そうした一般的なアドバイスは、デジタル・ディスラプションが目前に迫った組織にとってあまり実用的な価値はない。「既存企業に対するデジタル・ディスラプターの脅威とはどのような性質のものか」「そうした脅威と戦うために、どのような戦略を採るべきか」といったことについては、ほとんどなんの答えも得られなかった。

ワークショップや勉強会、研修プログラム、調査プロジェクトを通して著者らとチームは緊密に連携し合った。学術的になりすぎないよう心がけつつ、さまざまな業界や地域の企業（デジタルか非デジタルかを問わず）のエグゼクティブたちと何百という対話を重ねて知識のデータベースを構築した。ひとつ断わっておくと、本書はシスコについて書いたものではない。デジタルによる変化を可能にするリーダー企業としてのシスコのポジションを生かして、私たちが学んだことを世界じゅうの企業とともに補強し、よりいっそう進化させるために書いたものだ。

本書に記された知見は、次のようなDBTセンターでの調査やイベントから得られた。

・世界じゅうの既存企業の上級エグゼクティブ941名に対する定量的調査
・スタートアップ企業、ディスラプティブ（破壊的）な企業の創業者、上級エグゼクティブ数十名への綿密なインタビュー

・100社以上のデジタル・ディスラプターのビジネスモデル解析。彼らの仕事のやり方、最終顧客（エンドカスタマー）に対して生み出している価値の解明
・デジタル・ディスラプションを取り巻く課題やデジタルを利用した自社ビジネス変革について、既存企業の上級エグゼクティブ数百名とワークショップやイベントで交わした議論

この調査を通して、ディスラプションが発生する仕組みや、それに対処するための戦略、その戦略を実行するための組織能力についていくつかのことがわかった。起業家精神あふれるスタートアップ企業について学ぶのは楽しいことだが、本書が想定している一番の読者は、デジタル・ディスラプションのまっただなかで成功するための知識を求めている既存企業だ。本書で紹介する多くの（大半ではないにしろ）スタートアップ企業が長期的に見ればおそらく成功しないだろう。それがスタートアップ企業の宿命だ。そうした企業を取り上げるのは、彼らが今日の市場リーダーを打ち負かすと考えているからでも、特別な賞賛に値するからでもない。それどころか、私たちはスタートアップ企業というものを少しも信奉していない。それでも彼ら（と数少ない熱心な既存企業）がもたらした意義深いディスラプションを分解して研究し、既存の大手企業に応用することはできるはずだ。以後、折に触れて強調するが、重要なのは「ディスラプション」であって「ディスラプター」ではない。市場に長く残り、競争に変化をもたらす真の源泉となり、既存企業にとって脅威にもチャンスにもなりうるのは、ディスラプターに象徴される「デジタル・ディスラプション」なのだ。

本書で用いる概念の定義

「デジタル」というのはあやふやな言葉で、きわめて日常的に使われるビジネス用語でありながらも、きちんとした定義がなされていない。調査を通して私たちは、デジタルに関するいくつかの概念について本書全体の理解の助けとなる具体的な定義をした。

デジタル　複数の技術革新が、つながり（コネクティビティ）の向上という意味で統合されていくこと。本来、そうしたイノベーションは時間をかけて進化していくものだが、今日的な問題に直結する技術的イノベーションだけでも、ビッグデータとその解析（アナリティクス）や、クラウドコンピューティングなどのプラットフォーム技術、モバイルソリューションと位置情報サービス、ソーシャルメディアなどの連携アプリ、インターネット接続機器とIoT（訳注、モノのインターネット。さまざまなモノに通信機能を持たせる技術）、人工知能と機械学習、バーチャルリアリティなどがある。私たちの定義では、これらの技術のうちのひとつ以上を土台にしているものを「デジタル」と呼ぶ。カギは「つながる」ことだ。

デジタル・ディスラプション　デジタル技術とデジタル・ビジネスモデルが、企業の（現時点での）価値提案（バリュープロポジション）と市場における今後の地位におよぼす影響。デジタル・ディスラプションは必ずしもネガティブなものではないが、そうしたイメージで語られることが多い。本書の随所で説明するが、デジタル・ディスラプションは脅威であると同時にチャンスを照らす光でもある（注2）。

デジタルビジネス・トランスフォーメーション　デジタル技術とデジタル・ビジネスモデルを用いて組織を変化させ、業績を改善すること。第1にその目的が企業の業績を改善することであり、第2にデジタルを土台にした変革であること。組織は絶えず変化しているが、ひとつ以上のデジタル技術が大きな影響をおよぼしているものでなければ「デジタルビジネス・トランスフォーメーション」には分類されない。そして第3に、プロセスや人、戦略など組織の変化をともなうものであること。デジタルビジネス・トランスフォーメーションには、テクノロジーよりもはるかに多くのものが関与している。

厳密に言えば、この本のテーマは古典的な意味での「変革」ではない。本書はDBTセンターでIMDとシスコが協働した最初の1年間の成果であり、私たちがいまにいたるまで学んできた重要な知識の集大成である。変革に関連する多くのテーマや組織改革のための企業向けロードマップについては、今後4年間のパートナーシップでより深く追究していくつもりだ。本書は、既存企業がデジタル・ディスラプションを利用し、スタートアップ企業や従来とは異なるライバル企業と効果的に戦うためのマニュアルだと考えてほしい。

本書の構成と各章の内容

本書では、デジタル・ディスラプションの作用や、イノベーターたちがデジタル・ディスラプションをどうやって起こしているのか、現状において既存企業はどんな戦略を採るべきかを説明する。中核となるのは、企業全体のアジリティ（敏捷性）を高めることと、デジタル・ディスラプターと既存企業のあいだに一線を引いている「人やプロセス、技術の活用法」を解明して組織を変革することだ。

全体は2部構成となっている。第Ⅰ部では「デジタル・ボルテックス」という渦巻きのイメージを通してデジタル・ディスラプションを紐解く。デジタル・ボルテックスがさまざまな業界の競争におよぼしている影響を理解し、それを支えている「カスタマーバリュー」と「ビジネスモデル」の種類を特定することでディスラプションの構造をつかむ。また、ディスラプションに対応するための戦略とアプローチを提案する。最初から最後まで通して読めば、大きな市場を持つ既存企業が自らの土俵の上でディスラプターを倒すすべを学べるだろう。

第1章では、広範な独自調査と分析にもとづき、デジタル・ディスラプションが引き起こしている深刻かつ切迫した脅威を明らかにし、デジタル・ボルテックスのメカニズムを説明する。これが本書のコンセプトの骨格となる。デジタル・ディスラプションは現実のものであり、適切な行動をとれなかった者が受ける影響は甚大かつ迅速だ。渦巻きのたとえを使うことで、ディスラプションの本質とディスラプションを支配しているルールを理解しやすくなり、どのようにしてあなたが影響を受けるのか、なぜ影響を受けるのかがわかる。

第2章では、デジタル・ディスラプターがどのようなビジネスモデルを使って顧客にバリューを届けているかを特定し、ディスラプターが参入してきたときに既存企業が苦戦を強いられる理由を探る。また、デジタル・ディスラプターが3種類のカスタマーバリュー（コストバリュー、エクスペリエンスバリュー、プラットフォームバリュー）を創出していること、そうしたバリューを15種類の特徴的なビジネスモデルを使って顧客に届けていることを示す。が、大きな成功を収めているディスラプターは、既存企業より安価で上質な製品やサービスを提供するために「複数のビジネスモデル」を組み合わせていることが多い。私たちはこれを「組み合わせ型ディスラプション」と呼んでいる。ここで説明されるビジネスモデルは、既存企業がディスラプションを起こすための基本的要素になる。

第3章では、デジタル・ボルテックスのなかでは（競争に参加しているプレーヤーを含め）競争が根本的に変化してしまうことを示す。既存企業にとって悪夢ともいえる種類のディスラプターについて説明するため、「バリューバンパイア（価値の吸血鬼）」という言葉を用いる。バリューバンパイアの特徴は、その攻撃を受けた市場の規模が恒久的に小さくなってしまうことだ。そうなると既存企業は、減少した売上や利益率を回復しようと必死になる（バリューバンパイアの攻撃を受けてまだ息があればの話だが）。また、デジタル・ディスラプションのポジティブな側面についても考える。うまく立ちまわれば既存企業も、デジタル・ビジネスモデルを利用して新しいチャンスをつかめるかもしれない。私たちはこれを「バリューベイカンシー（価値の空白地帯）」と呼ぶ。デジタル・ボルテックスのなかで競争優位が永遠に続くことはありえない。

第4章で学ぶのは、バリューバンパイアをはじめとするディスラプターに中核事業を攻撃されたとき、既存企業は自らの最大の弱点を強みに変えなければならないということだ。そのためには、市場を破壊することと市場を占有すること（あるいは勝つこと）の決定的なちがいを理解する必要がある。この章では、どんな企業でも使える4つの対応戦略を紹介する。うちふたつ（収穫戦略と撤退戦略）は防衛的な戦略で、残るふたつ（破壊戦略と拠点戦略）は攻撃的な戦略だ。これらの戦略から、デジタル・ボルテックスの破壊的な状況下で競争力を保つすべを理解する。

第Ⅱ部では、「アジリティ（敏捷性）」という土台を築いてディスラプションに対応する方法を考える。ますますデジタル化していく世界にあってアジリティは組織が使える最も重要な武器だ。強固なアジリティなしにデジタル・ボルテックスの渦のなかで成功しつづけることはできない。

アジリティを身につける方法は企業や業界によって異なるかもしれないが、核となるコンセプトと能力は同じだ。強固なアジリティがあれば、市場の変化にすばやく適応して自分が有利になるようにそれを利用することで、「ディスラプターがあなたの中核市場にどのような攻撃を仕掛けてくるのか」「どうすれば顧客により魅力的なバリューを積極的に提案することができるか」がわかる。また、手強いデジタル・ディスラプターの出現を察知して、隣接する市場にチャンスを見出せるようになる。デジタル・ボルテックスの渦のなかで生き残るには変革が、そして変革にはアジリティが不可欠だ。

第5章では「デジタルビジネス・アジリティ」を紹介する。デジタル・ビジネスモデルを用いて新たな形態のバリューを創出するには、このデジタルビジネス・アジリティが必要になる。それは、「ハイパーアウェアネス（察知力）」「情報にもとづく意思決定力」「迅速な実行力」という相互に補完し合う3つの能力で構成される。この章では、これらのコンセプトを定義し、デジタル・ボルテックスのなかでうまく立ちまわるために、これら3つの能力すべてが要求される理由を説明する。

第6～8章では、デジタルビジネス・アジリティを構成する3つの能力それぞれについて詳述し、既存企業とスタートアップ企業がそうした能力を身につける方法を示す。次世代のベストプラクティスと新しいテクノロジーを紹介し、あなた自身の「ハイパーアウェアネス（察知力）」「情報にもとづく意思決定力」「迅速な実行力」を高める方法を考える。これら3つの能力がひとつになれば、脅威とチャンスに対して敏感になり、一貫して英断をくだしつつ、デジタル・ディスラプションの渦中を前進するのに必要なスピードで物事を実行することができるようになる。デジタルビジネス・アジリティを身につける際に求められる業務上の変化は、そうした能力を獲得するための「社内デジタル・ディスラプション」のようなものだと考えてほしい。

終章では、調査で判明した結果とアイデアをあなたの組織に応用することに重点を置く。ここで紹介する問いに答えることで、「あなたの組織がデジタル・ディスラプションに対してどれくらい脆弱か」「どうすれば反撃に打って出られるか」がわかる。本書は、ディスラプターがどのようにして事業をおこなっているかを理解し、ともすれば恐ろしく危険な新世界で競争力を保つすべを学ぶための本である。最終的に自らの組織内で、どのようなハイパーアウェアネスや、情報にもとづく意思決定力、迅速な実行力を育むかは、あなた自身が決断しなければならない。本書の結びでは、変革の旅に船出するにあたり、あなたが従うべきいくつかのモデルを提示し、数年後、実際にデジタル・ボルテックスの渦中で立ちまわらなければならなくなった際に抱くであろう大きな疑問について私たちの見解を示す。

なお、日本語版にあたる本書の巻末では、日本企業がデジタル・ディスラプションにどう立ち向かおうとしているのか、実際にどのようなビジネスモデルや戦略を展開しているのかについて2つの論考を収録している。

ひとつは、デジタルビジネス・イノベーションセンター（DBIC）が日本国内の企業を対象にしておこなった定量的調査の結果に基づくものである。調査からは、デジタル・ディスラプションに対する認識は高まりつつあるものの、そのインパクトを測りかねている日本企業の姿が明らかになった。

もうひとつは、本書の監訳を務めた早稲田大学の根来龍之教授によるものである。読者の皆さんにとって身近な日本企業の事例をふまえ、実際にデジタル・ビジネスモデルを展開している企業や、バリューベイカンシー獲得に向けて拠点戦略をとっている既存企業を紹介している。デジタル・ボルテックスの渦のなかでの戦い方について、よりいっそう理解を深めるものとなっている。ぜひ参照していただきたい。

Digital Vortex

I

デジタル・ボルテックス

第1章 デジタル・ディスラプションの破壊力

Disruption in the Didital Vortex

デジタル・ディスラプションと従来の競争力学とのちがいは、突きつめれば、ふたつの大きな要素に集約される。そのふたつとは「変化の速度」と「利害の大きさ」だ。デジタル・ディスラプターは急速にイノベーションを起こして市場シェアを獲得し、物理的なものが大部分を占めているビジネスモデルに固執する競争相手よりもはるかに迅速に規模を拡大していく。とりわけ彼らが危険なのは、ひと晩のうちに巨大な顧客基盤を築き上げ、いくつものビジネスモデルを機敏に使いこなして複数の市場の既存企業を脅かすからだ。

デジタル・ディスラプションの顕著な例は通信業界に見られる。2009年、ワッツアップ（WhatsApp）は高料金のSMS（ショートメッセージサービス）に代わる無料の代替サービスを武器に、1000億ドル規模のグローバルなテキストメッセージ市場に攻撃を仕掛けた（注1）。その後すぐに無料のモバイル通話サービスをはじめ、利用者数8億人にのぼる一大プラットフォームをつくり上げると、これに注目したフェイスブックが2014年に220億ドルで同社を買収した（注2）。フェイスブックがワッツアップと自社が保有する他のブランドを使ってディスラプトしようとしているのは、通信業界だけではない。自社のメッセンジャー機能にP2P

（ピアツーピア）の決済機能を導入したフェイスブックは、このサービスをワッツアップの利用者にも提供しようと準備を進めている。また、モバイル広告市場におけるグーグルの牙城を切り崩すべく、企業がユーザーに直接コンタクトできるビジネスモデルの試験もおこなっている。こうしたディスラプションのいっさいは、消費者同士がスマートフォンで「無料の」メッセージを送り合えるという、一見シンプルな機能しか持たない、たったひとつのイノベーティブなプラットフォームからはじまった。

ある意味では、こうしたベンチャーが成功するかどうかは問題ではない（注３）。実を結ぶ戦略があれば、そうではない戦略もある。それは避けられないことだ。しかし、そこにとてつもなく大きな利害がからんでいるのはまちがいない。この場合は、フェイスブックが収益をあげられるかどうかだけでなく、多くの企業がディスラプトされるかどうかも懸かっている。２０１２年から18年までのあいだにワッツアップなどのＯＴＴ業者（訳注、オーバー・ザ・トップ業者、インターネット回線を通してコンテンツやサービスを提供する通信事業者以外の企業）は、モバイル通話だけで世界じゅうの通信事業者から３８６０億ドルの収益を奪うと予想されている（注４）。中核事業にそれほどのダメージを受けても耐えられる通信事業者が、はたしてどれだけいるだろうか。

デジタル・ディスラプションは、ハイテク分野の企業にかぎった話ではない。本書でこれから示していくように、デジタル・ディスラプションの影響は多くの業界に見受けられ、そこにはもっと保守的な市場だと考えられていた分野も含まれている。たとえば高級ファッション分野は、これまでデジタルによる変化をあまり受け入れてこなかったが、いまではバーバリーなどデジタルに強い既存企業や、ネッタポルテ（NET-A-PORTER）やギルト（Gilt、現在はサックス・フィフス・アベニュー傘下）といった新規参入業者の双方による破壊が進んでいる。農業や商業銀行、エネルギー、保険、製造、製薬、専門サービス、不動産、サプライチェーン、物流など多様なB2B（企業間取引）市場でもディスラプションが見られる。

ディスラプションの不安に直面した企業は、自社がどう対応するかを決めるまえに「ディスラプションによって競争の性質はどう変わるのか」「最も破壊的なテクノロジーとビジネスモデルとはどのようなものなのか」について知っておかなければならない。デジタル・ディスラプションが世界じゅうの市場に与えている影響の全体像をつかむためにDBTセンターは、13カ国、12業界をまたぐ941名のエグゼクティブを対象に調査をおこなった。この調査への回答は本書の端々で紹介するが、デジタル・ディスラプションが数々の業界を流動化させ、その変化が加速を続けていることがわかるだろう。

デジタルが生んだ新たな破壊の力学

数百万人の利用者（と数十億ドルの株式評価額）を抱えるデジタル・ディスラプターの数は、過去3年のあいだに驚くほど増加している。その好例といえるのが、ベンチャーキャピタル用語で「ユニコーン」と呼ばれる、10億ドル以上の評価額を持つスタートアップ企業だ。ユニコーン

図1　盛者必衰

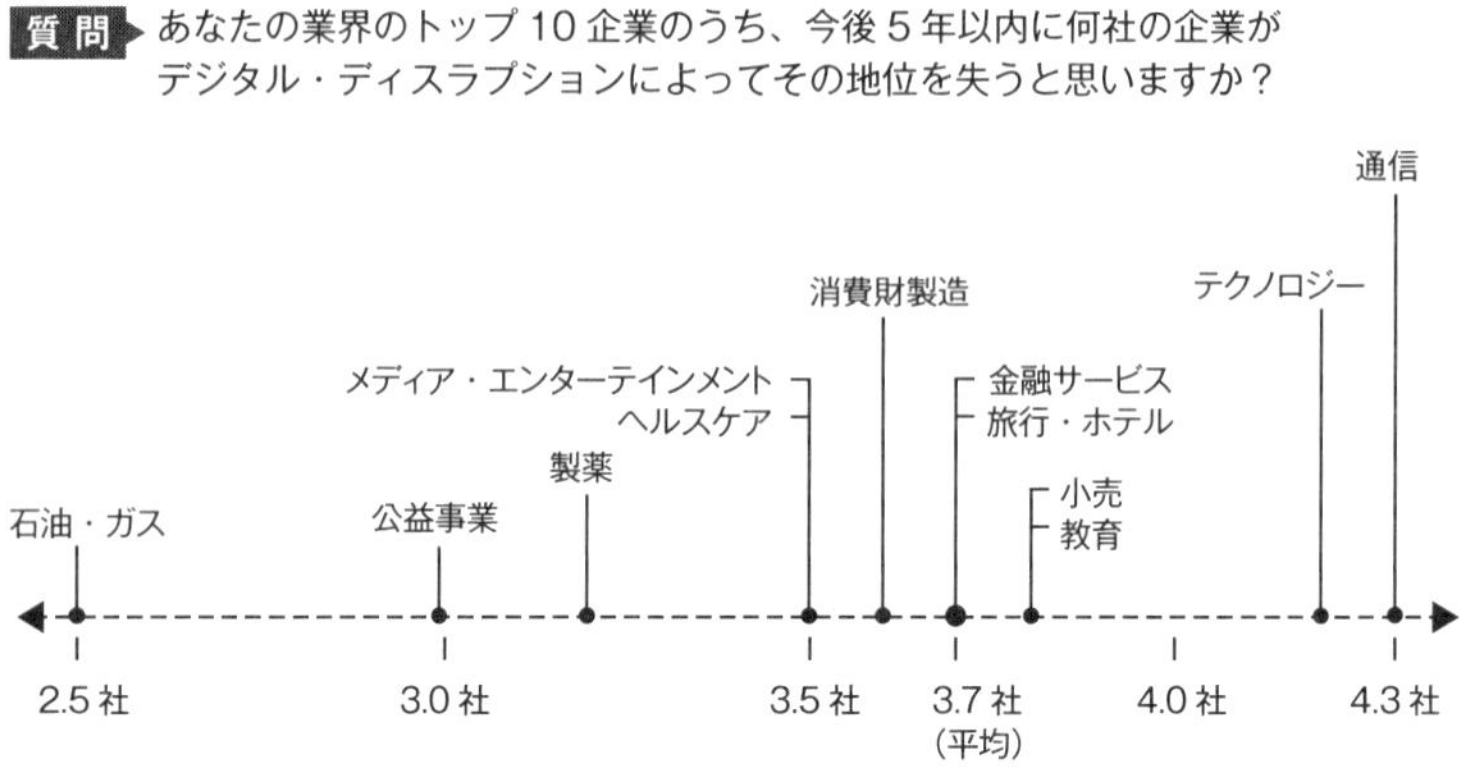

Source: Global Center for Digital Business Transformation, 2015

（一角獣）が歴史的にきわめて珍しい動物とされていたことになぞらえてそう呼ばれているわけだが、次なるアリババ（Alibaba、２０１４年に２５０億ドルという史上最高額での新規株式公開となった中国の電子商取引ポータル）（注５）を探し出そうとしているベンチャーファンドにとって、ユニコーンは競争シーンの風物詩になりつつある。調査会社のＣＢインサイツによれば、２０１６年なかばまでに１５０社を超えるユニコーン企業が出現し（注６）、うち14社の評価額は１００億ドル超に、そのうちの２社（ウーバーと中国のシャオミ）の評価額だけで約１０００億ドルとなっている（注７）。

　私たちの調査の結果、既存企業がディスラプトされる可能性と、彼らがディスラプションに対応できるかどうかについて、いくつもの不穏な発見があった。図１に示されているように、調査に参加したエグゼクティブたちは「今後５年以内に（市場シェア）トップ10の既存企業の

図2　生きるか死ぬか

質問 デジタル・ディスラプションの結果、競争から取り残されるリスクが「ある程度増加した」または「いちじるしく増加した」と答えた人の割合。

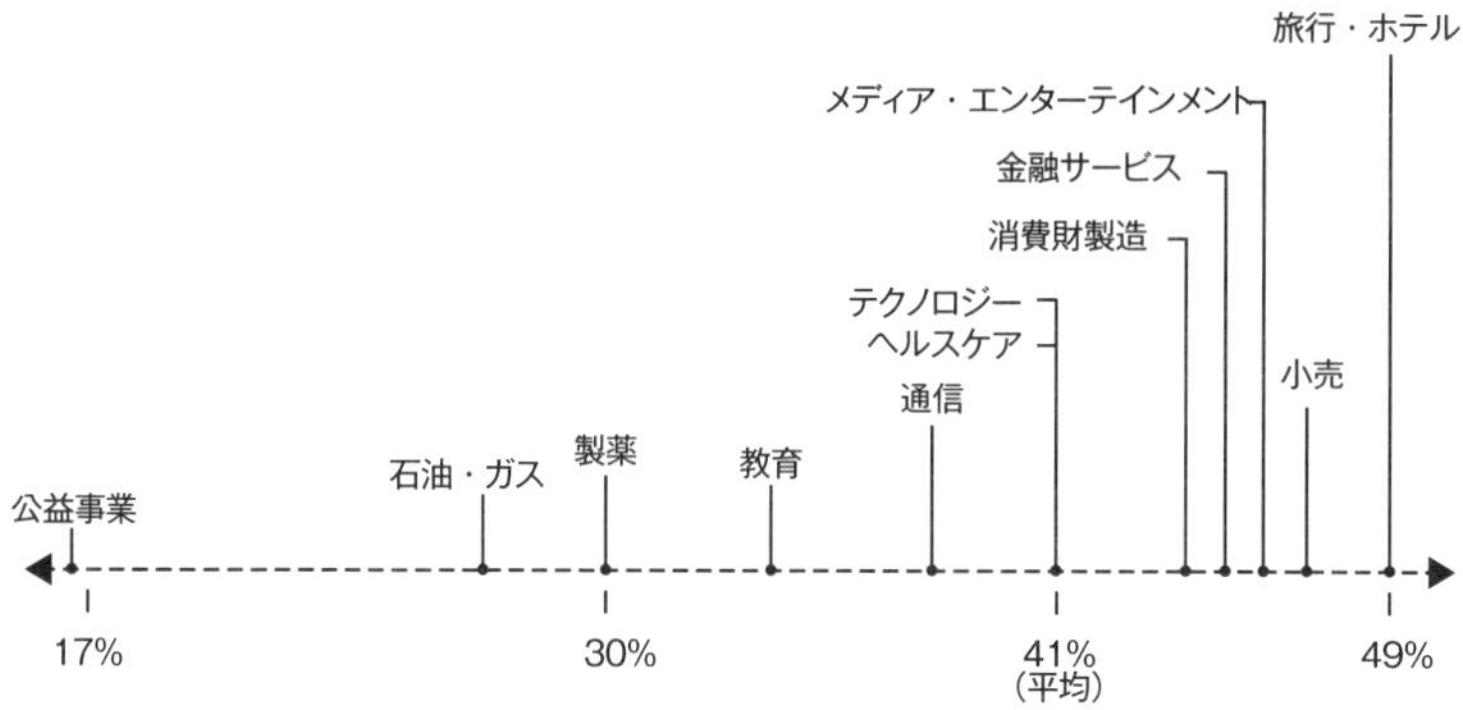

Source: Global Center for Digital Business Transformation, 2015

うち平均して約4社が、「デジタル・ディスラプションによってその地位を奪われる」と考えていた。地位を失うと予想される既存企業の数は通信業界が最も多く10社中4・3社、石油・ガス業界が最も少なく2・5社だった。この脅威には、たんに大企業が失墜するというだけでなく、業界全体が生き残れるかどうかも含まれている。私たちが調査した業界のエグゼクティブたちは、「デジタル・ディスラプションの結果、自社が廃業に追い込まれるリスクはいちじるしく増加した」と考えていた（図2）。

悲惨な結果がもたらされるかもしれないというのに、調査対象になった企業のうち45％が「取締役会で議題にするには値しない」とデジタル・ディスラプションを甘く見ている（図3）。それと同レベルの無関心が、10年以上もディスラプションに揺さぶられてきた旅行・ホテル業界や通信業界にも蔓延している。

図3　どうして私が心配しなきゃならない？

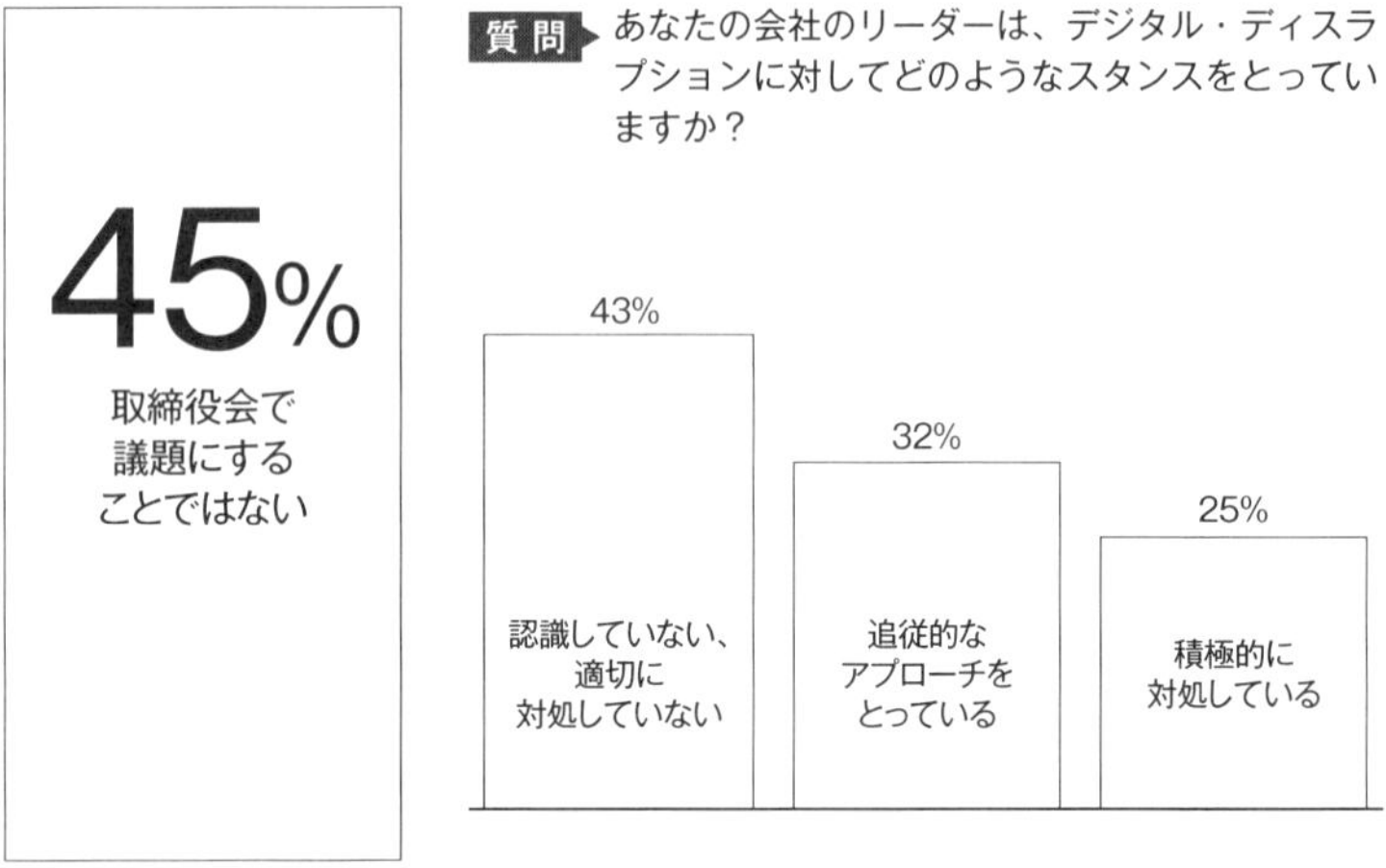

Source: Global Center for Digital Business Transformation, 2015

エグゼクティブたちがどこ吹く風でのんきに構えているところを見ると、彼らがデジタル・ディスラプションに対してまともな戦略を持っていないのもうなずける。約43％もの企業がデジタル・ディスラプションの危険性を認識していないか、あるいは十分に対処していない（図3）。3分の1近くが、成功したライバル企業にあわよくば追従しようと「様子見」のスタンスをとっている。が、デジタル・ディスラプションのスピードとそこにからむ利害の大きさを考えると、この32％の企業の「迅速な追従アプローチ」が成功する見込みは低い。「デジタル・ディスラプションに対して積極的に対処している」つまり、競争力を維持するためであれば自分自身を破壊することもいとわないと回答したのは、たった25％だった。

あらゆる業界を引きずり込む「デジタル・ボルテックス」

デジタル・ディスラプションのスピードと、それによって引き起こされる混乱や複雑さを考えると、そのパターンや傾向を見つけることや、そのうえで効果的な行動をとることは困難に思える。だとしても、効果的な戦略を立ててそれに対応しようとするのなら、デジタル・ディスラプションについて基本的なことを理解しておく必要がある。

「渦巻き（ボルテックス）」を思い浮かべると、デジタル・ディスラプションが企業や業界に与える影響をイメージしやすくなる。渦巻きは回転しながら、そばにあるものすべてを中心（目）に引きずり込む。海面にできる渦や飛行機の航跡など、自然界にはさまざまな渦がある。渦は複雑なものだが、デジタル・ディスラプションに関係する大きな特徴が3つある。

1　物体を容赦なく中心に引き寄せる。渦の目に近づけば近づくほど、物体の速度は指数関数的に上昇する（注8）。

2　渦はきわめて混沌としている。渦の外縁にあった物体が、次の瞬間には渦の中心部めがけてまっすぐ吸い込まれていることもあれば、長い時間をかけてぐるぐると回転しながら中心に向かうこともある。つまり、外縁から中心部に向かう軌道は物体によって異なり、予測不可能である。

3　渦の圏内にある物体は、渦の目という一点に向かって収束しながら、しばしば衝突したり

図4　業界ごとのデジタル・ディスラプション

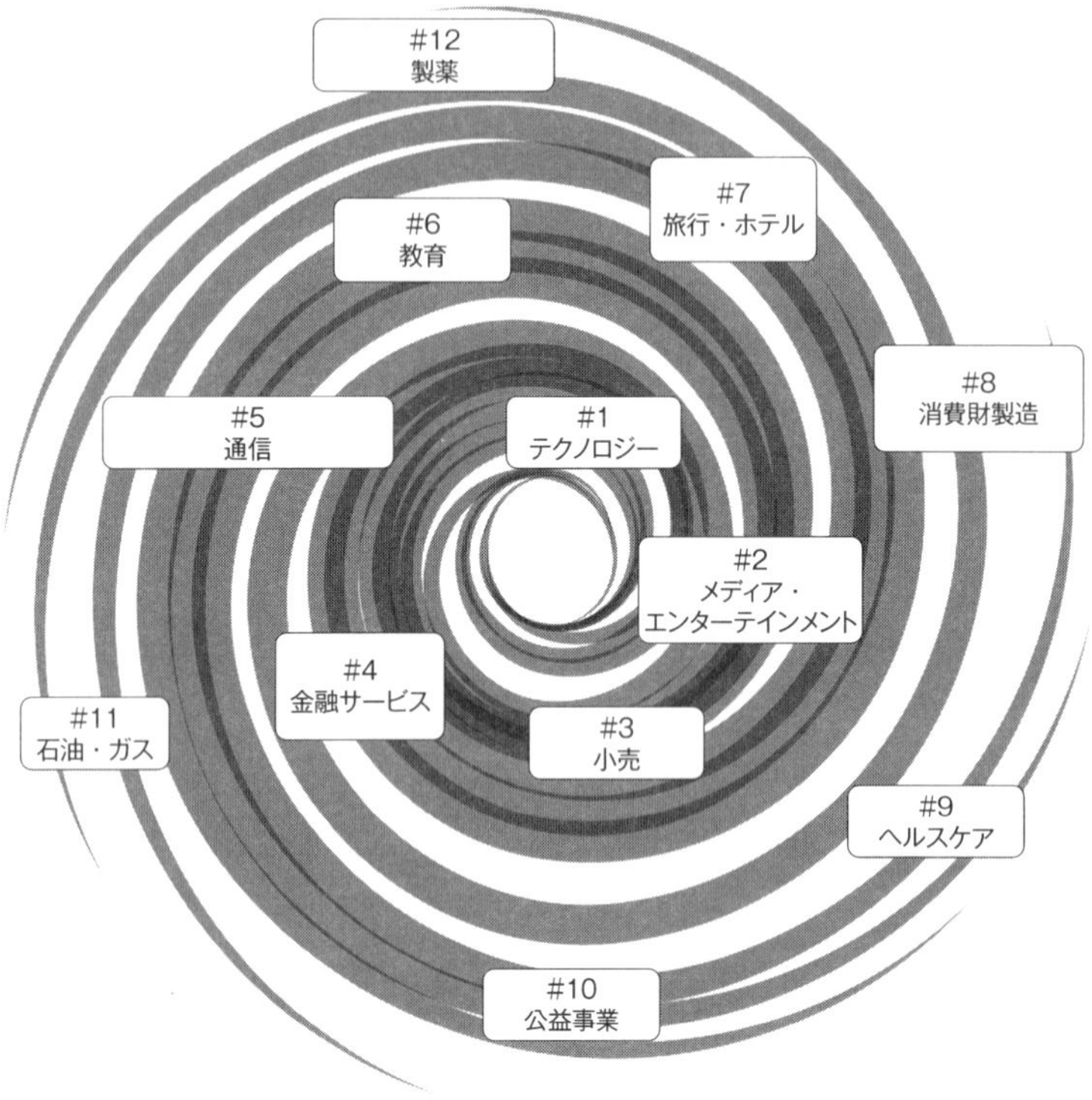

Source: Global Center for Digital Business Transformation, 2015

砕けたり、組み合わさったりする。

デジタル・ボルテックスとは、業界が「デジタルの渦の目」めがけて突き進む、避けようのない動きだ。渦のなかでは、ビジネスモデルや製品・サービス、バリューチェーンが極限までデジタル化される。渦の力によって物理的なものとデジタルが分離し、そこから生まれた「要素」が組み合わさることで、新たなディスラプションが起きたり、業界と業界との境目が曖昧になったりする。

私たちがデジタル・ディスラプションを渦のようなものだと考えるようになったのは、調査データをもとに、今後5年以内にデジタル・ディスラプションが起きる可能性が最も高い業界を特定しようとしていたときのことだ。この調査では12の業界のエグゼクティブに聞き取りをおこない、4つの指標（巻末資料A「どのようにしてデジタル・ボルテックスを測定したか」を参照）からディスラプションが起きる可能性を見積もった（注9）。

そして、彼らの回答をランクづけして、業界ごとのデジタル・ディスラプションの起こりやすさを予測した。大きなディスラプションが起こりそうな業界は、いまデジタル化がいちじるしく進行している分野でもある。渦の外縁にある業界はディスラプションが起きる可能性が低く、当面は「非デジタル化」のなかで既存の利益を享受することができる。しかし、デジタル・ディスラプションの結果、最近まで安定していた業界も含めたあらゆる業界が競争勢力図の大変動を目撃することになる。

図4からわかるように、現時点から2020年までのあいだに最も多くのデジタル・ディスラプションを経験するのはテクノロジー業界だ。この業界には独自の特徴がある。それは、この業界が他のあらゆる業界のディスラプションに技術的な土台を提供しているということだ。中心部までの距離は、現在進行中のデジタル・ディスラプションの規模を表している。製薬業界ではわずかな数のデジタル・ディスラプションしか起こらないが、だからといってデジタル・ディスラプションの影響を免れられるということではない。パーソナライズされた薬の処方や遺伝子配列解明、デジタル・マーケットプレイスを通したコスト裁定など、テクノロジーに支えられたイノベーションが世界じゅうの製薬企業にプレッシャーをかけている。

デジタル・ボルテックスの目は、ニューノーマル（訳注、デジタル時代の新しい産業標準）、すなわち業界のデジタル化がますます進むことによって起こる急速かつ絶え間ない変化を表している。デジタル・ボルテックスの目に対する各業界の相対的位置が表しているのは、その業界の企業が直面すると予想される競争状態であり、その企業のデジタル的能力の高さではないことに注意してほしい。さらに重要なのは、渦の目に突入したからといって、その市場が新たな競争リーダーを中心に長期間安定する最終状態に入ったわけではない、ということだ。また、目に近いからといって、その業界（または企業）がなくなってしまうわけではない。

自動運転車は経済にどんな影響をおよぼすか

複数の業界に同時に影響を与えるデジタル・イノベーションの例を考えてみよう。自動車業界はデジタル・ボルテックスの外縁付近、製造業のなかに位置している。より渦の目に近い金融サービス業界や通信業界と比べると自動車業界は少なくとも比較的安全な場所にあるが、市場に大きなディスラプションが起きたらどうなるだろうか。そのディスラプションとは「自動運転車」だ。最近の予想では、2020年までに1000万台の自動運転車が生産され（注10）、2030年までには、新たに販売される自動車のうち最大15％が自動運転機能を持つとされている（注11）。実際、自動で高速道路を走ったり駐車したりする半自動運転車はすでに実用化されている。グーグルやアップルなどは積極的に自動運転車の開発を進めており、自動車メーカーのテスラは自社の電気自動車ラインナップに多数の自動運転機能を搭載している。こうした自動運転車が自動車利用のメインストリームになった場合を考えてみよう。

道路が自動運転車で埋め尽くされている世界でディスラプトされるのは、どの業界だろうか。明白な答えがいくつかある。まず、自動車製造業界そのものが影響を受けるのは疑いようがない。自動運転車が増えれば、ほぼまちがいなく相乗り行為が増えるだろう。そうなれば、生産しなければならない自動車台数が減り、マイカーを必要とする（または欲しがる）人も減る。交通事故も少なくなるので、自動車修理業界も影響を受ける。自動車事故のほとんどが人間のミスが原因で起きていることは周知の事実だ。コンサルティング企業のマッキンゼー・アンド・カンパニーは、自動運転車によって自動車の衝突事故が90%減少すると見積もっている（注12）。公共交通機関も影響を免れないだろう。自動運転車は指定した地点から指定した地点に移動できるため、あらかじめ決められた固定ルートしか移動できない電車やバスに対して優位性がある。必要なタクシーの数（少なくともタクシー運転手の数）が減り、運転を仕事にしているあらゆる人がネガティブな影響を受ける。

他の業界についてはどうだろうか。宅配便業者の新たなライバルとして自動宅配便業者が現れるだろう。実際、ドローンを使って配達をおこなうSFエクスプレス（S.F. Express）などの企業がすでに存在している（注13）。長距離旅行で自動運転車内に泊まる人が増えれば、ホテルの空室が増えるかもしれない。航空会社も同じ理由で顧客を失う。保険会社は自動車保険業務を再考しなければならず、事故率の減少にともなう需要と保険料金の低下に悩むことになる。ヘルスケア業界は治療しなければならない負傷者の数が減り、警察では違反切符を切るための時間が減る。

もっと目立たない影響もある。たとえば、往来を走っているクルマの数が減れば駐車場のニーズも減る。そうなれば駐車場の採算がとれなくなり、都市計画にも影響が出る。駐車場が減ることで空いたスペース（多くの場合、都市全体の3分の1を占めている）で再開発がおこなわれ、（一時的なものにしろ）不動産ブームが起きる（注14）。また、自動運転車であれば通勤中に仕事ができるため、職場の近くに住む必要性が多少なりとも薄れ、郊外住宅の魅力が増す。ドライバーがつねに道路状況に目を光らせておく責任から解放されれば、自動運転車がメディアとエンターテインメントの中心的な役割を果たすようになるかもしれない。自動運転で食料や荷物が運ばれるようになれば、レストランや小売業者も影響を受けるだろう。また、自動運転車は一般的に地球温暖化対策としても有効だと考えられている。自動車の生産台数が大幅に減少すれば交通渋滞が緩和され、環境への負荷が軽減されるからだ（注15）。

こうして考えてみると、自動運転車がかなり広範囲の経済に影響を与えることが容易に想像できる。それどころか、私たちの見積もりによれば図4で示したすべての業界が、ポジティブなものにしろネガティブなものにしろ、なんらかの影響を受ける。

がんじがらめの既存企業

私たちはアンケート調査で「デジタル・ディスラプションがあなたの業界に影響をおよぼすと仮定して、それはいつになると思いますか」とエグゼクティブらに尋ねた。すると、ディスラプション（既存企業が持つ市場シェアの大規模な変化）が起きるまでの期間は平均して約3年という結果になった。過去に比べて競争勢力図が変化するスピードは明らかに上昇してきている。

既存企業はいま、いわゆる「イノベーターのジレンマ」に直面している。ハーバード・ビジネススクールのクレイトン・クリステンセン教授が述べたように「既存企業が破壊的イノベーションを起こすのはきわめて困難だ。その理由は、既存ビジネスで彼らを優良企業たらしめてきたプロセスやビジネスモデルが、ディスラプションを起こすには不利に働く（注16）」からだ。しかし、

図5　業界内部 vs 業界外部

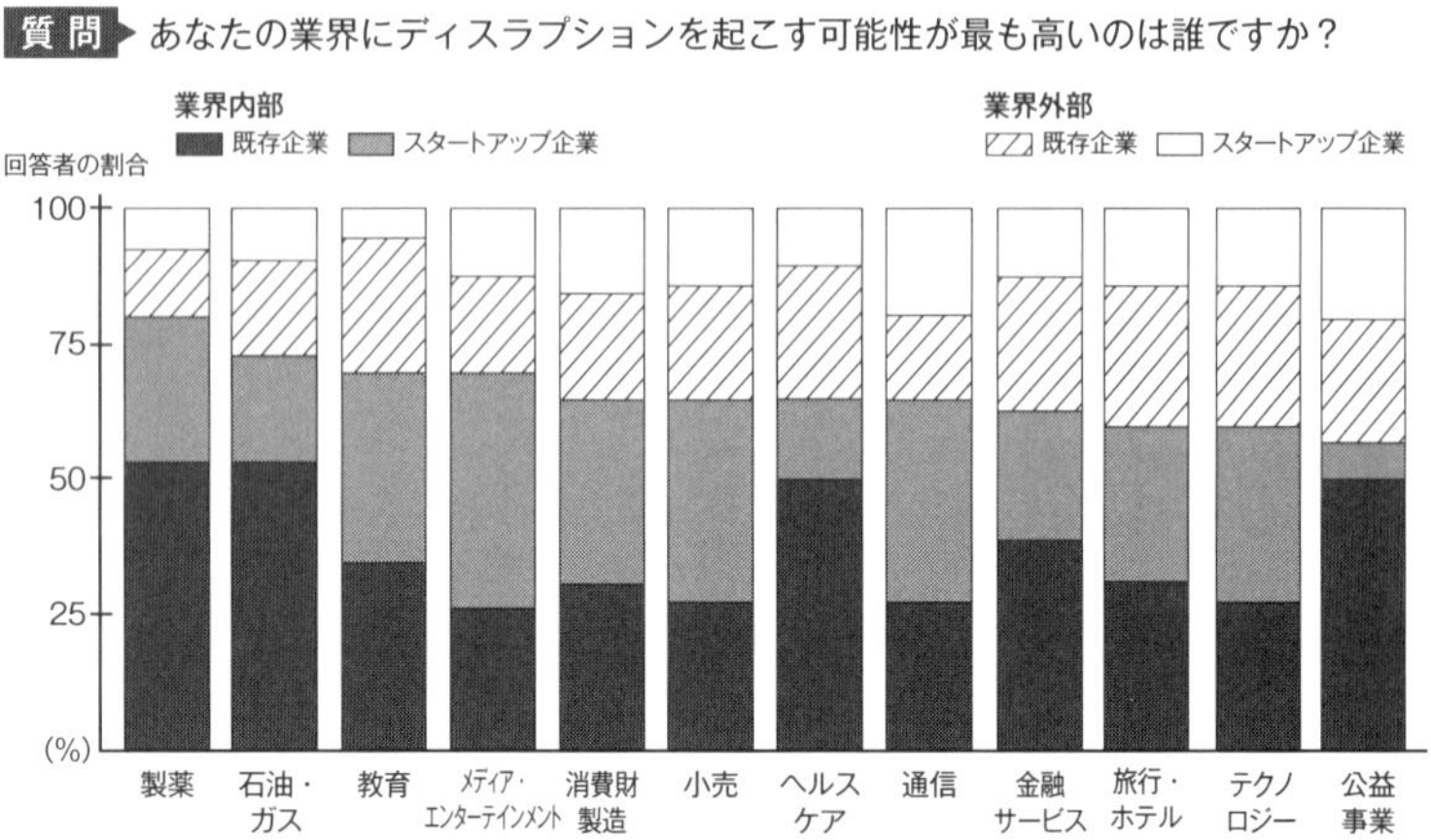

Source: Global Center for Digital Business Transformation, 2015

従来のやり方に束縛され、株主からの期待や厄介なコスト構造などの要因に縛られているとしても、既存企業には切り札がある。

調査に参加したエグゼクティブのほとんどが、自分の業界の既存企業にしろスタートアップ企業にしろ、業界「内部」からディスラプターが生まれる可能性が最も高いと考えていた（図5）。メディア・エンターテインメント業界や通信業界、小売業界といった、これまでイノベーティブなスタートアップ企業を多数輩出してきた業界のエグゼクティブは、今後もスタートアップ企業がディスラプションを牽引しつづけるだろうと回答した。こうした結果になったからといって、他業種の企業が脅威にならないということではない。本書でこれから見ていくように、業界「外部」の企業がディスラプションを利用して一見すると何もないところから既存企業に攻撃を仕掛けるケースもある。ディスラプションが業界内外のどちらからもたらされるにしろ、デジタル・ボルテックスの目に吸い込まれていくスピードが低下することはない。

非常に伝統的な業界である高等教育の世界にディスラプションをもたらしているスタートアップ企業の役割を考えてみよう。私たちの調査では教育業界のリーダーの半数以上が、同業界では既存企業がディスラプションのおもな発生源になると考えていたが、同時に41%が、教育テクノロジーを引っさげたスタートアップ企業の出現を恐れてもいた。「コーセラ（Coursera）」や「ウダシティ（Udacity）」といった大規模公開オンライン講座（MOOCs）は、付加価値の高い専門家の知識と学習者のコミュニティを結びつけることで大学レベルの低価格なオンライン教育が成功しうることを証明している。2016年なかばの時点で教育業界としては唯一のユニコーン企業だったプルーラルサイト（Pluralsight）は、企業買収を繰り返して自らの競争力を伸ばしながら、ハードなコンピューターサイエンスとITスキルの成長市場を支配しようとしている（注17）。高等教育には目玉が飛び出るほどの費用がかかることから、多くの国で伝統的な高等教育機関の価値が疑問視されはじめている。そのため、世界有数の一流大学を含めた数々の大学がMOOCsに対抗できるサービスを低価格または無料で提供せざるをえない状況が生まれてきている。

調査に参加したエグゼクティブは、事業を成長させて既存企業の座を奪うにあたり、スタートアップ企業には明らかな強みがいくつかあると考えていた。起業家として有名なイーロン・マスクのようなリーダーはそのグランドプランを評価されているが、小規模デジタル企業のほんとうの強みは、実はそうした大がかりな計画ではなく以下のような能力にある（図6）。

図6　運命の女神は勇気ある者に味方する

質問　デジタル・ディスラプションを利用するにあたり、スタートアップ企業と既存企業にはそれぞれどんな強みがありますか？

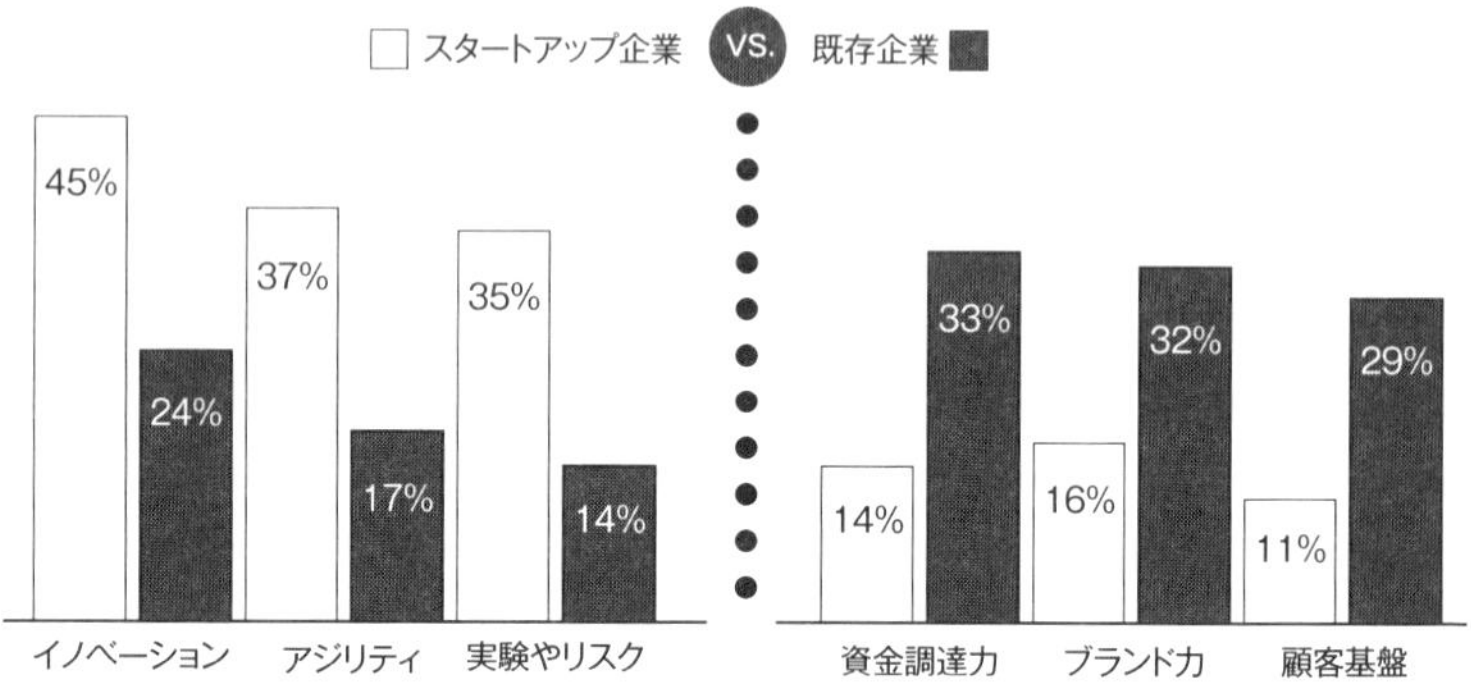

Source: Global Center for Digital Business Transformation, 2015

・迅速なイノベーション
・アジリティ
・実験とリスクをいとわない文化

新しいイノベーションを育む能力と状況に応じてたちどころに変化する能力が大きな強みであることはまちがいない。たいていの場合、それらはスタートアップ企業が市場にもたらす特定のイノベーションよりもずっと重要だ（アジリティについては第5章でくわしく述べる）。

一方、既存企業の強みとして挙げられたのは、市場に確立ずみの地位に直接的に由来するものだった。

・資金調達力
・強固なブランド力
・大きな顧客基盤

確かに大企業は、競争の大変動に直面した際、新しい株式を発行したり史上稀に見る低金利で資金を借り入れたりすることで、大きなキャッシュフローを武器にすることができる。また、何十年という時間をかけて自社のブランドを宣伝し、洗練させているため、そうしたブランドの多くが何十億ドルという価値を持っている（ブランドコンサルティング企業のインターブランドによれば、アップルのブランド力には2015年時点で1700億ドルの価値がある）（注18）。そして当然、既存企業には大きな顧客基盤がある。

とはいえ、既存企業の強みの大半は「規模」頼みであり、規模というものは、いまでは急速に、はかない陳腐な資産になりさがりつつある。アメリカで第2位の預金残高を持つ銀行（注19）ウェルズ・ファーゴについて考えてみよう。ウェルズ・ファーゴは1995年にインターネットバンキング・サービスを開始し（注20）、現在はインターネットバンキングでおよそ2500万人（注21）、モバイルバンキングで1410万人（注22）のアクティブユーザーを擁している。ウェルズ・ファーゴが苦労して顧客を獲得してきたのに対し、ダイエットやエクササイズ記録用の「フィットビット（Fitbit）」といったウェアラブル端末と併せて使うモバイルアプリ「マイフィットネスパル（MyFitnessPal）」は、みるみるうちに8000万人以上の利用者を獲得した（注23）。

モバイル用の画像・動画メッセージングスペースを提供しているユニコーン企業、スナップチャット（Snapchat）の月間アクティブユーザー数は2億人以上（注24）と推測されており、これはブラジルの人口に匹敵する。2015年5月、スナップチャットは5億3700万ドルの資金を調達し、同社の評価額は160億ドル超となった（注25）。

こうした事例から、これまでスタートアップ企業の急激な隆盛から既存企業を守ってきた第1の防御線たる「規模」が容易に突破されるようになってきていることがわかる。そうなった理由は、組織理論家ジェフリー・ムーアの言葉を借りるなら、後期追随者（訳注、レイトマジョリティ、あるイノベーションを遅れて導入するユーザー）がキャズム（訳注、イノベーションの出現と普及ステージのあいだにある「溝」）を飛び越え（注26）、デジタルを扱うようになってきているからだ。たとえば、スマートモバイル機器やそのアプリを使いこなしていたのは、以前であれば革新者（イノベーター）と早期採用者（アーリーアダプター）だけだった。ワッツアップの例に見られるように、いまでは大きな顧客基盤さえあれば、ディスラプティブなビジネスモデルを創出して、これまで業界と業界を隔てていた「もうひとつの別の溝（キャズム）」を跳び越えられる。

カギは「バリューチェーン」ではなく「バリュー」そのもの

すでに述べたとおり、渦のなかで回転している物体の軌道を予測するのはとても難しい。さっきまで外縁付近にあったものが、次の瞬間、渦の目めがけてまっすぐ吸い込まれることもある。現時点でデジタル・ボルテックスの外縁にある業界のエグゼクティブは、自分が比較的ディスラプションの起きにくい位置にいることを知って、ほっとひと息つきたくなるかもしれない。確かにいまのところはまだ気に病む必要はないかもしれないが、他の業界の教訓も知っておいたほうがいいだろう。5年前、タクシー会社よりもデジタル・ディスラプションに強い業種は数えるほどしかないと考えられていたが、いまやタクシー会社の価値は危機的状況だ。彼らは急速かつ強制的にデジタルの渦の目に向かって引き寄せられており、ウーバーやリフト（Lyft）といったデジタル系ライバル企業との競争を余儀なくされている。

公益事業にも目を向けてみよう。私たちの分析では、この分野は12業界中第10位に位置しており、ディスラプションが起こる可能性が最も少ない分野のひとつだと考えられていたことを思い出してほしい。たとえば電力事業では、発電や送配電をおこなうために莫大な設備投資が必要となる。顧客に提供される最終的な価値は電力そのものであり、再生可能エネルギーの分野では、すでに大きなディスラプションが起きている。ドイツは電力の26％を再生可能資源から得ており（22％は太陽光発電）（注27）、スコットランドでは50％以上だ（注28）。これには、利用者が設置したソーラーパネルから得た電力を統合する際に必要な柔軟性に加えて、太陽光発電につきものの不安定さや送電の難しさを克服するためのデジタル技術、スマートグリッド（次世代送電網）が必要となる。

自動車メーカーのテスラはここを狙って一躍名を馳せ、デジタル・ディスラプションの申し子となった。最近まで、テスラがディスラプトしてきたおもな業界は自動車業界だった。ソフトウェアをダウンロードして電気自動車の性能をアップグレードできるという売りを武器に、時間をかけてオーナーにもたらす価値を高め、メインストリームの自動車メーカーに対してディスラプティブな挑戦を仕掛けていた。ところが2015年5月、テスラは家庭用・業務用の安価な

図7　絶対安全などない

質問▶「デジタル・ディスラプションを起こすための障壁が高い」「非常に高い」「障壁を乗り越えることは不可能」と答えた人の割合。

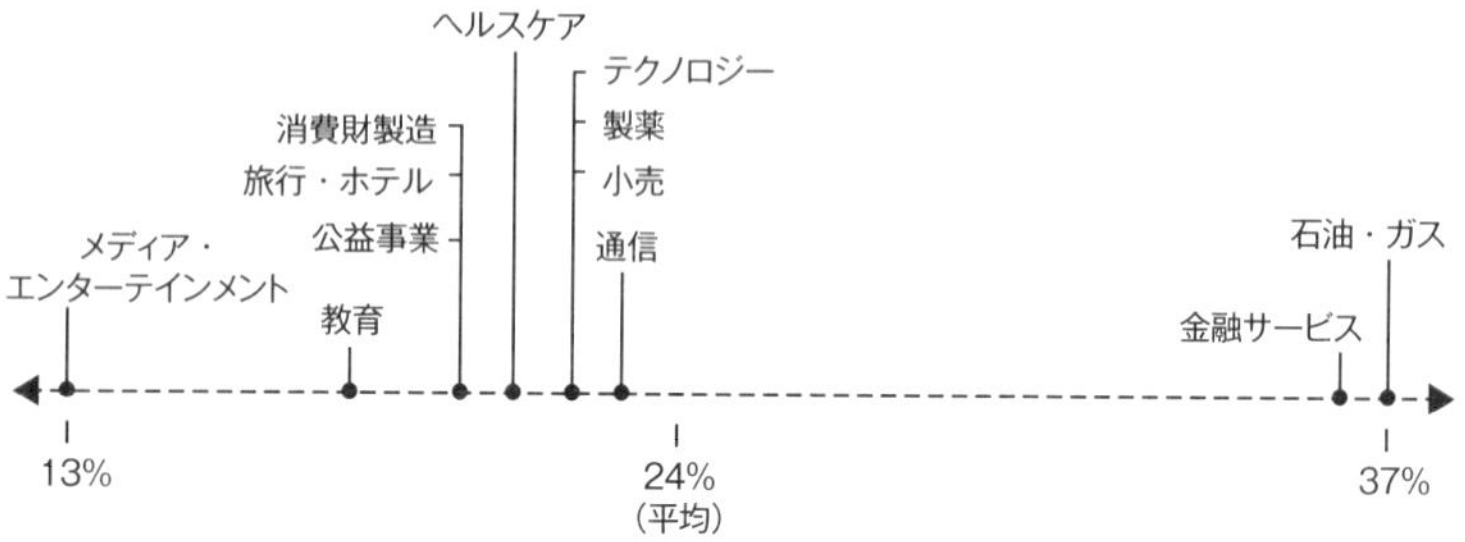

Source: Global Center for Digital Business Transformation, 2015

バッテリーを発表した。このバッテリーを使えば、ソーラーパネルで発電した電力を蓄え、電気代の安いオフピーク時間帯に得た電力を使うことができる（注29）。

他の自動車メーカーにとって恐るべき脅威だったテスラのバッテリーとソフトウェアは、発電と蓄電にもたやすく応用できた。こうしたディスラプション、すなわち複数の業界やビジネスモデルへのディスラプションの応用例は、既存企業からすれば恐怖以外の何ものでもない。たったひとつのイノベーションやプラットフォームが、一見ほとんど関係のない市場を転覆させてしまうかもしれないからだ。そのため、誰が一番恐ろしいライバルになるのか、どの業界からそうしたライバルが出現するのかを把握するのが難しくなっている。自分の会社は外部の攻撃から守られていると油断していれば、想像力欠如のツケを払うことになるだろう。

これと同じ力学がフィンテック系のスタートアップ企業にも働いている。彼らは自社の製品とサービスを切り離し、最も収益性の高い事業のシェアを確保する一方、総合銀行につきものの参入障壁を迂回して銀行業界をディスラプトしている。こうしたスタートアップ企業は、解析や自動化といったテクノロジーとビジネスモデルを組み合わせて製品やサービスをデジタル化し、市場の満たされていないニーズを満たすと同時に、利益率の高い複数の事業を破壊する。

ディスラプティブな企業は、製品やサービス、ビジネスプロセスをデジタル化することで、従来の競争相手と同じバリューをもたらすばかりか、そのバリューを増強しているのだ。それも従来型のバリューチェーンを構築することなしに。

それどころか、設備投資や規制上の要件など、「がんじがらめの既存企業」の足を引っぱっているものを迂回しつつ最終顧客に上質なバリューを届けることが、デジタル・ディスラプターの至上目標でもある。ディスラプターにとって重要なのは、新たな上質のバリューを最終顧客のために創出することであり、製品やサービスを生み出すバリューチェーンを構築することではない。次章では、さまざまなかたちのカスタマーバリューを紐解き、解説する。

エグゼクティブが自分たちは安全だと感じているのは、業界にもともと備わっている（と思っている）防御システムを当てにしているからだった。回答者のうち25%が「自分の業界には、デジタル・ディスラプションに対する『高い』障壁がある」と考えており、石油・ガス業界（37%）と金融サービス（36%）がランキング上位に並んだ（図7）。この障壁には、設備投資や足かせとなる規制、ビジネスプロセスの複雑さなどが含まれるが、ディスラプティブな企業はそうした土俵で勝負しようとはあまり考えていない。

既存企業はどう戦うべきか

デジタル・ディスラプションは、ほとんどすべての経済分野と私たちの生活の多くの側面に影響を与えている。クラウドやモバイル、ソーシャル、ビッグデータなど数々の技術的変遷が、このデジタル・ディスラプションの時代に一点に統合されつつある。激しい力と力がぶつかり合ったら、いったい何が起きるか。それぞれの効果が2倍になる？　桁ちがいに大きくなる？　変化の方向は変わるか、それとも、まったく新しい何かが生まれるのだろうか。

さまざまな業界がデジタル・ボルテックスの目に接近するにつれ、お互いが衝突する頻度が増してバリューの源泉が分解され、ふたたび組み合わさって新しいかたちの競争が生まれる。デジタル化が進行するにしたがって業界は分解され、また組み合わされ、それを繰り返すうちに、やがて「業界」というとらえ方そのものが意味を失う。今後数十年のうちに、銀行業や公益事業といった枠組みのなかで勝負すること自体が時代遅れになるだろう。現にテスラやアップルといった企業はどの業界にも分類できない。

デジタル・ディスラプションの脅威を甘く見ている45％の回答者たちは、自らの胸に問いかけるべきだ。「なぜ私は自分がそうした変化から逃れられると思っているのか。その自信がただの独りよがりになるのはいつか」と。あまりに急激な変化は、意外にも直線的な変化に見えるものだ。それが未来学者レイ・カーツワイルの言う「変化の変曲点（knee of the curve）」に達してしまったときには、もう備えようにも手遅れだ（注30）。

いまや破壊的イノベーターは、ほぼすべての業界のバリューチェーンの一片一片にいたるまでをもデジタル化しつつある。その結果、バリューは細分化され、既存企業が依存している従来的な「プロフィットプール（訳注、バリューチェーン上で利益が大きい部分）」から水が漏れ出している。私たちの調査に参加したエグゼクティブたちは、今後5年のうちに非常に多くの（実に40％の）既存企業がデジタル・ディスラプションによってダメージを、それもおそらくは致命的なダメージを受けると考えていた。しかし、既存企業に打つ手がまったくないわけではない。次章以降で記すとおり、デジタル技術とデジタル・ビジネスモデルを活用すれば勝てる見込みはある。

とはいえ、私たちの調査では、新しいデジタル系ライバルと戦う覚悟が既存企業にできているかどうか、疑問に感じる結果も出ている。いわゆる「コアの早急な放棄（成功企業が新市場での成長を無分別に追求し、収益をもたらしている中核基盤を弱体化させてしまうこと）（注31）」のせいでたくさんの市場リーダーが破滅の道をたどっている。円熟した企業にはいまでもかなりの価値があり、業務と主要な内部プロセスをデジタル化することでそうした価値を引き出せるし、またそうすべきだ。企業利益が記録的な高みにあるいま、既存企業には防衛的な戦略が文句なしに向いているように思えるし、実際にそうであることが多い（注32）。デジタル・ディスラプションに直面した既存企業が採れる対応戦略については第4章で詳述する。

一方で、攻撃が最大の防御になることもある。ＩＭＦ（国際通貨基金）は、世界経済は慢性的な低迷を続けたのち、２０２０年までに年間４％のＧＤＰ成長率に回復する（注33）と予想している（注34）。しかし、マッキンゼーは最近、それとは正反対の予想を発表した。企業収益は過去20年間にわたり途方もない成長を続けていたが、2025年までに利益率ベースで15%ほど低下するというのだ（注35）。原因は、新興経済国のライバル企業とデジタル・ディスラプターだ。ハイテク企業は新しいビジネスモデルを導入して新分野に打って出るが、脅威となるのはハイテク業界の巨人だけではない。アリババやアマゾンのような強力なデジタルプラットフォームが、何千という中小企業のための発射台となるからだ。中小企業が大企業に戦いを挑むための手段と資源が、こうしたプラットフォームを通して提供される（注36）。デジタル・ボルテックスはまちがいなく利益を縮小させ、既存企業はよりディスラプティブな戦略を立てなければならなくなるだろう。

「自らを破壊（ディスラプト）する」とは、これまであなたの会社を成功に導いてきたものを捨てろ、あるいは流行りのデジタル戦術を模倣しろという意味ではない。まずは、これまでの成功を支えてきた前提を疑い、あなたの会社が顧客に価値をもたらしてきた方法がどれほど強固でありえるかを確かめるところからはじめよう。

第2章 デジタルが可能にしたビジネスモデル
Digital Value and Business Models

デジタルがもたらす3つの「カスタマーバリュー」

それぞれの業界はディスラプションが最も激しいデジタル・ボルテックスの渦の目に向かって動いているが、ここで重要なのは、この動きがテクノロジーのせいだけで生じているわけではないということだ。「これまで」と「今回」のちがいは、顧客に次々とイノベーティブな方法で新たな価値をもたらす「新ビジネスモデル」を、デジタル技術が可能にしていることだ。

そもそもビジネスモデルとは何か。デジタルと同様、この言葉にも無数の意味があるが、本書では、アレックス・オスターワルダーとイヴ・ピニュールが著書『ビジネスモデル・ジェネレーション』（翔泳社）で用いた定義がぴたりと当てはまる。「ビジネスモデルとは、組織が価値を創出し、もたらし、とらえる論理を説明するものだ（注1）」

デジタル技術で可能となった破壊的ビジネスモデルは、それがもたらす価値の種類によって分類することができる。DBTセンターの調査により、デジタル・ディスラプターが顧客にもたらしている価値、すなわち、カスタマーバリュー（注2）には、「コストバリュー」「エクスペリエ

図8　バリューの形態ごとのデジタル・ビジネスモデル

コストバリュー	エクスペリエンスバリュー	プラットフォームバリュー
・無料／超低価格	・カスタマーエンパワメント	・エコシステム
・購入者集約	・カスタマイズ	・クラウドソーシング
・価格透明性	・即時的な満足感	・コミュニティ
・リバースオークション	・摩擦軽減	・デジタル・マーケットプレイス
・従量課金制	・自動化	・データオーケストレーター

Source: Global Center for Digital Business Transformation, 2015

ンスバリュー」「プラットフォームバリュー」の3種類があることがわかった。

デジタル・ディスラプションの仕組みを理解するために私たちは、B2C、B2Bを含む100社以上のデジタル・ディスラプターのビジネスモデルを調べ、カスタマーバリューの形態ごとに分類した（図8）。ビジネスモデルを分類するのは、脅威がどこからやってくるかを理解するだけでなく（もしあなたがディスラプトされる側なら、ここで挙げるビジネスモデルのどれかひとつ以上を必ず相手にする）、この分類をチェックリストにして、たとえ既存企業でも自らディスラプションを起こせるようにするためだ。これについては第4章でくわしく述べる。

では、この3種類のカスタマーバリューについてくわしく説明しよう。3種類のカスタマーバリューにはそれぞれ、デジタル・ディスラプターが用いている5つの主要なビジネスモデルがある（計15種類のビジネスモデルがある）。こうしたビジネスモデルを使って市場に変化をもたらしている事例を、スタートアップ企業と既存企業を交えて見ていこう。成功を収めているディスラプターがひとつのビジネスモデルだけを使っていることは稀で、彼らは複数のビジネスモデルを組み合わせてカスタマーバリューを創出し、市場のディスラプションをさらに進行させることに長けている。この概念については追って説明する。

①コストバリュー

コストバリューはおそらく、デジタル・ディスラプションが競争におよぼす効果が最も強い領域だ。コストバリューをもたらすディスラプターは、製品やサービスの最終顧客向けの価格を下げる。カギは、製品やサービスの仮想化だ（「非物質化」と呼ばれることもある）。物理的な製品を組み立てる必要がなければ当然、それ以外の場合より価格を抑えられる。非物質化の例としては、アマゾンの「キンドル」をはじめとする電子書籍リーダーがある。ユーザーは、紙の本を購入する代わりに何ビットあるいは何バイトという容量の電子書籍をダウンロードする。バーチャル会議も非物質化の一例で、インエクスポ（INXPO）やON24、ユニスフェア（Unisfair）といった企業のオンライン会議サービスを使えば出張に行く必要がなくなる。そのため、出張客頼みで利益の大部分を稼いでいるホテル業者にネガティブな影響が出る（注3）。仮想化は、流通業界にもおよんでいる。従来型の店舗を構える小売業者は、実店舗のネットワークを支えられるだ

表1　コストバリューを追求するビジネスモデル

価格を下げたり、その他の経済的利益を提供したりすることで競争力を高める

ビジネスモデル	カスタマーバリュー	代表例
無料／超低価格 対価を求めず、製品やサービスを無料提供。キャッシュバックやリワード。利益がわずか、もしくはゼロ。フリーミアム。	徹底的なコスト排除。ロイヤルティや貢献に対してバリューが増える。	コーセラ、スカイプ、アイボッタ、ショップキック、ドロップボックス、スポティファイ、アマゾン、ジェット・ドットコム
購入者集約 人や時間に対してコストを分散する。	時間をかけたコスト償却。共同購入による割引、規模の経済。	フォン、グルーポン
価格透明性 価格を比較することで有利な条件で取引できる。	より多くの提供業者のなかから選べる、比較購入。	プライスライン、ショップジラ、ネクスタグ
リバースオークション 逆オークション形式の販売。競争入札。投げ銭方式。	値下げ圧力、戦略的調達。	レンディングツリー、SAPアリバ
従量課金制 使用あるいは消費した分だけ対価を支払う。サブスクリプションサービス。XaaS（訳注、インターネットを通じたサービスとしてハードウェアやソフトウェアを提供すること。X as a serviceの略）。	変動費、低リスク、ベンダーの経費削減。	メトロマイル、セールスフォース・ドットコム、リキッドスペース、シェアデスク、ロールス・ロイス・ホールディングス

Source: Global Center for Digital Business Transformation, 2015

けの利益とそこに配置する労働力を確保しなければならないが、電子商取引がこのモデルを根本からひっくり返してしまった。

加えて、デジタル・ディスラプターの多くは、「解析」を駆使して情報優位を生み出す、またはその情報優位を利用して業務を最適化することでさらなるコストバリューを生み出している。ディスラプターは情報優位を利用して、顧客がより少ない対価でより多くのものを得られるようにしているのだ。たとえば、クーポンやリワード（報奨）、キャッシュバックなどを使っ

て最終顧客にコストバリューをもたらしている。また、ワークフォース（労働力）管理やサプライチェーンなどにおいて、クラウド技術や解析、クラウドソーシングなど型破りなアプローチを用いることで低価格や競争力強化を実現し、業務を改善する傾向にある。これについては第Ⅱ部でくわしく論じる。

コストバリューは、既存企業よりも低価格な製品やサービスを提供するだけでなく、中間業者として商取引に介入する際にも生まれる。エクスペディア（Expedia）やLY.com、オービッツ（Orbitz）といったオンライン旅行予約サイトは、航空業やホテルチェーン、自動車レンタル代理店のいずれにも属していないが、それらの業界に対して間接的にコスト圧力をかけている（ライバルである旅行代理店にはもちろん直接的な圧力をかけている）。オンライン旅行予約サイトは価格を比較できる仕組みをつくり、最終顧客にコストバリューをもたらすが、そのコストバリューを創出するために自社のチャネルを利用している企業の価格決定力も制限している。

今日の市場でコストバリューを生み出しているアプローチには、大きく分けると次の5つのビジネスモデルがある（表1）。順に見ていこう。

無料／超低価格　「無料／超低価格」のビジネスモデルは、従来であれば正規の値段や市価で購入しなければならなかった製品やサービスを、無料または無料に近い価格、もしくはきわめて低い利益率で提供する。古い言いまわしにあるように、タダに勝るものはない。これまで対価を支払わなければならなかったが、いまではその必要がなくなったものの代表例として、コーセラのようなオンライン大学講座や、スカイプなど多くのプロバイダーが提供している音声・ビデオ通話がある。このカテゴリーには、リワードやキャッシュバックなどのインセンティブを使って最終顧客の経済的利益を押し上げるビジネスモデルも含まれる。キャッシュバックアプリの「アイボッタ（Ibotta）」や、店舗に立ち寄るだけでポイントがもらえる買い物アプリの「ショップキック（Shopkick）」がこれに該当する（注4）。

基本的な製品やサービスは無料で提供し、さらに高度な機能やプレミアムサービスに課金する「フリーミアム」料金体系を採る企業も、このカテゴリーに含まれる。オンラインストレージ業者のドロップボックス（Dropbox）や音楽ストリーミングサービスのスポティファイ（Spotify）がよく知られている。

利幅が非常に小さい、もしくはゼロの企業も、ここに含まれる。アマゾンと同様に電子商取引サイトを運営しているジェット・ドットコム（Jet.com、第3章でくわしく取り上げる）などは、自分たちの利益をゼロまたは大幅に削減して、顧客に対するコストバリューを創出している。

購入者集約　「購入者集約」のビジネスモデルは、人や時間に対するコストを分散させたり、共同購入やまとめ買いによる割引をおこなったりする。たとえば、「世界最大のＷｉ‐Ｆｉネットワーク」を謳い文句にしているフォン（Fon）のメンバーになれば、利用者は、約２０００万カ所のホットスポットを利用してインターネットに接続することができる。この戦略は、既存の通信事業者のＷｉ‐Ｆｉサービスにとって脅威となる。顧客の数をデジタル・ビジネスモデルの梃子とすることでコストを分散しているからだ。

それなりに苦戦してはいるが、共同購買サイトのグルーポンも、利用者が共同でコストを下げるビジネスモデルの一例だ。オファーに乗る人が多ければ多いほど、価格が低下する。

価格透明性　「価格透明性」のビジネスモデルは、電子商取引の第一波とともに多くのディスラプターを誕生させた。プライスライン（Priceline、オンライン旅行予約サイトのブッキング・ドットコムとカヤックの親会社）やショップジラ（Shopzilla）、ネクスタグ（Nextag）をはじめとする多様な価格比較ツールによって価格透明性が増し、顧客は、より有利な条件で製品やサービスの提供業者と取引ができるようになった。こうしたサイトでは、複数の市場をまたいで価格差を調べられる。たとえば、腕時計や宝石類といった高級品は一般的に市場ごとに異なる価格が設定されているが、ディスラプターはそうした価格差を可視化し、世界じゅうで一番安い価格で購入できるようにしている。

リバースオークション　「リバースオークション（競り下げ方式）」のビジネスモデルは、商取引のあり方を根底からひっくり返し、買い手の事業に売り手を入札させる。抵当ならびにローンを扱うレンディングツリー（LendingTree）やB2B調達を扱うSAPアリバ（SAP Ariba）は、供給業者に値下げ圧力をかけることでコストバリューを生み出している。売り手は買い手にどれだけ高い価格を提示できるかを判断できず、あまりに高い価格をオファーすれば他の売り手に商機を奪われてしまう恐れがある。オンライン上のリバースオークションには洗練されたソフトウェア・アルゴリズムが使われており、入札プロセスをより迅速かつ動的にすることで値下げ圧力をさらに高めている。

従量課金制 「従量課金制」のビジネスモデルは、購入した製品やサービスに対する顧客の支払いのあり方を変える。定額料金ではなく、使った分に対してのみ課金することで、顧客により大きな力（とコストバリュー）を与える。その例としては、メトロマイル（Metromile）などの実走行距離連動型自動車保険、セールスフォース・ドットコム（Salesforce.com）やシスコのウェブエックス（WebEx）など、利用量に対して対価を支払うクラウドベースのソフトウェア・アプリケーションがある。製品を「設備投資」ではなく「操業費用に計上されるサービス」として購入させることで、財務上の柔軟性や予見可能性、さらなるコストバリューを提供している業者もいる。

Ｂ２Ｂの領域では、リキッドスペース（LiquidSpace）やシェアデスク（ShareDesk）、ピボットデスク（PivotDesk）といったディスラプターが、オフィスの未使用空間を時間単位、日単位、月単位でレンタルできるサービスを提供している。これは、成長著しい組織や定期的に物理的な場所に集まる必要があるバーチャルなチームにとって有益なサービスだ。従量課金制であれば、その空間を使った時間の分だけ料金を支払えばいい。一般的なオフィス稼働率が45～50％であることに鑑みれば、非常に大きな恩恵がある（注５）。また、世界第２位の航空機エンジン製造企業であるロールス・ロイス・ホールディングスは、「製品の機能」を商品として売りに出している(注6)。これまでジェットエンジンを使いたければ、設備投資としてそれを購入しなければならなかったが、その代わりに推進力や使用時間にもとづいて利用した分だけを購入できるようになったのだ(注7)。従量課金制では、買い手ではなく売り手が財務上のリスクを負い、買い手である顧客にはコストバリューがもたらされる。

②エクスペリエンスバリュー

エクスペリエンスバリューは、顧客の利便性を向上させたり、顧客にコンテクストに応じたサービスやコントロール能力などを与えたりするもので、今日の多くのディスラプターが急激な成長を遂げるなかで中心的な役割を果たしてきた。コストバリューと同じくエクスペリエンスバリューも、製品やサービスのデジタル化によって向上する。従来であれば物理的で不可分だったものを分割し、顧客が欲している分だけを、どんな機器や場所にも瞬時に届けられるからだ。

ディスラプターが既存企業の製品やサービスをばら売りしてくれれば、顧客は自分が欲しいものだけを選び、その分の対価だけを支払えばよい。そうすることで、不要な、そして価格上昇要因となっている「抱き合わせ要素（バンドル）」を排除することができる。個別の要素を販売する業者（アンバンドラー）は、総合サービスを売りとする大手金融機関などの既存企業にも攻撃を仕掛けている。仮想化の力を借りてデジタルチャネルを通せば、ニッチな企業でも、こうした

表2　エクスペリエンスバリューを追求するビジネスモデル

顧客にすぐれた体験を提供することで競争力を高める

ビジネスモデル	カスタマーバリュー	代表例
カスタマーエンパワメント セルフサービスを可能にする、中間業者の排除、DIY。	独立性、コントロール力、利便性の向上。	ペイパル、ネットフリックス
カスタマイズ 製品やサービス、体験をパーソナライズする。	カスタム性の向上、コンテクスト化。外見あるいはデザインの改良。	ノードストローム、トランククラブ、ニューバランス
即時的な満足感 製品やサービス、付加価値体験をリアルタイムで、もしくはモバイル機器など新しいデバイスを通して届ける、非物質化。	妥当性、即時性。	インスタカート、シップ、グーグルエクスプレス、アマゾンプライムナウ、テスコ・クリック＋コレクト、アマゾンエコー
摩擦軽減 さらなる単純化、効率の向上、情報の集約。	業務プロセスでの待機時間やボトルネックを除去する。	ミント・ドットコム、リキッドネット、ビットコイン
自動化 解析や低コストの労働力を使ったプロセスの自動化。	時間の節約、実行品質の改善、安い賃金の利用。	ウェルスフロント、タスクラビット

Source: Global Center for Digital Business Transformation, 2015

サービスをよりパーソナライズしたかたちで、しかも安価に（ときには無料で）提供することができる。こうした「アンバンドル」を受けて銀行は、資産管理や住宅金融といった最も収益性の高い事業分野を守ろうと躍起になっているが、そうした事業もディスラプターによって急激に脅かされている（注8）。

ディスラプターがすぐれた「体験（エクスペリエンス）」を提供することで、既存企業がブランドや品質を頼りにして市場シェアを維持するのは難しくなり、顧客は気軽に新興の供給業者へ乗り換えられるようになる。私たちが最近おこなった調査によると、5人中4人の消費者が「歴史の浅い企業に自分の銀行手続きを任せてもいい」と考えている（注9）。デジタル・ディスラプターがエクスペリエンスバリューをもたらす方法を理解するために、次の5つのビジネスモデルを見てみよう（表2）。

カスタマーエンパワメント　「カスタマーエンパワメント」のビジネスモデルは中間業者を排除する。中間業者は、十分な価値を付与していないにもかかわらず、取引の仲介人として立ちまわることで「利潤」をとっている。中間業者がいなくなれば、顧客は不要なものを避けて、自分が欲しいものだけを手に入れることができる。しかも、ほとんどの場合、より安価で。直取引やドゥ・イット・ユアセルフ（DIY）などは、デジタル・ディスラプションの核となる要素だ。たとえば、決済の新しい道を拓いたペイパル（PayPal）は、長らく銀行やクレジットカード会社が独占していた支払い方法（と手数料の搾取）をくぐり抜けている。

ネットフリックス（Netflix）も、カスタマーエンパワメントの好例だ。加入者は、わずかな月額料金で膨大な数のテレビ番組や映画のなかから好きなものを視聴することができる。めったに観ない数百のチャンネルがセットになった高価なケーブルテレビのパッケージを契約する必要はない。ネットフリックスはデジタルで可能になったビジネスモデルを使い、中間業者（ケーブルテレビ会社）が課した制約からテレビ番組をアンバンドルし、より大きな（番組表からの）独立性と選択できるコントロール能力、快適な視聴体験を顧客に与えている（注10）。

カスタマイズ　「カスタマイズ」のビジネスモデルは、顧客の好みに合わせた体験をあつらえることで価値を生み出す（注11）。提供業者は、製品やサービスをカスタマイズできるようにしたり、利用者の現在位置や状況を分析して価値を最大化する体験を創出したり（コンテクスト化）する。小売業に関する私たちの最近の調査で、一般的なパーソナライズのさらに上をいく「ハイパーレレバンス（顧客を認識して特別待遇したり、類似顧客の閲覧商品を検索結果に含めたりする機能）」を多くの買い物客が期待するようになってきていることがわかった（注12）。自分の好きなチャネルでそうした体験ができる「オムニチャネル」のイノベーションも、このカテゴリーに分類される。

トランククラブ（Trunk Club）は、利用量に応じて対価を支払う「男性用パーソナルスタイリングサービス」で、登録者はまず、ファッションの好みを尋ねられ、全身の寸法が記録される。その後、自分好みのスタイルに合わせてパーソナライズされた服やアクセサリーが詰まった「トランク」が送られてくる。顧客は自宅でゆっくり試着したあと、気に入った商品の分だけ料金を支払えばよく、それ以外の商品は10日以内であれば返品できる。

トランククラブはビジネスモデルのさまざまな面でカスタマイズをおこない、顧客のエクスペリエンスバリューを高めている。まず、トランクの中身は登録者の好みに合わせてある。顧客はスタイリストという「フィルター」を通して厳選された商品のなかから、さらに好みの商品を選ぶことができる。また、２０１４年に百貨店チェーンのノードストロームに買収されたことで、トランククラブはさらなるエクスペリエンスバリューを顧客にもたらし、ノードストロームは世界最高クラスのパーソナライズ業者を獲得したことで、生き馬の目を抜くアパレル業界での差異化を実現した（注13）。トランククラブ登録者は「トランク」からキープした服をノードストロームの店内にあるテイラーで寸法直しできるようになるなど、顧客体験におけるさまざまな段階でカスタマイズという価値が生まれた。

また、ニューバランスは、ランナーの足の大きさと形をスキャンして顧客に合わせたシューズを提供し、３Ｄプリンターで足にぴったり合うソールをつくっている（注14）。

即時的な満足感　「即時的な満足感」のビジネスモデルは、製品やサービスの届け方を一変させ、購入サイクルにおける「時間」という次元をなくすことで、顧客が求めているものを待ち時間なしで提供する。物理的な製品をきわめて迅速に配達することもあれば、デジタル版をその場で提供することもある。非物質化が大きく関係しているが、いくつもの事例で見られたように、デジタル・ビジネスモデルによって可能になった「スピード」も貢献している。

インスタカート（Instacart）の顧客は、オンラインスーパーを訪問したり、モバイルアプリを使ったりして買い物をおこない、7・99ドル支払えば、注文した品を1時間以内に受け取ることができる（注15）。シップ（Shyp）も同様のモデルを採用している。発送したい品物の写真を撮ると、「シップヒーロー」がその場所までやってきて、その品物を梱包し発送してくれる。そのため、顧客は、郵便局や宅配業者の営業所での順番待ちから解放される（注16）。グーグルとアマゾンはそれぞれのサービス（「グーグルエクスプレス」と「アマゾンプライムナウ」）のどちらの配達スピードが速いかをめぐって熾烈な戦いを繰り広げている（注17）。アマゾンは、配送トラックに3Dプリンターを搭載して、製品をほぼリアルタイムで配達する技術に投資しているほか、ドローンを使った野心的な配送プログラムも発表している（注18）。家庭用の小さなインターネット接続機器である「アマゾンエコー」は、利用者が「アレクサ」と呼びかければAIエージェントが起動する。アレクサは利用者のリクエストに応えて即時的な満足感をもたらす。アレクサに話しかけることで、商品がアマゾンから送られてくる時間を短縮するだけでなく、たとえば「二次方程式って何？」「明日の天気は？」といった質問にも、その場で情報を提供してもらえる（注19）。

小売市場の既存企業としてきわめて革新的なテスコは、近年、顧客経験価値（訳注、製品やサービスだけでなく顧客が得られる良質な経験）を向上させるためのイノベーションを大量に導入している。たとえば「クリック＋コレクト」といった配送アプローチがこれにあたる。テスコのサイトには「グロサリー・クリック＋コレクトを使えば、食料品をオンラインで注文して、自分の好きな時間に、好きな場所で受け取ることができます。受け取れる場所はテスコ店舗や駅、地元企業など320カ所以上あります（クリック＋コレクトで注文した食料品はあなたの近くに配達されます）（注20）」と書かれている。テスコは買い物にかかる時間だけでなく、待つという行為（時間に関する消費者のストレス）そのものをなくしているといえる。

摩擦軽減　「摩擦軽減」のビジネスモデルは、物理的なビジネスプロセスをデジタル化し、テクノロジーを活用して障害を乗り越え、利便性を高めることで、顧客にとっての「製品やサービスの摩擦」を軽減させる。インテュイット（Intuit）の子会社ミント・ドットコム（Mint.com）は、利用者が持つ複数の金融機関の口座データをひとつのツールに一本化するサービスを提供している。これを使うことで顧客は自力で銀行や融資機関、投資運用会社から財務状況の「全貌」をかき集める必要がなくなり、一元管理されたポータルから出費や残高、予算、目標を確認できるようになる。

大規模な公共金融取引に関する貴重な情報優位を提供することで、大手の銀行や資産管理会社からその料金を請求することもできる。リキッドネット（Liquidnet）などの株式私設取引サービスは、買い手と売り手のマッチングの流動性（リクディティ、取引を希望する相手が存在すること）を高めて非効率性を排除することで、有価証券取引における「摩擦」を軽減している。正規の大手取引所を介さず取引しているため、リキッドネットの顧客である大手資産管理会社などは膨大な量の有価証券（4万2000株とされるリキッドネットの平均株式取引数量は他のアメリカの大手証券取引所より100倍以上多い）を買い手と売り手のあいだで直接、ほとんど遅延のない状態（この規模の取引だとミリ秒単位の誤差が情報優位につながる）でやりとりすることができる（注21）。企業が匿名で取引することもできるので、自分が何を売っているのか（もしくはどんなポジションを抱えているのか）を他社に知られることもない。そのため、価格にネガティブな影響を与えようとする悪質な取引を防ぐこともできる（注22）。

ほかにも、ブロックチェーン技術を使って金融取引の「摩擦」を軽減しようとしているデジタル・ディスラプターは数多く存在する。ブロックチェーンとは、デジタルの事象を分散させて記録する（多数の当事者間で共有する）台帳のことで、参加している当事者の過半数の合意が得られた場合にのみ更新され、ひとたび入力された情報は絶対に削除できない（注23）。合意にもとづいたモデルのため、改竄はきわめて困難であり、ビットコインをはじめとする大手暗号通貨は、その通貨を使用したあらゆる取引の記録保持基盤としてブロックチェーン技術を使用している。その利点は、銀行などの中間業者を介さず、取引当事者同士が検証可能なかたちでデジタル通貨をやりとりできるため、取引の「摩擦」が大幅に軽減されることだ。業界をまたいで発生するB2B決済のあり方が一変するのはまちがいないだろう。数百社のスタートアップ企業に加えて数十の世界最大規模の銀行や中央銀行までもがブロックチェーンの実験に投資している（注24）。

自動化　「自動化」のビジネスモデルは、テクノロジーを使ってタスクを自動化したり、自分以外の人間にやってもらうよう手配したりすることでエクスペリエンスバリューをもたらす。自動化された投資サービスを提供するウェルスフロント（Wealthfront）は、顧客がいくつかの簡単な質問に答えるだけで高度な解析にもとづいた適切な投資ポートフォリオと資産配分を選択できるようにしている。また、資産区分をまたいで投資のバランスをとったり、顧客の目標とリスク特性にもとづいて理想的なバランスを維持したりするほか、資産価値が低下したときには自動的に現金化して総合的な税額を減らしてくれる（タックスロス・ハーベスティング）。ウェルスフロントは顧客の大半が専門知識を持たない分野にエクスペリエンスバリューをもたらしているが、自動化によって時間を節約し、自分ではやりたくないタスクを機械や安価な労働力、専門家に代行させることで顧客の重荷を取り除いてもいる。このほか、タスクラビット（TaskRabbit）を使えば、時間がなくてできない、あるいはやる気が出ない面倒な作業や雑用、家事を安価な人材プールに依頼し、他の人に代行してもらえる（注25）。

③プラットフォームバリュー

コストや体験の質といった土俵で企業が競い合うのはとくに目新しいことではないが、「プラットフォームバリュー」は、デジタル・ディスラプションならではの一風変わった要素だ。プラットフォームバリューは、指数関数的な要素を導入することでそれまでの競争力学を破壊する。プラットフォームはネットワーク効果を生み出すが、そのネットワークから得られる価値は、利用者がどれだけたくさんいるか、どんな種類の利用者がいるかなどの影響を受ける。ネットワーク効果は、著名な科学技術者ロバート・メトカーフの名前にちなんだ「メトカーフの法則」と関連づけて考えられることが多い。それは、「ネットワークの価値は、そのユーザー数の二乗に比例する」という法則だ。たとえば、世界に電話機が1台しかなければその電話機には大した価値がないが、ユーザー数が増えれば増えた分だけ電話機1台分の価値は上がる。これがプラットフォームでディスラプションが起こる理由でもあり、プラットフォームが生み出す市場の変化もまた直線的ではない（注26）。

市民や消費者、あるいはビジネスパーソンとして私たちは日々、ネットワーク効果を目の当た

表3　プラットフォームバリューを追求するビジネスモデル

顧客にポジティブなネットワーク効果を提供することで競争力を高める

ビジネスモデル	カスタマーバリュー	代表例
エコシステム 標準化された道具や基盤、環境、サンドボックスを提供して、他者が独自に価値を創出できるようにする。	エコシステムの他の参加者たちとの共同作業、再現性やリソースの有効活用、エコシステムを通して製品やサービスを収益化するチャンス。	アップルのiOS、グーグルのアンドロイド、マインクラフト、ラズベリーパイ、グラブCAD、ドッカー
クラウドソーシング 参画者たちのエコシステムから何らかの提供を受ける。	より大量かつ多様性に富んだアイデア、新しい労働力の確保、貴重な独自情報の入手。	クオラ、ハフィントンポスト、カグル、イノセンティブ、ウィキリークス
コミュニティ 受信者のネットワークやコミュニティを通した情報の流布。クチコミのコンテンツ。	コミュニケーションや配信、実行力の最適化。	ネクストドア、ツイッター、レディット
デジタル・マーケットプレイス 個人と集団を結びつける。マーケットプレイス機能の創出。共有型経済とP2Pの力学。	売買や取引から利益を得る。リソースのソーシャル化、可動化、利用者の教育。	エッツィ、エアビーアンドビー、カーゴマティック、トランスフィックス
データオーケストレーター センサーや機械のデータを組み合わせて、新しい洞察を引き出すために解析する。	リアルタイムデータ、データの新しい供給源、きわめて複雑な状況のパターン認識、意思決定の最適化。	ABB、シスコ、GE、IBM、インテル、パランティア、SAP、スプランク、ジョン・ディア

Source: Global Center for Digital Business Transformation, 2015

りにしている。インターネットや伝染病、臨界点、集合知、ファイル共有、SNS、ユーザー作成コンテンツ、財政危機の伝播などはどれも、ポジティブなものもネガティブなものも含めてネットワーク効果の表れだ。ネットワーク効果はいわば「大きなテント」であり、P2Pのやりとりや相互依存、クチコミ、ゲーミフィケーション、フィードバックループなど、その範囲は多岐にわたる。ある意味では「全体は部分の総和に勝る」ことを可能にする方法で、参加者同士がつながれば単純なネットワーク効果が生じる。もともと価値を増幅させる性質を備えているため、顧客にとっても高次の利益が得られるのだ。
また、競合するイノベーションと比べて、プラットフォームは強い競争力を持つ。ひとたびネットワーク効果が確立されれば、(不可能ではないが)それを転覆させるのは難しい。これがいわゆる「勝者総取り効果(注27)」を生み出し、プラットフォーム所有者に利益が偏ることになる(注28)。このロジックは、フェイスブックやグーグル、iTunes、ツイッター、ウーバーなど、市場を一変させてきた数々の強力なデジタル・ビジネスモデルの基礎となっている。プラットフォームバリューは、大別すると次の5つのビジネスモデルから生じている(表3)。

エコシステム　「エコシステム」は、企業もしくは企業連合が一本化されたツールキットや基盤、環境、サンドボックス(訳注、システムが不正に操作されるのを防ぐため、外部から受け取ったプログラムの動作を制限するセキュリティ環境)を提供するビジネスモデルで、利用者はそれを使って独自に価値を(とりわけ金銭的な価値を)生み出すことができる。アップルとグーグルの開発者用エコシステムがよく知られているが、この他にもビデオゲームの「マインクラフト」がある。プレーヤーはブロックを配置して自由な形の建造物をつくり、他のプレーヤーや彼らがつくった建造物に対し干渉する。また、「MOD」と呼ばれる改造プログラムを開発してプレーヤーに新たな能力を与えたり、ゲーム内に別のゲームをつくったりするなど、収入源になりうる要素がいくつも存在している(注29)。数百万人のユーザーを惹きつけた非常にシンプルなコンピューター「ラズベリーパイ(Raspberry Pi)」も同様だ。35ドルという安い価格で購入できるラズベリーパイは、標準的なパソコン部品を使って安上がりにイノベーションを生み出すエコシステムを数百万人の教育者や趣味人、機械好きの人々に提供している（注30）。

B2B市場のディスラプターもまた、「エコシステム」のビジネスモデルを採用している。エストニアで創業され、2014年に3Dプリンターメーカーのストラタシス（Stratasys）に買収されたグラブCAD（GrabCAD）は、290万人以上のメンバーを抱えるエコシステムを所有しており、そのメンバーたちは、計125万個以上のオープンソース（無料）のコンピューター支援設計（CAD）モデルを作成し、共有している（注31）。オープンソース技術のドッカー（Docker）は、開発者がアプリをつくり、実行、テスト、展開できる「コンテナ」を提供している。コンテナを使えば、ひとつのコンピューターだけでなく、別の、たとえばノートパソコンやクラウドといった環境でも確実にソフトウェアを実行することができる（注32）。ドッカーは近年、驚くべき成長を遂げている。2014年前半のダウンロード数は300万回だったが、同年12月には1億回に達した（注33）。この人気に目をつけた大手技術系ベンダーやデベロッパーが技術開発や自社製品との統合をこぞって支援するようになり、一大エコシステムが誕生した（注34）。

クラウドソーシング　「クラウドソーシング」のビジネスモデルは、参画者がもたらす「貢献」の多様性を競争力の源として利用し、プラットフォーム利用者にさまざまなかたちの恩恵をもたらす。たとえば、そのプラットフォームの補強作業を利用者自身に委ねることでコストを削減する（これは利用者とプラットフォーム所有者の双方に益がある）。クオラ（Quora）は、利用者が専門家として他の利用者からの質問に答えるサービスだが、クオラ自体はソーシャルネットワークの場を提供しているだけで、コンテンツは利用者から無償で提供される。ウェブニュース収集サイトとして人気のハフィントンポストは、記事コンテンツの大部分をブロガーやゲストコラムニストに無料で提供してもらっている。メディア界の一般的なライバルと異なり、ハフィントンポストは利用者にコンテンツへのアクセス料金を課していない。にもかかわらず成功を収めたのは、読者にメッセージを伝えたいと考えている人気コラムニストやコンテンツ提供者（著名人など）にとって、ハフィントンポストの利用者層には魅力があり、そこに需要と供給の好循環が生まれたからだ。

また、プラットフォームを利用しないと情報が不透明なままになってしまいがちな領域でも、利用者はさまざまな洞察から恩恵を受ける。カグル（Kaggle）とイノセンティブ（InnoCentive）は、予測解析や科学的チャレンジなどのテクニカルな作業を「ゲーム化」することで、需要の大きい専門知識を提供している。複数の参加者がコンペ形式で競い合うことで、ビジネス上の難問に対する画期的な解決策が見出される仕組みだ。内部告発情報で有名なウィキリークスもクラウドソーシングのアプローチを採っており、他の手段ではアクセスできない機密ファイルなどの貴重な情報を（匿名で）暴露できるようになっている。

コミュニティ　「コミュニティ」は、従来から存在していたプラットフォーム指向型のビジネスモデルで、ネットワーク効果の効率性と規模の経済（規模が大きくなるほど単位あたりのコストが低下すること）を生かし、ポジティブな商業的インパクトをもたらす（非営利組織の場合は金銭以外の目的を促進する）（注35）。私たちはインターネット上で日常的にこのモデルを目にしている。（ユーチューブのクリップ映像やクチコミで広がるＴＥＤトークなど）コンテンツを伝えるというかたちをとっていることが多いが、ユーザーにとって効率的で有効性があれば、このビジネスモデルに分類される。たとえばネクストドア（Nextdoor）は、地元コミュニティの隣人や企業、機関とコミュニケーションをとれる「ハイパーローカルなつながり」に特化したソーシャルネットワークだ。利用者は「掲示板」を使ってコミュニティ内の買い手や売り手と取引したり、市民運動（請願など）に参加したり、行方不明のペットや学校の閉鎖、水道管の破裂に関する情報など地元住民にとって有益な情報を交換したりすることができる。ネクストドアはコミュニティの参加者を地元住民だけに制限することで伝達効率を向上させている。それ以外の参加者が増えれば増えるほど、こうした交流は希薄になってしまうからだ。

人気の高いプラットフォームには規模の経済性があり、そこでは、やりとりする情報のタイムラグを少なくすることができる（伝達が速くなる）。また、自分のメッセージを伝えるだけでなく有益な情報を得るためにも、費やすリソースが少なくて済む。ツイッターのようなプラットフォームは、この効果を使って成功を収めており、利用者は追加コストなしで他の大勢の利用者の声を知ることができる。ツイッターの「トレンド入り」機能は、他の利用者が価値を見出している情報を通知することで情報の実用性を高めたり、個々の利用者が手間や時間をかけて価値のない情報にアクセスしてしまう可能性を少なくしたりしている。さらにツイッターの「認証」メカニズムは、なりすましを防ぐことで他の利用者の不安を払拭している。

コミュニティのビジネスモデルが利用者にもたらしている価値の大半は、純粋に「経済的」と呼べるものではない。が、なかには無形の価値をもたらしているものもある。心理学者や行動経済学者によれば、人は経済的なもの以外にも価値を見出している。プラットフォームバリューには、評判という資本や名声、連帯感などの人とのつながりも含まれる。

業（カルマ）というスピリチュアルな概念は、「未来の幸福や成功は、その人の行動や心がけしだいだ」という考えにもとづいている。プラットフォームでは、いわゆる「デジタルカルマ」が利用者の「善行」を測る物差しになる。イーベイ（eBay）の「出品者の評価」は、プラットフォーム参加者としてのおこないを対象にしたもので、落札を希望する利用者にとっては、相手が信頼に値する出品者かどうかを判断する目安となる。情報掲示板サイトとして人気のレディット（Reddit）は、ひときわ魅力的な投稿に「クレディット（creddit）」を与えており、利用者は投稿の品質と頻度に応じてポイントを貯められる。クレディットには金銭的な価値はないが、それでも利用者のステータスを表す尺度となり、利用者が受け取る価値に影響を与えている。コミュニティのビジネスモデルは、利用者のモチベーションを上げて（他人に推奨するなど）好ましい行動をとらせ、積極的に関与させるための手段として、ゲーミフィケーションや社会的圧力、競争の緊張感や楽しさ、仲間意識の創出、「優良参加者マーク」などを使っている。

デジタル・マーケットプレイス　「デジタル・マーケットプレイス」のビジネスモデルは、デジタル・ディスラプターの戦略に必ずといってよいほど見られるもので、相互利益のために個人と集団を結びつけることを前提にしている。それぞれに恩恵をもたらすことがプラットフォームバリューの核であり、そこには、ディスラプターがもたらす価値だけでなく、プラットフォームによって「促進」された価値も含まれている。プラットフォーム提供者が、製品やサービスをやりとりする市場（買い手と売り手が取引できる場）を生み出すこともある。デジタル・マーケットプレイスのビジネスモデルを採用しているディスラプターのエッツィ（Etsy）は、ハンドメイドの作品やビンテージ商品、美術品、工芸品、宝飾品、衣服などの独自商品を扱うプラットフォームを築いている。エッツィによれば、２０１５年の売上は20億ドル超で（注36）、登録利用者数は５０００万人を超えている（注37）。出品者は在宅事業者や職人が多く、彼らはエッツィのおかげで従来の小売チャネルでは手が届かなかった買い手とコンタクトがとれるようになった。一方で買い手は、他の手段では見つけたり購入したりすることができない（少なくとも手間がかかる）商品にアクセスすることができる。ここでは、アクセス性や多様性、取引の効率性といった価値がもたらされている。

デジタル・マーケットプレイスには、「シェアリング・エコノミー」も含まれる。たとえば、エアビーアンドビーを利用している個々の不動産所有者はプラットフォームを通して旅行者に宿を売り込めるし、宿泊客は旅行会社を通さずに宿を見つけられる。

シェアリング・エコノミーはＰ２Ｐの力学を基礎としており、それがプラットフォームのもうひとつの側面でもある。エアビーアンドビーの例で言えば、プラットフォームが個々の不動産所有者（使っていない寝室を貸し出して利益を得たい人）をサービス提供者に変え、サービスを利用したいと考えている人々と結びつけている。が、エアビーアンドビーも宿の提供者もホテル業者ではない。宿の提供者のなかには小規模な不動産管理業者もいるにはいるが、大半は個人である。

カーゴマティック（Cargomatic）やトランスフィックス（Transfix）のようなB２Bスタートアップ企業は、運送業界をターゲットにしたデジタル・マーケットプレイスを構築して、ドライバーと貨物のマッチング効率を向上させている。荷主はプラットフォーム上のリストに仕事を登録することが、ドライバーはリストを通じて本来であればその存在を知らなかったであろう仕事を引き受けることができる。さらに両者は、リアルタイムの貨物追跡やオンライン決済など、デジタルが可能にしたサービスの恩恵も受ける。それは中小企業に限らない。アメリカの書店バーンズ＆ノーブルやドイツのボッシュなどの大手も、荷主としてこうしたデジタル・マーケットプレイスを使って商品の配送を手配している（注38）。

データオーケストレーター　「データオーケストレーター」は、ＩｏＴとビッグデータ解析という破壊的な力を利用してイノベーションと価値の創出に新たな機会をもたらすビジネスモデルである。位置情報サービスや遠隔監視、予測保守、消費者の心情や行動の背景にもとづいたマーケティング提案、動画解析なども含まれる。ＩｏＴにはさまざまな定義があるが、一番シンプルな定義は「物理的なモノをネットワークにつなげる」ことだ（注39）。これまでにつながっていなかった多種多様なモノ、たとえば車両などの輸送インフラや建物、工場の機械、医療機器、衣料品などがネットワークにつながると考えればいい。従来インターネットはコンピューター（情報処理を司る機械）同士を接続するものだったが、ＩｏＴは情報処理以外のさまざまな目的を持つモノ同士を接続する。これにより、センサーや埋め込み型システムで構成された巨大なプラットフォームをつくることが可能になった。そこでは情報がネットワークを通して運ばれ、アプリケーションによって解析され、新たな洞察が引き出される。

大量の資産とデータの流れを所有している数多くの企業がこうしたつながりをもたらし、スマートビルディングや工業オートメーション、ウェアラブル端末、テレマティクス（訳注、移動体に組み込んだ通信システム）などがそのビジネスモデルを支えている。ＩｏＴや解析というプラットフォームを通じた最終顧客への付加価値サービスの提供は、デジタル・ディスラプションなどの競争圧力にさらされている大企業（とりわけ製品が中心となる業界）の目には魅力的に映るだろう。データオーケストレーターのビジネスモデルを追求している企業には、ＡＢＢやシスコ、ゼネラル・エレクトリック（ＧＥ）、ＩＢＭ、パランティア（Palantir）、ＳＡＰ、スプランク（Splunk）などがある。

アメリカの農業機械メーカー、ジョン・ディアも、このビジネスモデルを取り入れた「スマート農業」というビジョンを追求している。農家は、ジョン・ディアが立ち上げたオンラインポータル（Myjohndeere.com）を通して、自分が所有する農業機械に搭載されたセンサーが収集したデータや第三者機関が提供する財務データ、天候データなど広範なデータにアクセスする。こうしたデータを活用すれば、作物をいつどこに植えるかといった判断を適切にくだし、農作業を最適化することができる。

さらにデータは予測保守にも使われており、農家は農業機械や装備品などの部品を、それが壊れるまえに交換することができる。またジョン・ディアは「ディア・オープンデータ・プラットフォーム」を立ち上げ、データオーケストレーターとしての役割を自社以外の範囲にまで広げている。農家は、このプラットフォームを通じて他の農家やイノベーティブな農業用アプリを開発しているサードパーティ開発者とデータをやりとりすることもできる（注40）。

3つの価値を融合させた「組み合わせ型ディスラプション」

アマゾンやアップル、フェイスブック、グーグル、ネットフリックスなど、近年最も華々しい成功を収めているディスラプターは、「コストバリュー」「エクスペリエンスバリュー」「プラットフォームバリュー」を融合させることで新しいビジネスモデルと莫大な利益を生んでいる。私たちはこれを「組み合わせ型ディスラプション」と呼んでいる。

「組み合わせ型イノベーション」は、グーグルのチーフエコノミストでカリフォルニア大学バークレー校名誉教授、ハル・ヴァリアンの言葉としてよく紹介される。ヴァリアンはその著作のなかで、「これまでの歴史においてはテクノロジーが規格化し、統合されることによって複数のテクノロジーが幾度となく組み合わされ、新しい発明が生まれてきた」という実例を引いて「組み合わせ型イノベーション」という考え方を説いている（注41）。組み合わせ型ディスラプションは、この原則のうえに立ち、デジタル・ボルテックス時代に合わせてつくった造語である。それは、デジタルによって可能となったビジネスモデルが幾度となく組み合わさり、コストバリューとエクスペリエンスバリュー、プラットフォームバリューの破壊的な組み合わせが顧客（消費者か企業かを問わず）にもたらされる様子を表している。その組み合わせによってデジタル・ディスラプションや競争に変化が生じ、企業（とりわけ既存企業）は自らを変革する必要性に迫られる。多方面に恩恵をもたらす「組み合わせ型ディスラプション」が、最終顧客から見て魅力的であることはまちがいない。この高い価値基準を満たせる少数の企業にとっては、自社を差異化し、競争優位を確立する絶好のチャンスとなる。

ディスラプターのなかには、ひとつのビジネスモデル、ひとつのカスタマーバリューを中心にして成り立っているものもある。たとえばキックスターター（Kickstarter）は、新興企業がクラウドソーシングを通じて資本を調達できる純粋なプラットフォームだ。しかし、長期的な成功を収めているディスラプターの多くは、なんらかのかたちの「組み合わせ型ディスラプション」を実践している。ここではふたつの企業を例に挙げる。ひとつの企業はおもに2種類のカスタマーバリューを、もうひとつの企業は3種類すべてのカスタマーバリューを組み合わせている。

アディエンの「組み合わせ型ディスラプション」

アディエン（Adyen）は、オランダに拠点を構えるB2Bの国際決済サービス提供業者だ。ウーバーやフェイスブック、エアビーアンドビー、KLM、スポティファイといった企業がこの決済プラットフォームを使い、全世界の顧客がクレジットカードやデビットカード、銀行送金などで電子決済できるようにしている。アディエンはヨーロッパでその株式が最も高く評価されている未公開企業（ユニコーン）のうちの1社で、2015年の評価額は23億ドルだった（注42）。2011年以降、EBITDA（利払い・税引き・償却前利益）ベースで大きな利益を出しており、創業以来500億ドル以上の決済を処理している（注43）。以下に、アディエンが利用しているふたつのビジネスモデルを挙げる。ここでは、エクスペリエンスバリューとプラットフォームバリューがもたらされている。

エクスペリエンスバリュー

摩擦軽減――アディエンの決済プラットフォームは250の支払い方法に対応しており、6つの大陸と17種類の通貨をカバーしている。また企業は、電子商取引やモバイル（iOSとアンドロイド）、店舗内POSシステムといった複数のチャネルを通して消費者の支払いを受けられる。「摩擦軽減」による商取引のスピードアップこそが、同社の価値提案の中核である。

即時的な満足感――アディエンは、直接の顧客である企業とその顧客である消費者に対して

「即時的な満足感」を提供している。システムには、ホスト型決済ページや暗号サービス、ダイレクトAPIといった機能が組み込まれており、企業はそれを自ら開発したり調達したりする必要がない。このことは、アディエンが相手にしている企業（市場投入までの時間がカギとなる急成長中のデジタル・ディスラプター）にとってとてつもなく大きな価値となる。アディエンのプラットフォームを使えば、地域ごとに自前で決済手段を用意する時間や労力を節約できるからだ。たとえば、ウーバーは2015年、アディエンのプラットフォームを使って（地元業者と支払協定を結ぶことなく）モロッコにサービスを拡張すると発表した（注44）。

アディエンの決済プラットフォームは、最終顧客にも「即時的な満足感」をもたらしている。何百万人という消費者が、クレジットカードなど現金以外の支払い方法でサービスを購入している。何をどこで買うにせよ、昨今の消費者は支払いにかかる手間をワンクリックでも減らしたいと望むようになってきている。アディエンもこのニーズを認識しており、アメリカとイギリスでアップルペイによるアプリ内購入とストア内購入の両方を受け付ける唯一の決済技術提供業者となった（注45）。

プラットフォームバリュー

データオーケストレーター――店舗内購入とオンライン購入のどちらにも対応するアディエンの決済プラットフォームのおかげで、小売業者は貴重な顧客データを集めることができる。小売業者はこうしたデータを用いてあらゆるチャネルでの買い物客の動向（店舗内とオンラインでの顧客のちがいなど）を把握することで、たとえばオンライン上で購入したものを実店舗で受取可能にするなどといった新サービスを立ち上げることができる。加えてオンライン業者は、アディエンが収集しているデータを不正の検出や予防策に役立てることもできる（注46）。

アディエンのグローバルな決済プラットフォームは、複数のデジタル・ビジネスモデルを使うことで、企業と消費者に新たな組み合わせの価値をもたらしている。利用料金は既存企業に比べてわずかに安い程度だが、そのサービスレベルとグローバルなリーチが価値をもたらしている。アディエンのグローバルな決済引受ソリューションを使えば、地元のサービス提供業者と再三にわたる契約交渉をしなくてすむ。これによって「摩擦」が軽減し、消費者にとっては選択肢が増える。このグローバルなプラットフォームにより、アディエンは外国との取引に苦戦している各地域の大手ライバルと張り合っている。

リンクトインの「組み合わせ型ディスラプション」

リンクトイン（LinkedIn）は世界最大のビジネス指向型ネットワーキングサイトで、200以上の国に4億人以上の利用者がいる（注47）。リンクトインはおもに以下のビジネスモデルを用いて「組み合わせ型ディスラプション」の戦略を追求している。

コストバリュー

無料／超低価格――リンクトインは、オンラインプロフィールの作成や他の会員とのつながり、グループへの参加、記事の公開など、いくつもの機能を無料で提供している。２０１５年５月時点で80％以上の会員がこの無料サービスのみを使っているが（注48）、月額29・９９ドルから１１９・９５ドル相当の地元通貨による有料サービスも用意されており、同サービスを契約すれば、プロフィールの高度検索機能や自分のネットワーク外にいる会員へのコンタクト、オンライントレーニングなども利用することができる。

エクスペリエンスバリュー

カスタマイズ――リンクトインの会員は、自分のオンラインプロフィールを高度にカスタマイズすることができる。学歴や職歴だけでなく、受賞歴や著作、つながっている相手からの推薦なども、そこには含まれる。さらに自分の好きな画像を使ってプロフィールの見た目をパーソナライズしたり、プロフィールのどこからどこまでを他者に公開するかを選択したりすることもできる。とはいえ、このユーザー主導型のカスタマイズ機能は、リンクトインがもたらしている価値のほんの一端でしかない。この他にも、機械学習をはじめとする大規模な解析を用いて、つながったほうがよいと思われる相手を提案する機能や、ニュースフィード機能、求人の通知など会員が受け取る情報をそれぞれの会員のプロフィールや動向に合わせてマッチングさせる機能もある（注49）。

プラットフォームバリュー

データオーケストレーター――全世界で何億人もの会員が自分のプロフェッショナルとしての経歴やそれに関連する詳細な情報をリンクトイン上に自由にアップロードしている。多くの会員がサイト上で長い時間を費やしているが、リンクトインはそうした彼らのクリック履歴データを蓄積して新事業を立ち上げた。より効率的に人材を採用したい、職場動向に関する洞察を深めたい（退職する可能性が高そうな従業員を見きわめたいなど）と考えている数千の企業に対してデータの販売をはじめたのだ。２０１５年時点では、このＢ２Ｂ向け人材ソリューション事業の売上のほうが、広告料や有料会員料金を合計した売上よりも多かった（注50）。

コミュニティ――リンクトインの大きな狙いのひとつは、同じような経歴と興味を持つ会員同士がコミュニティを築けるようにすることだ。２００４年以来、リンクトイン上では２００万以上のグループが作成され、会員同士が意見交換したり、オンライン上で議論したりしている。こうしたコミュニティはとてつもない成長を遂げており、平均的な会員は7つのグループに参加している（注51）。

デジタル・マーケットプレイス――２０１５年10月、リンクトインは新しいサービス「プロファインダー（ProFinder）」をひっそりと立ち上げた。これはファイバー（Fiverr）やアップワーク（Upwork）といったディスラプターと競合するクラウドソーシング・サービスだ。これらのサービスとの最も大きなちがいは、プロファインダーの場合、フリーランス労働者はプラットフォーム上に掲載されるまえに「コンシェルジュチームによって精査される」ため、雇う側は他の安価なフリーランス登録サイトよりも優秀で信頼できるプロフェッショナルを見つけられる可能性が高いということだ。ファイバーやアップワーク、99designsといったオンライン・マーケットプレイスには、こうしたフリーランス向けの登録要件はない。リンクトインは既存の巨大なプラットフォームを梃子にして、優秀な契約労働者を探している企業とフリーランスのプロフェッショナルを結びつける絶好の立ち位置を手に入れた（注52）。

組み合わせで生まれる3倍の脅威

アディエンとリンクトインの例からわかるようにディスラプティブな企業は、デジタル・ビジネスモデルの多くの選択肢を意のままに操り、顧客にとって魅力的な組み合わせの価値を提案することでライバル企業を打倒する。今日のいずれかの業界で強力なディスラプションを起こしている企業をよく観察すれば、ここで説明した15のビジネスモデルの組み合わせに似たパターンが見えてくるはずだ。

企業は何世紀もまえから「コストや体験の質」をめぐって戦いを繰り広げてきたが、ディスラプターはデジタル・ビジネスモデルを使い、これまで不可能だった方法で低コストと上質な体験を組み合わせている。さらにプラットフォームバリューは競争優位の新たな源泉となっており、ディスラプターはプラットフォームを振りかざして既存企業を脅かしている（注53）。これほど急激に成長し、サービスを受けたい人とサービスを提供したい人を結びつけ、データの新しい源泉

フォームは強力なメカニズムももたらしている。コストバリューとエクスペリエンスバリューを臨界値を超えるきわめて多数の顧客と融合させることで補完的なビジネスモデルを構築し、組み合わせ型ディスラプションを実現している。たとえば、プラットフォーム所有者には（プラットフォームを訪れる人のおかげで得られる）広告収入があるため、その他のコストを相殺できる。これにより、料金を課すことなく、あるいは「フリーミアム方式」を採用して徐々にコストバリューやエクスペリエンスバリューを高めていくことができる。そうなってしまえば、プラットフォームを持たないライバル企業はお手上げだ。

既存の市場リーダーにとってデジタル・ディスラプターが大きな脅威となっているのは、ディスラプターが顧客に対する新しいバリューを次から次へと創出するからだ。なかでも、デジタル・ビジネスモデルを組み合わせてコストバリュー、エクスペリエンスバリュー、プラットフォームバリューの歯車を噛み合わせる力は強烈だ。こうした組み合わせ型ディスラプションは、私たちがいま直面している最も苛烈で危険なデジタル・ディスラプターたちの力の源になっている。

第3章

バリューバンパイアが市場の利益を飲み干す

Value Vampires and Value Vacancies

前章では、デジタル・ディスラプターがもたらす3種類のバリュー（コストバリュー、エクスペリエンスバリュー、プラットフォームバリュー）とそれを支えているビジネスモデルについて説明した。本章ではデジタル・ボルテックスの競争力学を考察し、ふたつの新しいコンセプトを紹介する。「バリューバンパイア（価値の吸血鬼）」と「バリューベイカンシー（価値の空白地帯）」だ。バリューバンパイアはデジタル・ディスラプターの一派で、魅力的なコストバリューをエクスペリエンスバリューやプラットフォームバリューと組み合わせて既存企業を駆逐し、市場シェアをまたたく間に勝ち取る。バリューベイカンシーは、競争の激しい市場にほんの短い期間だけ訪れるチャンスを指す。バリューバンパイアをはじめとするデジタル・ディスラプターの脅威に対応できた企業は、この「空白地帯」を利用するチャンスが生まれる。

無慈悲とも言える最も危険な存在

ひと口に言えばバリューバンパイアとは、自らの競争優位を武器に市場全体の売上もしくはプ

図9　バリューバンパイアの定義

バリューバンパイア

自らの競争優位によって市場全体の規模を縮小させるディスラプティブな企業

- 既存企業は守勢にまわる
- コストバリューを武器に、既存企業のマージンや売上を縮小させる
- エクスペリエンスバリューを用いて既存企業を時代遅れにさせたり、プラットフォームバリューを用いて急速に市場シェアを獲得したりする
- 最も危険なバリューバンパイアは、3つのバリューを同時に駆使して「組み合わせ型ディスラプション」を起こす

Source: Global Center for Digital Business Transformation, 2015

ロフィットプール（場合によっては両方）を縮小させてしまう企業だ（図9）。バリューバンパイアは無慈悲ともいえるほど効率的にカスタマーバリューを生み出すため、既存企業にとって危険な存在となる。

第1に、バリューバンパイアは必ず「無料／超低価格」「価格透明性」「購入者集約」などのビジネスモデルを使ってコストバリューをもたらすことで、既存企業のマージンを枯渇させる。第2に、バリューバンパイアには、より上質で新しいエクスペリエンスバリューをもたらすイノベーションを創出するという厄介な習性がある。彼らは「カスタマーエンパワメント」「即時的な満足感」「摩擦軽減」などのビジネスモデルで顧客を掌握して製品やサービスをより迅速に届け、不便さをなくす。すでに述べたように、こうしたディスラプターはバリューチェーンではなくバリューそのものに狙いを絞っている。そのため、がんじがらめになった既存企業とは同じやり方を採ることなしに、老舗企業を時代遅れにさせてしまう顧客体験をつくり出す傾向がある。たんにプロフィットプールの血を飲み干してしまうだけでなく、市場リーダーを完全に駆逐してしまう可能性さえある。第3に、バリューバンパイアは市場の急激な変化から利益を得るだけでなく、そうした変化を促進する。

デジタル・ボルテックスの世界では、気を抜けば誰もが犠牲者になる。

バリューバンパイアはどんな業界にも影響をおよぼしうるが、大きなイノベーション（新たなコストバリューやエクスペリエンスバリュー、プラットフォームバリュー）を経験していない市場に現れる可能性が高い。そうした市場では、多くの顧客が既存のサービスレベルに不満を抱いているからだ。さらにひどい場合は、プロセスを支配して選択の余地を与えようとしない既存企業を横暴だと感じている。しかし、そうした既存企業が長きにわたって高いマージンを搾取していることもざらだ。

デジタル・ボルテックスの渦中にある企業は、今後より頻繁かつ壊滅的に利益を奪われるようになるかもしれない。一番恐ろしいバリューバンパイアは「組み合わせ型ディスラプション」を巧みに実践してコストバリューやエクスペリエンスバリュー、プラットフォームバリューを同時創出する（そのうちのひとつでも最悪だというのに）。そして、あなたのマージンを奪い、あなたの価値提案を無価値なものとし、顧客を大量に奪っていく。実に困ったことだ。

バリューバンパイアの元祖、ナップスター

では、どの企業がバリューバンパイアで、どの企業がより一般的なデジタル・ディスラプターか。それを考えるには、ある程度の主観が入る。基本的には「市場全体の規模が縮小してしまった」という証拠をつかむまで、ある企業を名指ししてバリューバンパイアだということはできない（注1）。

バリューバンパイア現象の最も顕著な例は、おそらく音楽業界だろう。同業界における市場規模や利益の縮小は、景気動向などの原因によるものではない。10年以上にわたるデジタル・ディスラプションの果てに音楽業界は、バリューバンパイアの恐ろしさを後世に伝える実例になってしまった。

1999年、音楽業界は絶好調で、世界的な市場規模は286億ドルに達していた（図10）。CDの平均的な価格は14ドルで、そのころには製造コストが大幅に低下していたにもかかわらず、90年代初頭と大差ない価格で売られていた（注2）。バリューチェーンのなかにいた誰もが、この高い価格から恩恵を得ていた。95年には、CDが1枚売れると小売価格の35％が店舗に、27％がレコード会社に、16％がアーティストに、13％が製造業者に、9％が流通業者の懐に入った。1枚のCDが売れるたびに小売業者だけで35％ものマージンを得ていたのだ（注3）。一方、消費者は、CDのテクノロジーが成熟しているにもかかわらず価格が据え置かれていることに当惑し、ときに20ドル以上の価格で販売されていることを横暴だと感じるようになっていった。そ

図10　世界規模で見た音楽業界の売上の推移

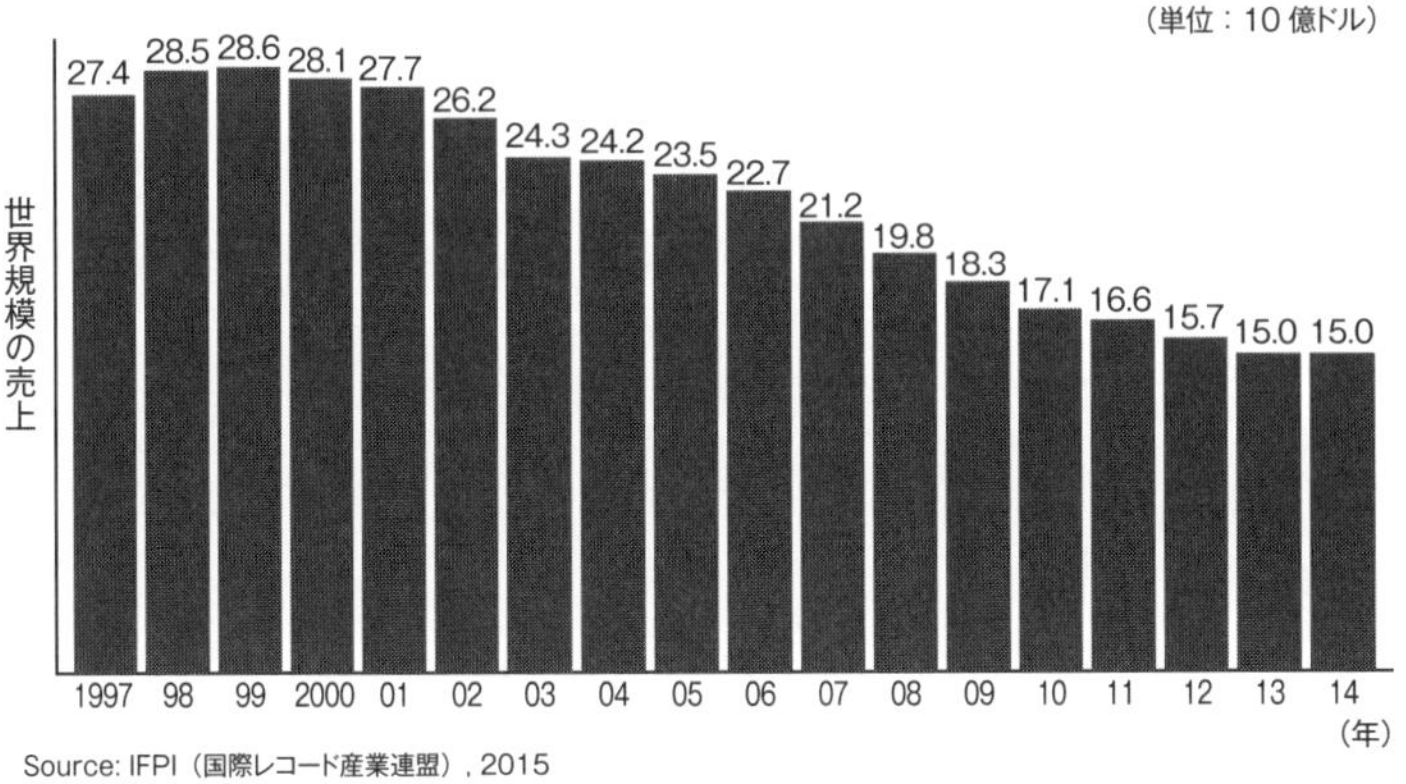

Source: IFPI（国際レコード産業連盟），2015

れでも消費者はＣＤを買いつづけた。カセットテープより音質がすぐれていたし、レコード盤より携帯しやすかったからだ。ＣＤの販売数は２０００年にピークを迎え、25億枚近くが売れた（注4）。

当時、自分たちの業界が（いま私たちがデジタル・ボルテックスと呼んでいる）渦のなかにぐいぐいと吸い込まれていることに、ほとんどのエグゼクティブは少しも気づいていなかったが、ディスラプションは進行していた。ＣＤはスタジオ品質のデジタルファイルを消費者の元に届けており、触媒作用を発生させるために足りなかったのは「そのデジタルファイルを複製して容易に配布可能にするファイル形式」だけだった。

90年代なかばに、ファイル形式のＭＰ３が一般化すると、ＣＤから大量のデータが吸い出され、圧縮され、譲渡可能になった。「（リッピングで作成した）手製ＣＤ」とインターネットのおかげで、消費者はついに、それなりに高品質なデジタル音楽ファイルを簡単に複製し、共有できるようになったのだ。

2004年から09年までに、実に推定300億曲の楽曲がファイル共有ネットワークやトレントサイト（訳注、P2Pのファイルダウンロードサイト）経由で違法ダウンロードされた（注5）。このデジタル・ディスラプションは絶大な衝撃をもたらし、音楽業界における世界的な市場規模はピークの約半分に落ち込んだ（図10）。14年までに、物理的な媒体による業界の売上は全体の46％に過ぎなくなっていた（注6）。バリューチェーン内のさまざまな当事者が受けた影響は迅速で容赦なく、なんとか生き残った既存企業は今日にいたってもなお当時の後遺症を引きずっている。

このディスラプションのカギを握っていると広く考えられ、典型的なバリューバンパイアと呼べる企業、それはナップスター（Napster）だ。これは有名な話なので聞いたことがあるかもしれないが、ここでは、コストバリューとエクスペリエンスバリュー、プラットフォームバリューという観点からこの実例を考え、バリューバンパイアがどうやって攻撃を仕掛けて最終顧客に恩恵を与えると同時に市場を衰退させていくかを見る。

1999年、ナップスターは、消費者が無料で音楽をダウンロードして自分のコレクションを他者と共有できるファイル共有サービスの提供を開始した。CDからデジタルファイルを「リッピング」してそれをMP3形式に変換することで、音楽ファンは誰でも自由にお気に入りのアルバムや楽曲をインターネット上で入手できるようにした。物理的な制約から解放されたのだ。ナップスターから提供されたプラットフォームを使えば、ファイルを交換し合ったり、他人が

表4　ナップスター：何百万個ものファイルを無料で

	ビジネスモデル	カスタマーバリュー
コストバリュー	**無料／超低価格** 無料もしくは非常に小さな利幅で提供する。	コストと消費の完全な切り離し。顧客はバラエティに富んだ大量の音楽を対価なしに入手できる。
エクスペリエンスバリュー	**カスタマーエンパワメント** セルフサービス、中間業者の排除、コンテンツや体験の共有。 **即時的な満足感** 商品やサービス、付加価値体験をリアルタイムで、もしくはモバイル機器など新しいデバイスを通して提供する、非物質化。 **カスタマイズ** 製品やサービス、体験をパーソナライズする。	利用者は自分の好きなアーティストやアルバム、楽曲を選び、その場で直接ダウンロードできる。 加えて、欲しい音楽が特定の1曲だけなら、わざわざCDを買って最大20ドル程度の対価を払う必要がない(当時の音楽流通モデルでは1曲だけの購入はできなかった)。
プラットフォームバリュー	**デジタル・マーケットプレイス** 受け手のネットワークやコミュニティを通した情報の拡散。マーケットプレイス機能の創出。 **コミュニティ** 急激な規模拡大能力。P2P力学によるコンテンツの取得、拡散。クチコミ。	P2Pで自分のマシンからコンテンツを配布している数百万人の音楽ファン同士をつなぐ。 ナップスターはP2Pを利用して、たちまちのうちに楽曲やアルバムの数を増やし、きわめて低コストの構造をつくり上げた。

Source: Global Center for Digital Business Transformation, 2015

アップロードしたファイルをダウンロードしたりすることができる。それまで消費者はほとんどの人にとって横暴ともいえる価格でCDを買わなければならなかったが突然、自分の欲しい楽曲やアルバムをタダで入手できるようになったのだ。表4にまとめたナップスターのビジネスモデルを見れば、消費者に対してコストバリューやエクスペリエンスバリュー、プラットフォームバリューが相互に補完し合ってもたらされていることがわかる。

ナップスターのビジネスモデル(もちろん広義において)は、バリューチェーン内の企業、なかでも音楽レーベルと小売業者にとてつもないコスト圧力をかけた。莫大な利幅が突如ゼロになってしまったからだ。コストと消費が切り離され、ナップスター利用者は楽曲やアルバムを対価なしに入手できるようになった（注7）。破壊のかぎりを尽くすとき、バリューバンパイアは市場の満たされていない莫大なニーズを満たし、自分たちの製品やサービスをすみやかに拡大させていく。この場合の「満たされていないニーズ」とは、①要らないものは避けて、欲しいものだけを入手したい、②しかも、それをすぐに手に入れたいという顧客のニーズだ。

CDの世界で消費者は、たとえアルバムのなかの1曲だけが欲しい場合でも、14〜20ドルというそれなりの対価を支払わなければならなかった。低価格のシングルCDという選択肢もあったが豊富に用意されていたわけではなく、小売店に足を運んだが在庫切れということもあった。しかし、ナップスターの登場により、顧客は自分の好きな楽曲やアルバムをすぐにダウンロードできるようになり、FMラジオ局やミュージックビデオ番組、ミュージックビデオ、小売店では紹介されない未知の曲も見つけられるようになった。

何より重要なのは、P2Pファイル共有システムが使われていたために信じられないスピードで規模が拡大したことだ（当初は100万人の利用者だったが、たった7カ月で5000万人になり、一時期はインターネット史上最速で成長したアプリケーションとされていた）（注8）。その絶頂期、ナップスターは約8000万人の利用者数を誇った。当時のインターネット人口のうち約5人にひとりが利用していた計算になる（注9）。利用者は自分の音楽ライブラリを共有し、それが他のユーザーの目には魅力的に映った。他のユーザーも同じことをしていたため、ナップスターの好循環が生まれた。顧客とコンテンツの両方を爆発的に獲得できたのだ。これは、コストバリューとエクスペリエンスバリュー、プラットフォームバリューのすべてを備えた「組み合わせ型ディスラプション」である。ナップスターはとてつもなくディスラプティブな存在だった。

デジタル化しにくい分野でも誕生しつつある

ここ10年ほどのデジタル・ディスラプションは、音楽などの情報産業と同じく、核となる製品やサービスが非常に「デジタル化しやすい」分野で熾烈化しやすい傾向にあった。私たちは、物理的な製品やサービスを提供する企業（製薬業界やアパレル業界、化石燃料業界、運送業界など）のエグゼクティブから、そうした話をよく聞かされた。テクノロジー業界やメディア・エンターテインメント業界がデジタル・ディスラプションに対して非常に脆弱なのは確かだが、ある意味、そうした分野の製品やサービスの「デジタル化しやすさ」のおかげで、私たちは次の事実を突き止めることができた。すなわち、「デジタル・ディスラプションは、製品やサービスをデジタル化しやすいかどうかを問わず、あらゆる業界内で加速している」ということだ。ディスラプターは、デジタルによって可能になったビジネスモデルを使い、現状をひっくり返そうとしている。たとえばウーバーは、「自動車に乗る」という物理的なサービスのディスラプションの事例としてよく引き合いに出される。

では、バリューバンパイアは「製品やサービスをデジタル化しづらい分野」でどうやってコストバリューやエクスペリエンスバリュー、プラットフォームバリューを創出するのか。デジタル・ボルテックスのなかでは、デジタル化可能なあらゆるものがデジタル化される。そのため、もともと物理的な製品を扱っている業界のバリューチェーンでは「製品」そのものではなく「チャネルや消費行動（顧客ライフサイクル）のあるステップ」がデジタル化されていくかもしれない。

いわゆる情報産業以外の分野にもバリューバンパイアが出現する可能性があることを理解するため、比較的新しい3つの企業について考えてみよう。それは、クラスパス（ClassPass）、ジェット・ドットコム（Jet.com）、フレイトス（Freightos）だ。いずれも若い企業だが今後バリューバンパイアになりそうな気配が感じられる。

クラスパス　2016年に評価額が4億ドルを超えたと報じられた（注10）クラスパスは、新手のフィットネスクラブだ。「何千ものクラス。ひとつのパス」が売り文句で、会員はひとつのジムに通うのではなく、月額固定料金を支払うことでネットワーク内のすべてのジムを制限なしに利用することができる（ひとつのジムのクラスには1カ月に最大3回までしか参加できないという制限は一応あるが）。これは顧客にとってコストバリューになる。固定料金（クラスパスのサービスが提供されている都市で平均125ドル）は、エクササイズのクラスをたまにしか受けない人（たとえば月5、6回の一時利用をする人）にとっても割安だ（注11）。

先に「オンライン旅行予約サイトは、航空会社でもホテル業者でもない」と書いたが、それと同じくクラスパスもジムではない。ジムと会員のあいだにある契約関係に新しいかたちで介入しているだけだ。この場合、ジムが採算を上げるには、利用率が低いほうが好ましい（施設利用者が少ないほど、業務にかかる変動費を抑えられる）。そのため、エクササイズのセッションがクラスパス会員で埋まってしまい、もっと高い料金を支払ってくれる他の利用者がクラスをとれなくなると、ジムは競争上、厳しい立ち位置に追い込まれることになる。

利用者にとっては、エクササイズをおこなう場所やクラスを受講する時間だけでなく、ヨガやピラティス、有酸素キックボクシング、ダンス、インドアのフィットネスバイクなど、参加できるクラスの種類も劇的に増えるため、エクスペリエンスバリューも生まれている。これだけのメニューはふつう、ひとつのジムではカバーしきれない。

8000以上のジムやフィットネススタジオが参加していることから、ネットワーク効果によるプラットフォームバリューも生まれている。ジム通いをしている人たちの期待に応えられなければ競争から取り残されてしまうため、クラスパスは、プラットフォームを通してジムやフィットネススタジオにクラスを売るよう競争圧力をかけている。おまけに利用者は自分が通っているジムをクラスパスに「推薦」し、ネットワークに参加させることができる。バリューバンパイア本来の効果から考えると、このネットワークが成長するにつれて既存の提供業者のマージンが大幅に低下する可能性がある（注12）。2013年のサービス開始以来、クラスパス経由で1500万回以上のエクササイズセッションが予約され、利用者基盤は毎月20％増加、いまや全世界の40近い都市でサービスを提供しているという（注13）。2015年、クラスパスはネットワークに参加しているジムに対して1億ドル以上の支払いをおこなうと宣言したが（注14）、今後数年のうちにジムやフィットネススタジオ全体の売上（市場規模）がどのように推移していくか、興味深く見守っていきたい（注15）。

ジェット・ドットコム　ジェット・ドットコムも、バリューバンパイア化する可能性のあるデジタル・ディスラプターとして特筆に値する。ジェット・ドットコムは「ほぼすべての商品に対して会員割引を受けられるショッピング会員権」提供業者であり、さまざまな小売分野をまたいで、細分化された複数の市場をターゲットにしている。「無料／超低価格」と「価格透明性」を組み合わせたビジネスモデルを採っており、食品から電気器具、宝飾品にいたるまで多様な製品が大幅に割引される（訳注、ジェット・ドットコムは2015年7月にサービスを開始したベンチャー企業で、2016年8月に33億ドルでウォルマートに買収された）。

ジェット・ドットコムの当初の戦略は、インターネット上の最安値（他のオンラインショップより10〜15％安い価格）であること（注16）、商品にマージンを上乗せしないこと（それどころか赤字になっている商品も多い）、収益は年会費である49・99ドルから得ることを約束するというものだった。この年会費は、ジェット・ドットコムがターゲットにしている既存企業のコストコやアマゾンプライムの年会費を連想させる。2015年10月、ジェット・ドットコムは会費制度を廃止し（注17）、その代わりに「ジェット・ドットコムのチャネルでの売上に対して、小売業者に手数料を課す」と発表した。

ジェット・ドットコムは業者から商品を買い、業者はその後、消費者に直接その商品を発送する。2015年7月、ウォール・ストリート・ジャーナルの記者チームがジェット・ドットコムのサービスを試し、12個の商品を購入した。これらの商品のジェット・ドットコムでの合計価格は275・55ドルだった。ジェット・ドットコムがこれらの商品を各小売業者から仕入れた価格から平均11％を割り引いた額だ。計算してみると、ジェット・ドットコム側が支払ったコスト（配送料と税金を足した金額）は518・46ドルだった。つまり、12個の商品を売ったことで、ジェット・ドットコムは242・91ドルの損失を出したことになる（注18）。

ジェット・ドットコムはすばらしいエクスペリエンスバリュー、なかでも「カスタマイズ」による選択肢の増加と「摩擦軽減」によるプロセスの非効率性の排除という価値をもたらしている。このビジネスモデルのなかでとくに目を引くのが、「コストをアンバンドルし、あなたに選択肢を与えます。私たちは従来の小売モデルを分解し、通常であれば価格に織り込まれているコストを、あなたが支払わなくていいようにします。たとえば、商品の無料返品システムが不要であれば、返品を放棄する権利を与え、もっと節約できるようにします」というものだ（注19）。こうしたアンバンドルは「重要なのはバリューチェーンではなくバリューそのもの」という考え方を、このうえなく体現している。既存企業のこれまでのビジネスモデルや事業上の制約など、消費者にとってはどうでもいいことであり、重要なのは価格が安いかどうか、ただそれだけだ。

ジェット・ドットコムはアルゴリズムで製品をグループ分けし、発送効率を向上させるなどして情報優位を生み、さらなる低価格や幅広い選択肢、消費者の望みのものを提供するうえでの柔軟性につなげている。コストバリューとエクスペリエンスバリューを一体化させるジェット・ドットコムの能力を見れば、「コスト・リーダーシップ戦略vs.差別化戦略」といった由緒正しい競争戦略モデル（注20）が、組み合わせ型ディスラプションのまえでは跡形もなく消えてしまうことがわかる。また、消費者は、低価格と体験の質のどちらを選ぶかという選択を強要されない。だからこそ、この形態のカスタマーバリューはきわめて破壊的なのだ。

ジェット・ドットコムのモデルがとくに興味深いのは、小売業者は直接マージンを失うわけではないという点だ（先述したように、いまではジェット・ドットコムに対して手数料を支払っているようだが）。それどころか、ジェット・ドットコムが採用している「スマートカート・アルゴリズム」のおかげで、商品をカートに足せば足すほど節約できることに消費者が気づき、より大量の買い物をしてくれる可能性もある。つまり、表面的にはジェット・ドットコムと小売業者は共生関係にある。ジェット・ドットコムは小売業者にとって複数あるチャネルのひとつであり、業者と消費者の「ツーサイドマーケット」を仲介しているプラットフォームに過ぎないが、大局的に見ると、ジェット・ドットコムは大規模なコストバリューを生むことで、小売業界全体に対してひそかに価格競争を仕掛け、「あらゆる商品を底値で買えて当然」という状況をつくり出そうとしているのではないかという疑問が浮かぶ。電子商取引用料金体系ソフトウェアを提供するブーメランコマース（Boomerang Commerce）の推定によれば、ジェット・ドットコムが扱っている全商品のうち実に81%がアマゾンよりも安い価格で販売されている（注21）。

2015年7月のサービス開始以来、ジェット・ドットコムは10万人以上の利用者を獲得し、30億ドル以上の評価額を得ようとしている（注22）。少なくとも5年間は営業利益が出る見込みはないと認めているが、利用者が1500万人という分岐点を突破すれば利益が出るようだ（最近の会費制度廃止によって収益性への道にどのような影響があったのかは不明）（注23）。

そう聞くと、こうしたモデルの持続可能性に首をかしげたくなるだろう。だが、ナップスターのようなバリューバンパイアでさえ、「勝利した」とはいえないのではないだろうか。ここで肝心なのは、ディスラプターが成功するかどうかではなく、ディスラプションそのものだ。ジェット・ドットコムの行く末がどうあれ、企業が一致団結して、もう解析を使うのはやめにしよう、価格にマージンを上乗せするのはやめようなどと言い出すはずがない（それどころか、ますます激化しているように思える）。だとしても、ディスラプションが発生すると、既存企業は「底辺への競争」に参加せざるを得なくなり、業界内の多くの企業が巻き添えを食らうことになる。

フレイトス　すでに説明したようにバリューバンパイアは利益を永久に枯渇させてしまう。強引なコストバリューに主導された「組み合わせ型ディスラプション」によって市場全体の総売上が減ってしまうこともしばしばだ。消費者相手の業界を闊歩するバリューバンパイアはつとに有名だが、血に飢えたスタートアップ企業は巨大なB2B市場にも存在している。

たとえば、物流業界の規模は全世界において4兆ドルで（注24）、業界内には高い利益をあげている下位区分（サブセグメント）がいくつもある。そうした下位区分ではディスラプションの機が熟している。そのため投資家たちは、この分野のスタートアップ企業に対してすさまじい勢いで投資をおこなっている。なかでも一番狙われているのが貨物輸送の分野だ。1600億ドル規模の市場があるにもかかわらず、キューネ・アンド・ナーゲル（Kuehne + Nagel）やDBシェンカー（DB Schenker）といった数社のグローバル企業がフォワーダーとして君臨し、同分野の細分化を阻んでいる（注25）。フォワーダーと呼ばれるほとんどの輸送業者は、貨物を自ら運ばず、中間業者として顧客の代わりに配送を手配しているだけだ。サプライチェーンがより国際化・複雑化してきたことでフォワーダーの役割も増えているが、その業務の大半はEメールやスプレッドシート、ファクスといった旧式のテクノロジーに依存している。企業がフォワーダーから見積もりをもらうには、平均して約3日待たなければならず、競争と透明性が存在しないため、企業は高いマージンを支払っている。通常の輸送契約外となる特別輸送はフォワーダーが担当することが多く、量としてはひとつの企業の出荷量の1%未満に過ぎないが、輸送コストとしては合計で30%を占めている（注26）。

イスラエルに拠点を置くフレイトス（Freightos）というディスラプターは、デジタル・マーケットプレイスのビジネスモデルを使ってプロセスを透明化し、プロセスに競争を持ち込むことで、輸送にかかるコストを削減している。フレイトスは、配送コストに関する体系化されていないデータをウェブ上で集めて解析し、最大20種類の手数料をひとつの見積もりにまとめる（見積もりには、輸送の開始から終了までの最適なルートを選択する手数料も含まれている）。この見積もりを出すのに1分もかからない。コストを安く抑えられるのは、リバースオークション形式で複数の輸送業者に入札競争をさせるからだ。低料金で見積もりが迅速なだけでなく、荷主企業は、荷物が運送業者から航空会社の手に渡って最終目的地に到達するまでをフレイトスのプラットフォーム上で追跡することができる。

「組み合わせ型ディスラプション」で輸送業界のマージンを吸い上げているフレイトスは今後、バリューバンパイアに変身する可能性がある（注27）。バリューバンパイアは、プラットフォームバリューなしに市場を破壊することもできるが、プラットフォームで市場の両サイドを結びつけて（デジタル・マーケットプレイス）、データ解析でチャンスを発見できれば（データオーケストレーター）、既存企業を追いやるための低コスト構造が生まれて、市場全体の利益が減る。

いちど破壊された市場は元に戻らない

「バリューバンパイア」という用語は、ただ彼らの実態を説明しているだけであり、その言葉自体に非難の意味合いはない。「バリューバンパイアが経済全体にとってよいものかどうか」というのは興味深い質問だ。彼らがコストバリューを創出する（製品やサービスを安価に生み出す）ことでインフレが抑制されている可能性があると考える向きもある。過去20年間の低金利状態は、ふたつの資産の巨大なバブルをもたらした。株と不動産が高く評価されて投資が活発になり、消費者と企業の消費が上向きになったのだ。こうした状況は、総じてバリューバンパイアが経済のなかに眠っていた可能性を引き出した証拠と見て差し支えないだろう。デジタル技術が生産性を向上させているという考え方に賛同するかどうかはともかく、デジタル・ディスラプション（とりわけ低コストのかたちをとったディスラプション）には大きな価値があると顧客が理解しはじめていることはまちがいない。デジタル・ディスラプターのなかには「バンパイア的傾向」を持つ者もいるが、ここ数十年間インフレがずっと低水準を維持していたのは、少なくともある程度は彼らが生み出してきたコストバリューのおかげなのかもしれない。

一方、「バリューバンパイアは悪者だ」と考える向きもある。そうした人たちはこう考えている。マージンが圧縮されることで、低水準のインフレどころか（バリューバンパイアに苦しめられている分野ではとくに）景気を悪化させるデフレにつながる。多くの従業員を抱えている既存企業がその座を奪われると、デフレが投資を控えさせ、賃金を圧縮して経済成長を鈍化させ、構造的失業につながると。

バリューバンパイアは、物理的な製品や流通プロセス、間接費といったレイヤーをなくすことで、製品やサービスからコストを排除する。そうすることで業界のエコシステムの規模を縮小させ、その業界で利益を出しながら存続していける企業の数を減らす。

私たちにはっきりと言えるのは、「バリューバンパイアはまぎれもなく実在する」ということだけだ（マーケットリーダーは彼らの存在をとにかく否定したがるが）。しかし、バンパイアたちは低金利の力を借りた一過性の現象に過ぎないという見方にこだわる向きもあるだろう。つまり、低金利状態が終わって資金調達ができなくなったら、ディスラプターが新しいコストバリューやエクスペリエンスバリュー、プラットフォームバリューを生み出すこともできなくなるというのだ。

既存企業の優位性である「規模」から、財務状態や顧客基盤、ブランド力といった多くの長所が失われてしまったことはすでに述べた。また、ディスラプターがこうした「規模の優位性」を簡単に獲得できることも指摘した（第1章のマイフィットネスパルとスナップチャットの事例を参照）。一方でバリューバンパイアが既存企業にとって実に厄介なのは、彼らは「規模の不経済」から利益を得ているため、小規模なほうがいいということだ。

バリューバンパイアは、市場に存在するすべての利益を独占する必要はない。オーナーや投資家の懐を温められるだけのマージン（もしくは資産価値の向上）があれば、それでいいのだ。スタートアップ企業は、キャッシュフローあるいは新規株式公開で数百万ドルを獲得できるなら、何十億ドルもの業界を一掃することに二の足を踏んだりはしないだろう（それこそが今日的起業家の存在理由だと主張する人も多い）。

そう考えると、「バリューバンパイアの競争力学に持続性があるか」という疑問は、かなり意味合いが変わってくる。すでに述べたようにディスラプターにとって重要なのは、バリューそのものであってバリューチェーンではない。同様に既存企業にとって重要なのは、ディスラプションであってディスラプターではない。特定のディスラプター1社が最終的にどのような運命をたどろうと、競争環境におけるディスラプションの衝撃が消えることはない。なるほど、今日のデジタル・ディスラプターたちはたんにあの有名なうさんくさいドットコムバブルの再来に過ぎないのかもしれない。抜け目ない既存企業にはデジタル・ディスラプターを打ち負かすだけの能力があるが（実際にそうしている）、バリューバンパイアのせいで売上は減少し、マージンは圧縮され、顧客は離れてしまっている。そのため、多くの大手企業にとっては生き抜くだけでも精いっぱいだ。

不幸にも、中核事業分野でバリューバンパイアと対峙せざるを得なくなった既存企業のほとんどが顔面蒼白になる。そこから、すぐに倒れてしまうか、さまようゾンビとなり、永久にもとの体力を取り戻すことはないか、どちらかだ。顧客は顧客で、せっかく手に入れた新しいかたちのバリューを手放そうとは思わないため、バンパイアを「棺桶に戻す」のは困難だといえる。

「価値の空白地帯」を利用する——もうひとつのシナリオ

既存企業にとって、デジタル・ディスラプションは何もかもが悪いニュースというわけではない。業界がデジタル・ボルテックスの渦の目に近づくにしたがい、もうひとつのシナリオが浮上してくる。「価値の空白地帯（バリューベイカンシー）」を利用するシナリオだ。

過去にも市場に「空白地帯」が出現したことがある。空白地帯というのは、競争よりチャンスのほうが多い状態、すなわち、どこかの企業が他のライバルを追い抜いたり、新しい市場を創出したりできる状態だ。これまで市場は、いわば競争のモザイク画のようなものとして整然と分類されていた。私たちもそうやって市場を分類しているし、私たちの市場もそれをもとにした価値を顧客に対して生み出している。それはあなたも同じだし、あなたの市場も同じだ。こうした環境で成功するためのレシピは単純明快だ。戦いの舞台となっている市場で激しくせめぎ合い、空白地帯を掌握する（注28）。言い換えればこのモザイク画の隙間を掌握することで、成長して利益を増やすことができる。

デジタル・ボルテックスのなかでは業界同士がぶつかり合い、新しいかたちに再構築され、新しい競争形態が生み出されている。おまけに、業界が渦の目に近づくにしたがって変化のスピードは急激に速くなる。その結果、生じるのは、各勢力の境界線がはっきりしたモザイク画というより、むしろ刻々と変化する万華鏡のような状況だ。そこに生まれた市場機会をめぐって、より多くの（より多様な）企業が競い合うようになる。そのため、空白地帯を掌握したあとに既存企業としての地位を維持したり、曲がり角の先を予測したりする（何が起きるかを見越して市場の変化をとらえる）のはこのうえなく難しい。絶対確実といえることはほとんどない。

混沌としたデジタル・ボルテックスの渦のなかで、チャンスは抜け目ない企業のまえに実際に現れるが、迅速なライバルが参入して顧客の選択肢を増やすとすぐに消えてなくなってしまう。だから私たちはこうしたチャンスを「バリューベイカンシー（価値の空白地帯）」と呼んでいる。それは、デジタル・ディスラプションを通して利益を得られる市場機会のことだ（図11）。このチャンスをつかんだ企業は、ある程度まで急成長や高いマージン、市場内の特権的地位を享受することができるが、その恩恵はますますはかないものとなってきている。他の業界の既存企業やスタートアップ企業、バリューバンパイアがすぐに攻め込んでくるからだ。成長を維持するには、次から次にバリューベイカンシーを見つけて、そこから利益を得なければならない。

図 11　バリューベイカンシーの定義

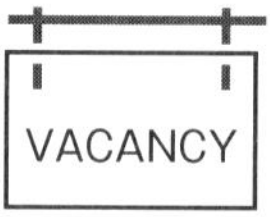

バリューベイカンシー

デジタル・ディスラプションによって生じた、市場で利益を享受できるチャンス

- 既存企業が攻勢にまわれる。既存企業にとってはデジタル・ディスラプションのよい側面を表している
- 既存市場から見た隣接市場や新市場に空白地帯があるかもしれない。あるいは、デジタル化を推進することで既存企業は空白地帯を掌握できるかもしれない
- 永続的なものでなく、デジタル・ボルテックスの競争力学（業界の分解や再構築、急激な変化）で生じた一時的な空白であることが多い
- 空白地帯を占領するにあたり、既存企業は迅速に行動し、顧客に対して複数の方面でバリューをもたらす「組み合わせ型ディスラプション」を起こす必要がある

Source: Global Center for Digital Business Transformation, 2015

バリューバンパイアが「デジタル・ビジネスモデルがもたらす脅威」を体現しているとしたら、バリューベイカンシーは「よい側面」を体現している。既存企業はバリューバンパイアに対して防戦を強いられるが、攻勢に打って出てバリューベイカンシーを追求することもできるのだ。デジタル・ボルテックスの渦の目に呑まれた既存企業が成功するには、バリューベイカンシーを発見し、占領する能力が不可欠だ。デジタル・ボルテックスには業界の分解と再構築がつきものだが、さまざまな業種の企業がそうした市場機会を追い求めて勝利を収められるようになる。これは、バリューバンパイアが恐ろしい存在である理由であり（彼らも何もないところから出現するように見える）、競争に勝つためにはバリューベイカンシーがきわめて重要だと断言できる理由でもある。

　仮にバリューベイカンシーを占領できたとしても、ホテルの空室と一緒で、自分は一時的にその空間を借りているだけだと認識しなければならない。やがて、その空室を借りたがる別の人間が現れる。「空白」を狙う従来の競争構造と異なり、バリューベイカンシーはあっという間に消えてしまう。リタ・マグレイスがその著作『競争優位の終焉』（鬼澤忍訳、日本経済新聞出版社）で述べたように、永遠の変化のなかでマネジメントしつづけるのは骨が折れる。「新たな想定にもとづいて戦略を立てることは、正しいことだとわかっていても、ためらわれるかもしれない。さらに難しいのは、戦略の最終目標を、持続する競争優位の構築から一時的な競争優位の活用に移すことだ。新たな競争優位を十分活用できていないうちは、もはや過去のものとなった競争優位から利益を残らず搾り取る計画など立てられないからだ（「はじめに」ixページから引用）（注29）」

先に述べたようにデジタル・ボルテックスの競争勢力図は、固定化されたモザイク画ではなく刻一刻と変化していくピースがちりばめられた万華鏡に似ている。そのため、イノベーターがある程度の地位を獲得して競争を無意味にする「ブルー・オーシャン戦略」にも修正が必要となる（注30）。「市場の境界線（チャンスや企業、競争上の立ち位置のあいだにある空間）」や「模倣を防ぐ壁」のような考え方もますます無意味になってきている（注31）。第1章で述べたように、デジタル化とバリューチェーンの再構築が進んだいま、財務状態や顧客基盤、ブランド力といった既存企業の強みはあまりにも薄っぺらいものになってしまった。オープンソース・ソフトウェアやクラウドコンピューティングといったデジタル技術の力により、あらゆる規模や形態の企業がかつてはグローバル多国籍企業の専売特許だったイノベーションを生む能力とアプリケーションを使えるようになった。競争力のあるする製品やサービスを高速で開発してテストし、展開することでデジタル・ボルテックス内のイノベーションが加速し、バリューベイカンシーの寿命は短くなってきている。

バリューベイカンシーは必ずしも「競争の空白」を意味するわけでも、新しい市場を必要とするわけでもない。空白地帯は既存市場に隣接しているかもしれないし、既存企業がデジタル化を推進することで見つかるかもしれない。だから、こう理解しておくといいだろう。バリューベイカンシーは、新しいコストバリューやエクスペリエンスバリュー、プラットフォームバリューを創出するチャンスであり、デジタルツールやデジタル・ビジネスモデルを利用して競争上の優位を得るチャンスなのだと。

危険きわまりないバリューバンパイアと同様に企業は「組み合わせ型ディスラプション」に精通していなければならない。そして、さまざまなデジタル技術とデジタル・ビジネスモデルを使って新しい市場とのシナジーを生み出し、バリューベイカンシーを占領しなければならない。多くの場合、それができる水準のカスタマーバリューを提供することが、バリューベイカンシーの「賃借料」になる。この考え方については第4章でくわしく述べる。

バリューベイカンシーの達人、アップル

組み合わせ型ディスラプションの例としてテスラを紹介した。テスラはソフトウェアとバッテ

リーを武器に、複数の業界を破壊するイノベーティブな製品やサービスを提供している。同社の事例から、デジタル技術とデジタル・ビジネスモデルを駆使してバリューベイカンシーを占領する方法がわかるが（注32）、今回は新市場の掌握に長けたもうひとつの企業を取り上げる。ナップスターのようなはた迷惑なディスラプターではなく、「フォーチュン500」にランクインする大企業のアップルだ。アップルを見れば、大企業がただディスラプトされるのではなくディスラプトする側にまわれることがよくわかる。

２０１０年、アップルは、音楽業界で世界最大の小売業者になっていた（注33）。その10年前には誰も予想していなかった。「アップルはそもそも音楽ビジネスと無関係で、テクノロジー業界のニッチな企業に過ぎない」と考えていた者もいたほどだ。

しかし今日アップルは、スマートフォン事業におけるリーダー的な既存企業となっている。これもアップルが部外者の立場から革命を起こした分野だ。過去15年間アップルは、自社の最重要プロフィットプールであるハードウェアを守るべく、相乗効果を生むやり方でコストバリューやエクスペリエンスバリュー、プラットフォームバリューを手塩にかけて育ててきた。

アップルが「マッキントッシュ」という中核製品に特徴や機能を追加するだけでなく「コンピューター利用」というカテゴリーそのものに革命を起こしたこと、具体的にはタブレット機器を開発してパソコン分野でも市場リーダーとしての地位を固めたこと、スティーブ・ジョブズの指揮の下で彗星のように急速に台頭したことについて、いまここで振り返る必要はないだろう。その代わり、音楽事業でアップルが起こしたディスラプションに立ち戻ることで、彼らがいかにバリューベイカンシーを利用したか、という観点から見てみることにしよう。

アップルは音楽業界にディスラプションの機が熟していることを明敏に見抜いていた。既存企業がマージンを取りすぎているだけでなく、顧客が買いたいと思う方法で（いつでもどこでも簡単に聴けるファイル形式かつ楽曲単位で）音楽が売られていなかったからだ。市場はすでにデジタル化と非物質化（ＣＤやＭＰ３ファイル形式、Ｐ２Ｐのファイル共有）という初期のディスラプションを経験しており、そこにコストバリューやエクスペリエンスバリュー、プラットフォームバリューを創出するチャンスがありそうだった。

アップルは２００１年のイベント「マックワールド」でiTunesを発表し、デジタル・ディスラプションの新たな時代の到来を告げた。当時デジタル音楽を販売していたiTunesは（後に映画やテレビ番組、書籍をはじめとする他のカテゴリーも追加された）たんなる電子商取引のフロントエンドではなかった。どこでも音楽を楽しめるエレガントで総合的なデバイス（iPodやiPhone、iPad）を提供し、デジタルだからこそ成り立つエコシステムをつくりあげ、デジタル音楽事業を収益化したのだ。このエコシステムというアプローチは後年、アップルがApp Storeを導入したときもバリューベイカンシー獲得の決め手となる。iTunesはＣＤよりも安い価格（６・９９〜９・９９ドル）でアルバムを売り、アルバムに含まれる楽曲をアンバンドルして単体（99セントから１・２９ドル）で販売した。

iTunesのおかげで、顧客は自分で音楽を管理し、プレイリスト機能で自分だけの「アルバム」をつくれるようになった。数年後アップルは「ジーニアス（Genius）」を使った解析機能を追加

表5　アップル：何を、いつ、どこで望むか

	ビジネスモデル	カスタマーバリュー
コストバリュー $	**価格透明性** デジタル音楽を収益化しなければならない音楽レーベルとの厳しい交渉。 **従量課金制** 使用や消費した分だけに対価を支払う。	顧客は自分の欲しい楽曲（シングル曲やアルバム）にだけ対価を支払えばよい。 フルアルバムでも、デジタル音楽は物理的な媒体に比べて大幅に安い。
エクスペリエンスバリュー 	**カスタマーエンパワメント** セルフサービス。 **即時的な満足感** その場でダウンロードできる。どこでも音楽を楽しめる（iPod、iPhoneを使って）。 **カスタマイズ／自動化** ジーニアスの解析によってプレイリストを自動的に生成する。個人の好みに合わせてiTunesストアで楽曲やアーティストをレコメンドできる。 **摩擦軽減** アップルIDによる支払い。	iTunesやiPod、iPhoneにより、楽曲の入手や管理、消費が容易になる。
プラットフォームバリュー 	**コミュニティ** 無限に拡大する「1対多」の配信モデル。 **デジタル・マーケットプレイス** 電子商取引のプラットフォームを通して買い手とレーベルやアーティストがつながる。	顧客は広範な楽曲やアルバムを高品質なファイルで合法的に入手できる。

Source: Global Center for Digital Business Transformation, 2015

し、何百万人というiTunes利用者のデータにもとづき、曲と曲の相性をインテリジェントに判断できるようにした（プラットフォームバリュー）。なかでも最も重要なのは、顧客がひとつのオンラインストアですませたいと思っていた買い物をすべてiTunes上ですませられるようにしたことだ。クレジットカードと紐づけられたアップルIDを入力することで支払いができるため、複数のチャネルから音楽を購入するという「摩擦」がなくなった。アップルはデジタル音楽を購入して整理する機能と、それを持ち運ぶためのデバイスを組み合わせたのだ。その過程でバリューベイカンシーを掌握し、物理的な音楽媒体のバリューチェーンを破壊した。この変化は既存の家電企業や小売業者に大打撃を与えた。

アップルがデジタル音楽配信のバリューベイカンシーを奪うことができたのは、音楽レーベルや小売業者が満たすつもりのなかった市場のニーズを満たしたからだ。デジタル・ディスラプションの意味をひとつに絞るとしたら、それは「顧客が価値を認めていないにもかかわらず、支払いを強要されている、人為的につくられた売上の終焉」ということになる（表5）。

いまではアップルが占領していたバリューベイカンシーに新たなイノベーターの波が到来し、過去3年間で徐々にではあるがアップルの音楽関連売上は確実に減少している。パンドラ（Pandora）やスポティファイ（Spotify）といったライバルを追い払うために、アップルも自社ストリーミングサービス「アップルミュージック」と24時間365日ラジオが聴ける「Beats 1」を開始し、これらを新たな収入源（広告料など）としてコストバリューやエクスペリエンスバリュー、プラットフォームバリューを拡大した（注34）。パンドラやスポティファイは、ナップスターやiTunes以来見られなかったやり方で音楽事業を脅かしている。すでに音楽業界の既存企業となったアップルは、なんらかの手を打たなければならない。デジタル・ボルテックスにおける勝者は、つねに新しいバリューベイカンシーを追い求め、占領する必要がある。でなければ、自分自身も収益の低下やマージンの圧縮を経験するか、あるいは時代遅れになってしまうからだ。2014年、アップルは「アップルウォッチ」と「アップルペイ」を発表した（自動車業界への参入さえ噂された）（注35）。これらは、バリューベイカンシーへの投資を続け、将来の地位を確保するための戦略的な動きだといえる。

狩人が「狩られる側」にまわる

過去数年間、カミソリを売る企業は、タクシー業者と同じく「自分たちがあっという間にデジタル・ボルテックスの渦の目に呑まれるようなことはない」と信じていたし、そう信じていたのも無理のないことだった。それまでアメリカの市場は、「ジレット」ブランドを保有するプロクター&ギャンブル（P&G）とエナジャイザー・ホールディングスの一部門である「シック」という二大巨頭のもと比較的安定していた。P&Gは、ITを用いて価値を生むという面でも世界的なリーダー企業であり、その破壊的イノベーションのプロセスのいくつもが、ビジネス変革のケーススタディとして取り上げられてきた（注36）。

ところが、いまアメリカでは33億ドル規模の「男性用身だしなみ製品市場」をめぐって何社ものイノベーティブな企業が争っており、ことによると大きな刷新が起きるかもしれない（注37）。コストバリューとエクスペリエンスバリューの巧みな組み合わせを武器に「ジレット−シック複占体制」に挑むディスラプターは、ダラーシェイブクラブ（Dollar Shave Club）だ。ダラーシェイブクラブの会員は、毎月1ドル以上の月額料金を支払うだけで（注38）、店舗でカミソリのパックを購入するという面倒な経験（店頭で厳重に保管されていることが多いため）をせずに定期的に自宅までカミソリを届けてもらえるようになる（最も基本的なオプション）。

ダラーシェイブクラブの急速な成功はアナリストと投資家の注目を集め、2015年なかば時点で6億1500万ドル超の評価額がついた（注39）。より重要なのは、ダラーシェイブクラブが採用しているビジネスモデルが急速に市場シェアを獲得しつつあることだ。ダラーシェイブクラブの売上は、いまではアメリカ全体のカミソリの売上の8％を占めている。これと同様のビジネスモデルで、2012年時点には実質ゼロだったハリーズ（Harry's）も急成長している。ダラーシェイブクラブは、すでにシックに取って代わり、カミソリメーカーとしてアメリカで2番目のシェアを獲得しているともいわれている（注40）。

オンラインでのカミソリ販売の売上は今後5年間、毎年25％ずつ増加すると見込まれている。これはP&Gにとってもシックにとっても予想外だった。P&Gのエグゼクティブが最近語ったところによれば、「この成長はきわめていちじるしく、消費者のニーズと傾向に変化が現れはじめている（注41）」。ダラーシェイブクラブの成功から、ある企業の製品が物理的なものだからといって安全だという保証がないことが改めてわかる。デジタル・ディスラプションはあらゆる分野を襲うのだ。

他のバリューベイカンシーの例でも見たように、これまで狩人だった側が、狩られる側にまわりはじめている。これに対処するためにP&Gは、カミソリの購入に「従量制料金体系」を導入したり（注42）、新しいパッケージングを導入して店舗で商品を鍵のかかったカウンターの後ろに置かなくてもすむようにしたりして（注43）、シェービング製品の「サブスクリプションベース購入」に関連するバリューベイカンシーを狙おうとしている（注44）。

中国のソーシャルメディア界の巨人テンセント（Tencent）のモバイルメッセージングアプリ「ウィーチャット（WeChat）」は7億人が利用している（注45）。彼らは自らの土俵とはかけ離れた分野である消費者金融サービス市場にバリューベイカンシーが存在すると察知し、ウィーチャットのアプリを通して消費者金融を利用できる新サービスを開始した。少額ローンを意味する「微粒貸（ウェイリダイ）」と呼ばれるこのサービスを使うと、利用者は最大で20万元（3万1350ドルと決して少額ではない）を借りられ、審査はものの数分で完了する（注46）。利用者が銀行口座情報をはじめとする基本的な個人情報を提出すると、ウェイリダイは自社データや中国人民銀行から提供された融資情報と照合しつつ、そうした情報をもとに利用者の弁済能力を見積もる。

ウェイリダイのサービスは、担保を必要としない有利なローン条件などによってコストバリューをもたらしている。また、借り手は携帯電話を取り出していくつかのデータを入力するだけでローンを組めるため、大きなエクスペリエンスバリューも生まれている。銀行に足を運ぶ必要もなければ、コンピューターのまえに座る必要もない。中国の一般的な金融機関でローンを組むには、山ほどの書類に記入しなければならず、長い時間がかかる。それよりもはるかにいい体験だ。このアプリはメッセージングや電子商取引など、この他にもたくさんの機能を統合している、つまり、より大きなプラットフォーム（ワンストップショップ）の一部になっていることから利用者は恩恵を受ける。

テンセントは、金融サービス分野でいまのうちに消費者と関係を築いておくことで、この新しいサービスから長期的に利益を得るつもりなのだろう。この分野に地歩を築いておけば、将来、もっと多くの業界とその業界の境界をまたごうとしたときに足がかりになるからだ。

ゼネラル・エレクトリック（GE）ほど確立された（あるいはがんじがらめになった）既存企業はないだろう。同社は124年の歴史を持つコングロマリット企業で、工業機械や発電、金融サービス、耐久消費財など幅広い事業を手がけている。世界金融危機後、2000年時点で60ドルだったGEの株価は、その後6ドル以下にまで落ち込んだ（注47）。そのため、以前は莫大な収益を生んでいた商業不動産担保業界の巨人GEキャピタルを守るために連邦預金保険公社の助けを求めざるを得なくなった。ポートフォリオに大打撃を受け、家電事業でも激しい競争にさらされた結果、同社はGEキャピタルの資産売却を進めることになり（注48）、家電部門は中国のハイアール（Haier）に売却された（注49）（GEの戦略については第4章で論じる）。こうしてGEは、2015年時点で196億ドルの売上（GE全体の売上の約17%）をもたらしていた事業から撤退することになった（注50）。

これほど大規模な負の投資をしてしまったら、その後は何がなんでも、成長中の市場に迅速に参入する必要がある。でなければ、長期的にも売上が低下してしまう。その目的を達成するため、GEは、大きな可能性を秘めたバリューベイカンシー獲得に向けて思いきった賭けに出た。それが、ジェットエンジンや風力タービン、工場ロボットなどの工業機械をインターネットに接続して、そこから得られたデータを収集・解析するソフトウェア「GEプレディックス（GE

Predix)」だ。GEはこれを「デジタル工業マーケット」と呼んでいる。このソフトウェアはすでに50億ドルの売上をあげており、GEはこうしたクラウドベースのIoTプラットフォームの強みを生かして2020年までに世界のトップ10ソフトウェア企業に仲間入りすることを目指している（注51）。

iOSやアンドロイドがスマートフォン向けの大手ソフトウェアプラットフォームになったように、「プレディックス」も工業機械向けの最大手ソフトウェアプラットフォームになることを目標にしている（注52）。またGEは、プレディックス上であらゆる種類のアプリケーションを提供し、自社製品の価値を高めることで新しい収益の流れをつくろうとしている。たとえば、プレディックスを導入すれば、顧客はGE製品の故障を見越して、まえもってメンテナンスのスケジュールを組んでおけるようになる。そして、状況に応じて、風力タービンのポジションをリアルタイムで最適化することができる（くわしくは第8章を参照）。GEはプレディックスを使って「GEトリップオプティマイザー」のような列車アプリケーションも開発している。これは、GEの列車に搭載されている数百のセンサーのデータを解析して速度とブレーキ操作を自動化することで、より効率的な走行と燃料節約を実現するアプリケーションだ（注53）。

この他にもGEは、自社製品のたんなる「アドオン」としてではなく「ソフトウェアプラットフォーム」として工業機械製造業者にもプレディックスを売り込んでいる。郵便用機械の製造や修理をおこなっているピツニーボウズ（Pitney Bowes）も、プレディックスを導入して想定外の操業停止を防ぎ、機械のパフォーマンスを向上させている（注54）。この戦略によりGEは、グーグルやアマゾンといったテクノロジー界の巨人や、ＳＡＰやＩＢＭといった企業向けソフトウェア開発企業と肩を並べられるようになった。彼らもまたＩｏＴを成長の源と考えている（注55）。ＧＥがこのバリューベイカンシーを掌握できるかどうかはまだわからないが、従来の事業から撤退したＧＥがこの新興市場で戦い、成長するには、まさにプレディックスのようなサービスが必要なのだ。

第4章 ディスラプターとどう戦うか──4つの対応戦略
Strategic Response Options

既存企業が採るべき4つの戦略

デジタル・ディスラプションの脅威に直面すると、たいていの企業はただ凍りついてしまう。従来のライバルたちであれば、相手のことがよくわかっているから、厳しい市場でも泰然自若の構えで業務をおこなえる。が、新しいタイプのライバルやデジタルで可能になった脅威と向き合うと途端にお手上げになってしまう。デジタル・ディスラプションに対処するための体系化されたアプローチが必要だ。「対応戦略」は4つある。4つのうちふたつは「防衛的戦略」、残りのふたつは「攻撃的戦略」だ（図12）。いずれの戦略も、いかにしてデジタルな手段で新たなカスタマーバリューを生み出すか、いかにしてディスラプション発生以前の事業モデルからの収益を最大化するかを狙いとする（多くの既存企業にとってその収益は重要な意味をもつ）。防衛的戦略は、バリューバンパイアやそれよりも少し穏当なライバルたちを払いのけ、攻撃されている事業の寿命を最大限に延ばす。攻撃的戦略は、バリューベイカンシーの追求を目標とする。防衛的戦略から攻撃的戦略に切り替えることも可能で、これについても説明する。

①収穫戦略——破壊された事業から最大限の価値を引き出す

破壊的なライバルに事業を脅かされたとき、既存企業が採れる最適な戦略は「収穫戦略」かもしれない。これは防衛的戦略であり、低迷している事業から最大限のものを得られるようデザインされている。収穫戦略は、得てして「遮断戦術」からはじまる。これは、顧客や提携業者、規制機関、世論形成者、資本提供者との関係を利用する戦術だ。その目的は、破壊的なプレーヤーの動きを鈍化させること、あるいは自分が体勢を整えて対応するための時間稼ぎをすることにある。具体的には、ディスラプターの業務を中断させるための法的措置や、ディスラプターの主張に対抗するためのマーケティング活動、資金力にものを言わせてディスラプターよりさらに料金を下げるなどの手段が（これが裏目に出てマージンの下落を速めることもあるが）、これに該当する。とはいえ、こうした遮断戦術でディスラプションを完全に妨害できることはめったにない。

それに対して「収穫戦略」は、悪い状況のなかでもベストを尽くし、低迷期間中に引き出せるだけのマージンを引き出すことを狙いとする。新たな現実に事業を適応させるには大がかりな組織再編が必要で、そうした再編には、業務の統合やコストの最適化、プロセスの合理化、生産量の低減、ブランドに忠実もしくは依存している顧客の囲い込み、マーケティングによる品質やブランド価値の強調、十分な価値を創出しなくなったポートフォリオの刈り込みなどが含まれる。収穫戦略を採る場合、企業は、自らが戦う土俵において一連の動きを巧みに展開することにな

図12　4つの対応戦略

撤退戦略

攻撃されている事業分野から戦略的撤退をするための防衛的戦略

拠点戦略

ディスラプションと関係する競合利益を持続させるための攻撃的戦略

収穫戦略

ディスラプティブな脅威を遮断し、攻撃されている事業分野のパフォーマンスを最適化するための防衛的戦略

破壊戦略

自らの中核事業をディスラプトし、新しい市場を生み出すための攻撃的戦略

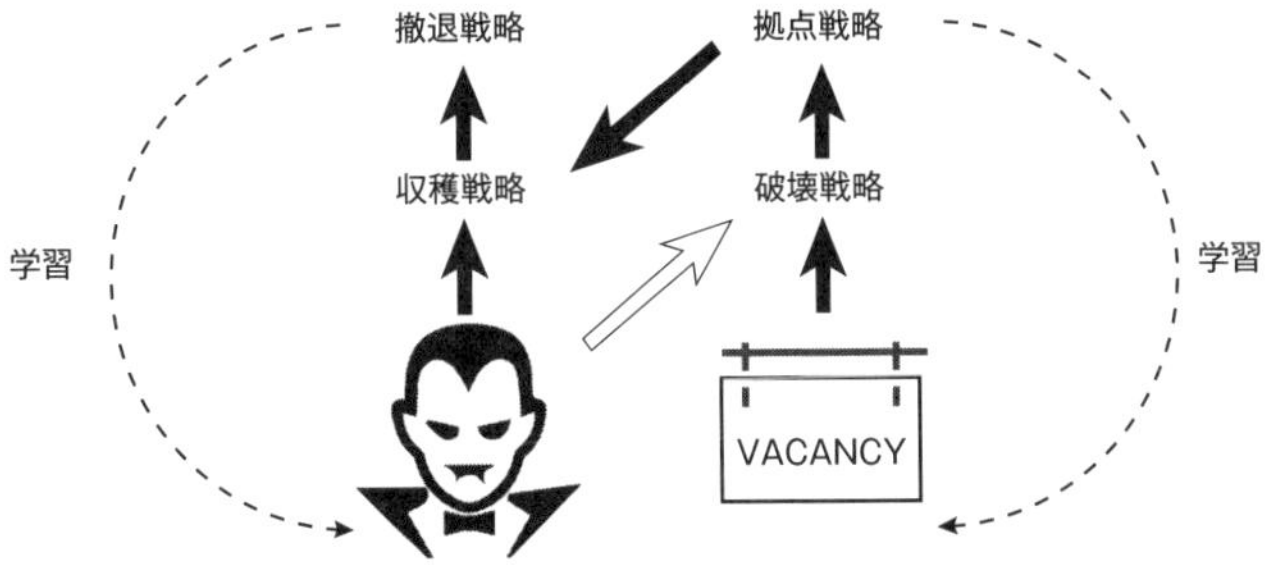

Source: Global Center for Digital Business Transformation, 2015

る。別の言い方をすれば、競争を維持するためにかかるコストが財務的あるいは戦略的な恩恵を上まわるまで「粘る」ということだ。そのため、収穫戦略では「デジタル」が重要な役割を果たす。デジタルはディスラプションを推進させる要因だが、収穫戦略に必要な効率の向上など、がっしりと守りを固めるためにも欠かせないものだ。

残念ながら、収穫戦略に長けている既存企業は多くない。その大きな理由のひとつは、自社のその事業が落ち込んでいることを認識しなければならないからだ。組織の死を連想させるため、自ら進んでそれを認めようとすることはないだろう。「われこそは斜陽企業の指揮者である」という感覚に酔いしれるエグゼクティブなどいない。それを認めることは

リーダーシップやビジョンの崩壊を意味するからだ。まさにリーダーシップを発揮すること、ビジョンを提供することがエグゼクティブには期待されている。投資家たちも「収穫期に入った企業には遅かれ早かれ困難な時期がやってくる」と解釈しがちで、金融市場もまた、そうした既存企業を冷たく扱う。これにより、収穫戦略遂行への風当たりはますます強くなる。

しかし、収穫戦略は失敗とイコールではない。商品のコモディティ化（訳注、価格以外では差異化できない一般的な商品になってしまうこと）や顧客離れ、マージンの圧縮などデジタル・ディスラプションから生じる不都合は、成熟事業がたどる自然な道だ。これを受け入れられる明敏なリーダーは、変化の海を航海する舵取り役にふさわしい。

とはいえ、デジタル・ディスラプションは苦痛に満ちたものであり、多くの場合、あと戻りできない。ひとつひとつの不況や製品立ち上げの失敗、ネガティブなマスコミ報道などは乗りきれても、既存企業がディスラプションの嵐を乗りきるのは難しい。相手がより極端で破滅的なディスラプターである「バリューバンパイア」ならなおさらだ。バリューバンパイアは顧客に対してあまりに大きな価値をもたらすため、その価値に対する顧客の期待はいやがうえにも増し、それまでのような競争ヒエラルキーが復活する可能性は消滅する。それでも既存企業が勝利を収めることはできるが、殻に閉じこもり、これまでと代わり映えのないことをしていては、それも不可能だ。

ネットフリックスを既存企業と考える人はあまりいないだろう。それどころか、典型的なデジタル・ディスラプターとみなされることが多い。そんなネットフリックスにも、成熟してディスラプトされ、衰退しつつある事業がある。オンラインDVDレンタル事業（訳注、日本ではこのサービスは展開されていない）だ。

ネットフリックスの普及にひと役買った動画ストリーミング配信は、ますます存在感を増し、2016年1月には配信利用者数が7500万人に達した。その範囲は190カ国以上におよび、中国を除くほぼ全世界に広がっている。一方、ネットフリックスのオンラインDVDレンタルサービスはアメリカで490万人以上の会員が利用しており、2015年度第4四半期には8000万ドルの利益を生んでいる（アメリカでの合計利益の23％）（注1）。

このDVDレンタルサービスは、ピーク時の2010年には2000万人が利用していた（昨年度は18％の低下）。同社はマージンを最大化するため、時代に合わなくなった事業に複数の効率向上策（合理化や倉庫業務の自動化など）を盛り込む収穫戦略を採った。こうしたステップのいくつかについて「ニューヨーク・タイムズ」がカリフォルニア州フリーモントにある同社の流通センターに関する記事を書き、その詳細を報じている。「毎時間、約3400枚のディスクが次から次へとレンタル返却機械を通過していく。ネットフリックスの従業員が手作業で処理していたときの5倍の速さだ。自己変革を遂げたネットフリックスは、いまではグローバルなストリーミング配信サービスを主戦場にしているが、物理的なDVD事業でも利益を出しつづけている。エンジニアから『アメージング・アーム』と呼ばれるこの機械が、その手腕を象徴している（注2）」

デジタル・ボルテックスの渦中で脅威に直面した既存企業にとって「収穫戦略」が唯一の対応

策ではない。このことはよく理解しておく必要がある。攻撃に打って出て、ディスラプションに対してディスラプションで対抗することもできる（後述する「破壊戦略」を参照）。

収穫戦略と破壊戦略を並行しておこなうのはかなり難しい。製造部門について調査した結果、こうした「二正面作戦」につきものの複雑さは、製造業者が「成熟した製品中心の事業」から「成長率の高いサービス指向型収益モデル」に移行するにあたり最大の阻害因子になることがわかった（注3）。ディスラプティブな新事業に着手しつつ従来の収益源を守ろうとすると、失敗をすることが多い。既存事業をカニバライズ（共食い）することはリスクになりうるのだ。既存企業は、こうした複雑さを乗り越えて「収穫戦略」と「破壊戦略」を天秤にかけ、かぎりあるリソースをどこに割けば一番見返りが大きくなるかを慎重に見定めなければならない。

収穫戦略についてリーダーが考えるべきこと

- ディスラプターの動きを鈍化させられる遮断戦術とは？
- ディスラプトされた事業のなかに持続可能なプロフィットプールはあるか
- ディスラプターの動向から、いまの事業を改善するヒントを学べないか
- この新しい競争に適応するには、どんなステップを踏んで組織を再編すべきか
- 収穫戦略から（後述する）破壊戦略に移行し、攻勢に転じるべきか
- （後述する）撤退戦略を採るとしたら、いつどれくらいのスピードでおこなうか

②撤退戦略――ニッチな既存市場に逃げ込む

「収穫戦略」とは、ディスラプターに攻撃されている分野の顧客経験と事業効率を改善することだが、事業維持コストが利益よりも明らかに大きい場合は「撤退戦略」だけに集中したほうがいい。つまり、いまの市場から離脱し、特別なニーズを持った少数の既存顧客がいるニッチな市場に逃げ込むのだ。一般的にニッチな市場は既存企業が支配していることが多く、ほとんどの場合、かなりの採算をあげているはずだ。ニッチな市場に新規参入するには、ある程度のエクスペリエンスバリュー（とりわけ「カスタマイズ」）を創出しなければならないため、ディスラプターにとってはあまり旨味がない。

収穫戦略と同じく撤退戦略も、必ずしも失敗を意味するわけではない。むしろ、撤退して新しいバリューベイカンシーでの優位を確保すれば、終わりを迎えつつある収入源の穴埋めができるかもしれない。また、新しいバリューベイカンシーのほうが投下資本あたりの利益が大きいかもしれない。収穫戦略と撤退戦略のちがいはこうだ。収穫戦略が企業のエネルギーとリソースを使ってまだ残っている価値を「絞り出す」のに対し、撤退戦略は中核事業を「畳む」ということだ。撤退することで市場機会は基本的に消滅するが、ニッチなプロフィットプールだけが残る。

写真業界の巨人コダックは、撤退戦略の興味深い事例だ。その興亡はよく知られている。絶頂期に途方もない収益を誇ったコダックは、数々の市場で圧倒的な存在感を発揮して世界をリードしていたが、そんなコダックも「デジタル」に駆逐されてしまった。一般的にはそう考えられているが、完全にそうとも言いきれない。規模ははるかに小さく、事業ははるかに専門的なものになっているが、コダックはまだ生き残っている。今日のコダックの主力業務は、企業向けにハイエンドな画像ソリューションを提供することであり、そのフィルム在庫はたくさんのハリウッド映画に使われている。

完全にディスラプトされてしまったとみなされているさまざまな業界に、これと同じ事例がある。たとえば旅行専門代理店は、複雑な旅行プランや企業向けプランに注力して、いまでも利益をあげている。レコード盤の製造と販売をおこなっている企業も数多く存在する。意外に思うかもしれないが、2015年のアメリカでレコード盤は、音楽業界において最も成長率が高い分野で(成長率はストリーミングサービスの2倍)、全体の売上のうち5億ドル近くを占めていた(注4)。タクシー業者のなかには、安全性の高い輸送業務など専門性の高い分野に移行している企業もある。ウーバーなどの相乗りサービスが手を出すのは難しい分野だ。このように撤退のチャンスが豊富にあることはまちがいない。が、いつもニッチな戦略ばかりを追っていたら、事業は以前よりもはるかにやせ細ってしまうだろう。

撤退戦略には、コストがかかるわりにいま以上の価値を生み出せない市場や、資本配分を続けても明らかに旨味のない市場からの離脱も含まれる。これに該当する市場分野から離脱する際には、正しいタイミングを見きわめることが非常に重要だ。早すぎれば利益の取りっぱぐれになるし、遅すぎれば価値が消え失せてしまう。第3章で述べたようにGEは戦略を劇的に方向転換し、自らが「デジタル工業」と呼ぶマーケットに鞍替えした。その際、GEはこの新しい取り組みにそぐわない部門を変革するか売却するかした。変革の一環としてGEは2000億ドル以上の資産を処分することを発表した。これには、傘下のNBCユニバーサル・ニュースやエンターテインメント事業、家電事業、そしてGEの最重要部門とされていたGEキャピタルも含まれていた（注5）。「GEキャピタルの売却はあまりに極端なやり方だ」と、おおかたの観測筋は考えていた。何十年ものあいだ、GEキャピタルは同社に大きな成長と利益をもたらすエンジンだったからだ。しかし、評価が高いうちにGEキャピタルを売却したのは賢く先見の明のある動きだったと、いずれ証明されるかもしれない。

収穫戦略と撤退戦略は、市場の変化とデジタル・ディスラプションへの適応を目的とした防衛的アプローチだが、バリューベイカンシーを有効活用してディスラプトされた事業の落ち込みを相殺できる伸びしろを見つけるには攻撃的戦略を採る必要がある。

撤退戦略についてリーダーが考えるべきこと

・収穫戦略を目指して投資を続けた場合の（戦略的、財務的な）機会費用は？
・自社が参入でき、ディスラプターの参入が難しい、収益性のあるニッチな市場はあるか
・存続可能な従来の事業は残っているか
・従来の事業を処分すべきか
・処分するとしてその方法は何か、合併か、売却か、廃業か
・新しい事業につながる知見（バリューベイカンシーの発見など）は得られるか

③破壊戦略——デジタルを用いて新たなバリューを創出する

バリューベイカンシーが見つかったら「破壊戦略」を採ることが望ましい。この戦略では、デジタル技術とデジタル・ビジネスモデルを駆使して顧客に対するコストバリューやエクスペリエンスバリュー、プラットフォームバリュー（3つすべてがそろっていればなおよい）の創出に専念する。そのためには高まりつつある顧客ニーズを徹底的に解析し、ライバル企業の能力と動向を考察して、チャンスを追求する準備ができているかどうかをしっかりと吟味する必要がある。

破壊とは、3つのカスタマーバリューを創出する新たな方法を見つけて競争力学を変化させることだ。第2章で紹介したコストバリューやエクスペリエンスバリュー、プラットフォームバリューを生み出す15の破壊的ビジネスモデルがその目安となるだろう。

破壊戦略を採る際には自社が置かれている環境を明敏に察知し、次のことを理解しておく。

- コスト（価格）はどこに向かっているのか
- 現在の顧客経験と、それを改善する方法（パーソナライズ機能や利便性、コントロール力、スピードの強化）
- 顧客や提携業者、従業員、サードパーティの参加者といった利害関係者がどのようにつながっているか（あるいはつながっていないか）。プラットフォームを使って新しいつながりを、またはもっと付加価値のあるつながりを生み出せるか

くどいようだが、デジタル・ディスラプションで重要なのはバリューチェーンではなく、バリューそのものだ。破壊戦略を追求するには、提供業者としての自らの役割からいったん離れ、顧客の気持ちになって考えなければならない。そのうえで「何を投入するか」ではなく「どんな結果を出したいか」という観点から眺めなければならない。

収穫戦略に長けた企業は少ないと書いたが、同じことが破壊戦略にも当てはまる。それどころか破壊戦略はもっと難しい。一番大きな問題は、これまで既存企業を成功に導いてきた戦略的優位が、破壊的イノベーションを創出したり利用したりするうえで足かせになるということだ。このため、既存企業はよほどのことがないかぎり、バリューベイカンシー獲得に向けて自ら動こうとはしない。私たちの調査では、自らディスラプターになろうとしている企業は4社中1社だけで、あくまでも受動的な破壊戦略を採り、脅威に対応するかたちでディスラプターを模倣したり打ち負かしたりしようと考えている企業が多かった。バリューベイカンシーを狙った既存企業が大規模なディスラプションを起こそうと積極的に動くケースは稀であり、そうした状況がデジタル・ボルテックスの渦中でいい結果をもたらすことはあまりない。

また、新市場でイノベーターの地位を得ようと(しばしば盛大なファンファーレとともに)既存企業が軽率な企業買収をしたときにも、破壊戦略は暗礁に乗り上げがちだ。こうした買収が戦略的にまちがっていたり、うまく合併できなかったりしたとき(またはその両方)には、逆に競争力が低下してしまう恐れがある。瀕死の事業に対するいちかばちかの治療法として破壊戦略を採っても、うまくいくことはほとんどない。絶えず変化している優先順位に適応するためのプロセスやシステム、スキルをあらかじめ用意していなければ、堅実な買収でさえ失敗することが多い。

破壊戦略については、すべての企業に当てはまる万能のモデルは存在しない。買収で成功する既存企業もあれば、ジョイントベンチャーや新会社設立、スピンオフ、スピンイン（訳注、元社員が興した企業の買収）で成功する既存企業もある。この他にも、自らがベンチャーキャピタリストとなって、自社に有利なイノベーションを生むための投資ポートフォリオをつくることもある。

コストバリューやエクスペリエンスバリュー、プラットフォームバリューを同時に生み出す「組み合わせ型ディスラプション」が、破壊戦略の成功をいっそう困難にしている。たとえば、コストバリューとエクスペリエンスバリューは一般的には相容れない選択肢だと考えられてきたが、すでに述べてきたようにデジタル・ディスラプターはこの一般常識を破壊してしまった。ほとんどの既存企業はどちらか一方のバリューだけの世界で育ってきたため、その両方をいちどに実践しようとすると中途半端になり、かえって衰退してしまう原因になる。プラットフォームバリューも、既存企業にとっては未知の領域である。多くの既存企業には、伝統的で非プラットフォーム的な交流や商取引の持続を促すシステムが備わっている。

破壊戦略についてリーダーが考えるべきこと

・どうしたら顧客に対して新しいかたちのコストバリューやエクスペリエンスバリュー、プ

ラットフォームバリュー（いずれかまたは複数）を創出することができるか

・より魅力的な「組み合わせ型ディスラプション」を起こすことはできるか、すなわちディスラプターをディスラプトできるか

・（既存事業をカニバライズするリスクを含め）ディスラプションを起こすための投資に対する見返りは何か、それは競合する収穫戦略よりも価値があるか

④拠点戦略——バリューベイカンシーをできるだけ長期間押さえる

「破壊戦略」は市場にディスラプションを起こすための触媒的な行動だが、「拠点戦略」は、そのディスラプションに関連する競争上の利益を維持することに重点を置く。拠点戦略は、シリコンバレーでよく聞かれる「それをつくれば、彼ら（客）はやってくる」という言いまわしを否定し、「ディスラプションをもたらした企業が最終的な勝者になるとはかぎらない」という現実を前提にしている。バリューベイカンシーでは市場機会をめぐって熾烈な争いが繰り広げられており、顧客にとっての選択肢が増えていることが多い。こうしたチャンスを最大限に生かすには、入念な戦略でディスラプションを拡大し、バリューベイカンシーを少しでも長く占領している必要がある。そのため、拠点戦略は、デジタル・ボルテックスのなかで競い、成長するためのカギとなる戦略である。

収穫戦略や破壊戦略と同じく、ほとんどの既存企業は拠点戦略でもつまずく。「既存企業が

ディスラプターになるにあたり、何が課題になるか」という議論をすると、決まって「自分の会社には拠点戦略で成功する能力がない」という答えが返ってくる。問題は、未知の領域に立たなければならない頻度が増えることだ。すでに述べたとおり、バリューベイカンシーは隣接する市場で見出されることもあれば、新たな市場が創出されたり、既存市場がデジタル化されるなかで見つかったりすることもある。いずれも既存企業は未開の地で奮闘することになる。そこには管理者も参画者もいなければ、交通規則も効果が実証されたアプローチもない。何をどう考えればいいのか、何にどう対処すればいいのかもわからない。これまで組織を成功に導いてきた前例も存在しない。拠点戦略では、事業の「新しい」側面を管理しなければならないため、下落傾向にある事業（収穫戦略や撤退戦略）と上昇傾向にある事業（破壊戦略や拠点戦略）を同時になんとかしようとすると、いま述べたような複雑な問題に苦しめられてしまう可能性が高くなる。

バリューベイカンシーはかぎられた時間しか利用できないため、遅かれ早かれ反乱分子が市場機会を狙い、競争力のあるコストバリューやエクスペリエンスバリュー、プラットフォームバリューを導入して占領者を攻撃する。バリューベイカンシーが成熟する、もしくはバリューベイカンシーそのものの破壊が進むにつれ、占領者は収益を最大化するために拠点戦略という攻撃的な立場から収穫戦略という防衛的な立場に移行しなければならない。

フィンランドのエレベーターやエスカレーターの製造・サービス業者であるコネ（KONE）は、デジタルという言葉からはおよそ連想できない企業だ。コネの製品はまぎれもなく機械的で、非デジタル的な方法で人を運んでいる。２０１５年、例に漏れずコネも、低コストを売りにした中国のライバル企業の参入や多くの国や地域における新規建築の鈍化など、さまざまな戦略的・戦術的課題に直面するようになっていた。こうした課題はどれも一見するとデジタルとは無縁に思えるが、少し掘り下げてみればデジタルのチャンスと脅威が見えてくる。

たとえば、ＩＢＭや東芝、ハネウェル、サムスンといったテクノロジー企業は、スマートシティやスマートコミュニティ、スマートビルディングを建設することで建築業界にディスラプションを起こそうとしており、その一環としてエレベーターやエスカレーターを含むインフラをデジタル接続しようとしている。そして、デジタルによって可能になった技術のために、ビルのインフラ保守に対する施設管理業者の責任が増してきている。エレベーターやエスカレーターは、遠隔地から監視して評価し、修理することができるインターネット接続機器になりつつある。コネはこうした変化がいくつものバリューベイカンシーを生んでいることに気づき、新設備や近代化、メンテナンス事業における今後の売上と利益のカギはデジタルにあると考えた。

とはいえ、単独ではそのバリューベイカンシーを占領することも、脅威に対応することもできそうになかった。そのためにはパートナーが必要だ。そこで２０１６年2月、クラウドサービスやインターネット接続機器、高度な解析技術の開発と展開をＩＢＭと共同でおこなう戦略的パートナーシップを発表した（注6）。コネのＣＥＯ、ヘンリック・エーンルートはこう語る。「私たちは『つながる』世界で仕事をしています。ＩＢＭと手を組むことで、高度な遠隔診断や予見可能性といった新しいソリューションにより、お客さまに上質なサービスを提供し、私たちの機器を使う人々にすばらしい体験をもたらせるようになります」。新たに生まれた価値の空白地帯

（デジタル・バリューベイカンシー）に橋頭堡を築く戦いにおいて、コネには、これまでとはちがうアプローチが、つまり、本来であれば強敵になっていたはずの相手と手を組むことが必要だったのだ。

拠点戦略についてリーダーが考えるべきこと

・自社のディスラプティブな製品やサービスをどう差異化し、顧客に対するコストバリューやエクスペリエンスバリュー、プラットフォームバリューをどのようにして拡大するか
・新しいバリューベイカンシーを占領するにあたり、「新設」「買収」「提携」のいずれを採るべきか
・プラットフォームを使って「規模」を生み出すことはできるか
・障壁をつくり（プラットフォームや知的財産など）ライバルを妨害できるか
・バリューベイカンシーは成熟期を迎えたか、だとしたら収穫戦略に移行する必要はあるか
・新しい事業につながる知見（別のバリューベイカンシーなど）は得られるか

3社の拠点戦略

拠点戦略についてもう少しくわしく見てみよう。これは、デジタル・ボルテックスの渦中にある企業のエグゼクティブが真っ先に検討すべき戦略だ。ここでは、拠点戦略の3つのアプローチ

である「新設」「買収」「提携」について掘り下げ、それらが金融サービス業界でどのようにしておこなわれているかを考える。金融サービス業界は、私たちの調査で今後5年以内に大きくディスラプトされる可能性が高いとみなされていた業界だ。

既存の金融機関にとって投資運用は、成長と収益性の両方を支える重要な柱である。プロフェッショナルが管理している資産は、価値にすると世界規模で74兆ドル以上、利益は1000億ドルにのぼる（注7）。銀行や保険会社、証券会社、ファイナンシャルアドバイザーにとっては、富裕層やマス・アフルーエント層（訳注、純金融資産が10万〜100万ドルの個人）、ならびに彼らが支払ってくれる顧問報酬は、喉から手が出るほど欲しい。そんな既存企業にとって腹立たしいことに、デジタル・ディスラプターたちは、人間ではなくアルゴリズムで自動的に資産を管理するアドバイザー「ロボアドバイザー」を使いはじめている。ロボアドバイザーはすでに何十万人もの投資家にとって実用性のある選択肢となっており、既存企業の大きな収入源が脅かされようとしている。ロボアドバイザーはディスラプションであり、この新しいバリューベイカンシーの占領をめぐる戦いがすでに勃発しているのだ。

ベターメント（Betterment）やフューチャーアドバイザー（FutureAdvisor）、ウェルスフロントといった企業がディスラプターの群れの先頭に立ち、既存企業のバリューチェーンを虎視眈々と狙っている。ロボアドバイザーのビジネスモデルは、投資家に複合的なバリューをもたらす。第1に、投資アドバイスの高額な手数料をなくすことでコストバリューを生んでいる。ロボアドバイザーの手数料は、管理してもらう資産の数％程度で、銀行の最も安い投資商品（インデックスファンドなど）と同程度であることが多い。第2に、「いったんセットしたらあとはお任せ」という運用ができるため、利用者のポートフォリオ管理の手間が減るというエクスペリエンスバリューももたらしている（注8）。さらには、ポートフォリオの自動修正や配当金再投資といった機能からもエクスペリエンスバリューが生まれている。

ロボアドバイザーが競争優位を持つバリューバンパイアかどうか、ロボアドバイザーのせいで市場全体が縮小してしまうかどうかは、まだ誰にもわからない。いまのところ、そうはなっていない。ふたをあけてみたら、バリューバンパイアでもなんでもなかったということも十分にありうる。あるいは、これまでサービスが不足していた市場でロボアドバイザーが安価な金融アドバイスを提供してくれたおかげで、全体のパイが大きくなるということもあるかもしれない。が、短期的に見れば、ロボアドバイザーが引き起こすディスラプションが既存企業の根幹事業をむしばむリスクはかなり高い。ロボアドバイザーに管理される資産は2020年までに4500億ドル程度にまで増加すると、アナリストらは見ている（注9）。何十兆ドルにもおよぶ世界規模の資産管理ビジネスから見たら比較的小さなパイだが、既存企業はロボアドバイザーのビジネスモデルの動向に注目している。

ロボアドバイザーが引き起こすディスラプションがどれだけ深刻かという点については、数々の議論が繰り広げられている。業界観測筋のあいだでは、このビジネスモデルの構成要素のうち「解析」や「自動化」は生き残り、投資アドバイス事業のメインストリームに食い込むだけのポテンシャルがあるという点でおおかたの意見が一致している。ロボアドバイザーによるディスラプションについて調べてみると、既存企業が採った拠点戦略の興味深いケーススタディが見つかる。ここでは、既存の投資運用会社3社が採った三者三様の拠点戦略を見てみるとしよう。その3社とは、チャールズ・シュワブ（Charles Schwab）、ブラックロック（BlackRock）、フィデリティ（Fidelity）だ。それぞれ、「新設」「買収」「提携」という異なる戦略でロボアドバイザーの脅威に立ち向かおうとしている。

チャールズ・シュワブの「新設」

1970年代、チャールズ・シュワブ・コーポレーションは初の大手ディスカウントブローカレッジ（訳注、通常よりも安い手数料で株式売買を仲介する証券会社）として台頭し、90年代には電子売買の最前線にいた。いまではロボアドバイザーの脅威を受け、シュワブにはふたたび行動を起こす機運が高まっている。2014年10月、シュワブは、「シュワブ・インテリジェントポートフォリオ」というロボアドバイザー・サービスの立ち上げを予定していると発表した。小規模な破壊的ライバル企業のモデルとちがい、同サービスには手数料がかからない。シュワブの主張はこうだ。「これは自動化された投資アドバイスサービスです。洗練されたテクノロジーでお客さまのポートフォリオを構築し、監視し、見直します。そのため、お客さまを煩わせることがありません。おまけに顧問報酬も手数料も口座管理費も不要です（注10）」。サービスの立ち上げから四半期が経過したあとでシュワブは、「このサービスを利用している口座数は

3万9000、運用資産は合計30億ドルに達した」と発表した(注11)。

手数料を廃止することで、シュワブは新しいコストバリューを創出した。顧客が市場を監視したり、投資を見直したりしなければならない必要性をなくすことで、「利便性の向上」と「インテリジェンス」という、ディスラプターたちが駆使してきた新しいエクスペリエンスバリューの2要素を導入した。そして、ほとんどの投資運用会社で見られる面倒な書類での手続きを用いず、グーグルプレイやアップストアのアカウントで登録できるようにした。

また、自社ネットワークに登録されている7000名以上の投資アドバイザー(RIA)を対象にした新しいアプリケーションも導入した。これには、わずか半年のうちに500名のアドバイザーが登録した(注12)。「インベストメント・ニュース」が最近報じたところによると、「このアプリケーションはアドバイザー向けのカスタマイズ可能なアプリであり、アドバイザーはこれを使って投資戦略を立てたり、インターフェイスに自分のロゴを追加したりすることができる(注13)」。こうして新しいチャネルや顧客層が「可能化」され、彼らにリーチできるようになると、ロボアドバイザーによってもたらされたコストバリューとエクスペリエンスバリューにプラットフォームバリューまでもが加わり、組み合わせ型ディスラプションの効果が増す。

シュワブ・インテリジェントポートフォリオの立ち上げは、拠点戦略のアプローチのひとつである「新設」にあたる。シュワブはその既存企業としての地位を、盾ではなく剣として使っている。ディスラプションに直面した市場リーダーが守りから攻撃に転じた見事な例だ。

それればかりかシュワブは、このロボアドバイザーが自社の既存のアドバイス事業に与える影響もちゃんと考慮しているようだ。インテリジェントポートフォリオを立ち上げた際、CEOのウォルター・ベッティンガーは「私たちはこれまで一度も自社事業のカニバライズを恐れたことはありません」と断言したが、続けてこうも言った。「とはいえ、私たちが手がける他のアドバイス事業は、おもにお客さまとアドバイザーの関係性を重視したソリューションです。このインテリジェントポートフォリオは、それとはまったく異なるソリューションであり、関係性重視モデルにあまり関心のない層にもアピールすると確信しています（注14）」

シュワブはインテリジェントポートフォリオのようなディスラプティブな事業と並行して、従来の顧問事業もうまくやりくりしていかなければならない。が、シュワブの戦略によって、ディスラプターたちの価値が低下することはまちがいないだろう。シュワブはディスラプターたちが仕掛けてきたコストバリューの戦いに応戦すべく、手数料を廃止し、自らのディスラプションにカニバライズされることのないよう、自社が手がける他の主要なプロフィットプールを隔離した。このように区分けすることで、自社の多様な事業ポートフォリオから得る価値を最大化することができる。これにより、ディスラプターたちはさらに守勢にまわり、破壊戦略から拠点戦略に移行することになるだろう。

ブラックロックの「買収」

シュワブのようにロボアドバイザーの脅威に対して「新設」で対応するのもひとつの手だが、

別の既存企業はそれとは異なる拠点戦略のアプローチを採った。それが「買収」だ。

ブラックロックは、銀行持株会社PNCファイナンシャルの子会社で世界最大の投資運用会社だ。顧客には企業や政府、年金機構、個人の投資家がおり、運用資産は4・6兆ドル超にのぼる（注15）。

2015年8月、ブラックロックは、ベンチャー支援を受けたスタートアップ企業で6億ドルの資産を運用しているロボアドバイザー提供業者、フューチャーアドバイザーの買収を発表した（注16）。フューチャーアドバイザーは投資・リスク管理部門のブラックロック・ソリューションズに統合されつつあり、今後は銀行や保険会社の投資アドバイザーなど、自らのサービスにロボアドバイスを取り入れたいと考えている組織に売り込まれることになる。

ブラックロックがフューチャーアドバイザーを買収したメリットについては言うまでもないが、「買収」はとりわけ、社内でディスラプションを温めて孵化させるDNAを持たない既存企業にとって魅力的な選択肢になりうる。ディスラプターを買収することでデジタル技術の急速な進化に取り残されずにすむ、というのも魅力だ（報道によれば、フューチャーアドバイザー買収の際、ブラックロック幹部はそう述べている）（注17）。

ブラックロックがこの買収にかけた額は1億5200万ドルだった（注18）。買収を発表するニュースリリースのなかで同社は、買収にかかる財政的コストを「わが社の1株あたり利益からすれば大した額ではありません」と述べた（注19）。つまり、ブラックロックのような巨人にとっては痛くも痒くもないコストで（それでもフューチャーアドバイザーの推定収益の50倍にあたる額だが）破壊的イノベーションを外部から取り入れることができたのだ（注20）。吸収された運用資産が「たった」6億ドルであることから、フューチャーアドバイザー買収の狙いは「彼らが持つ顧客口座」ではなく「デジタル技術とデジタルのスピード」だったと思われる。

ブラックロックが「自社の解析能力の中枢（注21）」と呼ぶB2B部門、ブラックロック・ソリューションズにフューチャーアドバイザーの事業が組み込まれることも特筆に値する。ロボアドバイザー・サービスを投資アドバイザーや金融機関にB2Bで売り込めば、ロボアドバイザーという破壊的脅威が個々の投資家への顧問業務（B2C）に転用されることになる。これは「コモディティ化しつつあるロボアドバイザーの脱コモディティ化（注22）」といえる。

ブラックロックはロボアドバイザーのプラットフォームという流通チャネルを使って、自社有数の戦略的事業であるiシェアーズ（iShares、ロボアドバイザーツールによって可能になった投資アドバイザーのチャネルを通して販売される上場投資信託ブランド）を育てようとしている。

フィデリティの「提携」

最後に、もうひとつ別の既存の投資運用会社のケースから、拠点戦略の3つ目のアプローチである「提携」を見てみよう。

運用資産2兆ドル超のフィデリティ投信は、ミューチュアルファンドや退職プランニング、資産管理、ディスカウントブローカレッジ、証券取引執行、決済、保険業務を扱うマルチサービス投資運用の雄だ（注23）。

２０１４年10月、フィデリティはベターメントと戦略的提携を結んだ。ベターメントは２０１６年4月時点で総資産が39億ドルに達し、ロボアドバイザー専門業者のトップに立つ企業だ（注24）。この提携により、フィデリティ・インスティテューショナル・ウェルス・サービス（ＩＷＳ）は、フィデリティに登録されている1万社近い投資顧問企業に対し、ベターメントのアドバイザー向けサービス「ベターメント・インスティテューショナル」をホワイトラベル化して（訳注、この場合はベターメントの関与をほとんどわからないようにして）提供できるようになった。フィデリティとベターメントは、このサービスを、人間とテクノロジーによるアドバイザーのハイブリッド（投資アドバイザーがより効率的・効果的に業務をおこなえるようにするもの）と位置づけている。このサービスのおかげで（とりわけ資産の少ない若い）投資家を新規顧客として獲得して引き入れられるようになり、投資アドバイザーは、信託や遺産相続といった人間的な触れ合いが必要な業務に集中できるようになった（注25）。

1カ月後の２０１４年11月、フィデリティは、もうひとつ別のディスラプター、ラーンベスト（LearnVest）とも提携した（注26）。ラーンベストはその後の15年3月、また別の既存企業であるノースウェスタン・ミューチュアルに買収された（注27）。フィデリティがロボアドバイザー企業などのフィンテック企業と手を組むのは、既存企業における拠点戦略のひとつ、「提携」アプローチであり、その目的は、ある観測筋が皮肉交じりに言った言葉を借りるなら「もしロボットを倒せないなら、手を組めばいい」ということになる（注28）。ディスラプターの勢いを借りてコストバリューやエクスペリエンスバリュー、プラットフォームバリューを創出することは、フィデリティにとって大いに魅力なのだ。

提携は、破壊戦略や拠点戦略に向けた実験場としても機能する。既存企業がこの実験で得たものを「新設」のモデルに移植し、時宜を見て自らのリソースを投入し、ディスラプティブな製品やサービスを開発することもある。フィデリティＩＷＳの社長、マイケル・ダービンは、「提携」から「新設」に方向転換する可能性についてこう語った。「市場が何を求めているのか、私たちはそれを特等席から眺め、自分たちにしかできないことはないかとつねに目を光らせています。だから、いずれこうした能力が自社内から湧き出るようになったとしても驚くには当たりません（注29）」。実際、２０１５年11月、フィデリティは自動化されたアドバイス提供サービス「フィデリティＧｏ」の試験運用をすると発表した（注30）。

長期的に見れば、既存企業は「新設」「買収」「提携」のアプローチを使って、新興ライバル企業を弱体化することができる。ブラックロックがフューチャーアドバイザーを買収したように今後は市場統合が増え、ノースウェスタン・ミューチュアルのような割り込み行為もますます見受けられるようになるだろう。その一方、既存企業によってロボアドバイザーが市場で受け入れられるようになれば、ベターメントやウェルスフロントといったディスラプターにも追い風が吹くはずだ。どんな展開になったとしても投資運用業界がデジタル・ディスラプションの競争のるつぼであることはまちがいない。

カスタマーバリューをどう戦略に織り込むか

では、どのようにしてコストバリューやエクスペリエンスバリュー、プラットフォームバリューを対応戦略に織り込んでいけばよいのか。まずは各戦略を順に振り返り、どのカスタマーバリューを最優先すべきかを理解しよう(図13)。

ディスラプティブな脅威に対抗して「収穫戦略」を採ることになった場合、真っ先に考えるべきはコストバリューとエクスペリエンスバリューだ。企業は、顧客が離れていかないように自社が提供する体験の質をアピールしながら、同時に、自社の製品やサービスが持つ競争力をできるかぎり向上させるべくコストを減らしていかなければならない。

市場が落ち込み、特定の分岐点を越えると、企業は「撤退戦略」に移行する。撤退には継続的なコスト削減が必要になるが、とりわけ、まだ残ってくれている既存顧客に対して他社では提供できない製品やサービスを維持する「エクスペリエンスバリュー重視の改善」が必要になる。この状態でも残ってくれている顧客は非常に特殊なニーズを持っていることが多い。そのニーズを大切にしてニッチな市場に撤退し、そうした顧客を相手にするのがいいだろう。収穫戦略と撤退戦略のいずれでも、防衛的戦略ではプラットフォームバリューが創出されるのは稀だ。

「破壊戦略」の場合は、他のバリューの助けを借りつつ、ひとつの形態の価値がメインになるこ

図 13　戦略ごとのカスタマーバリューの形態

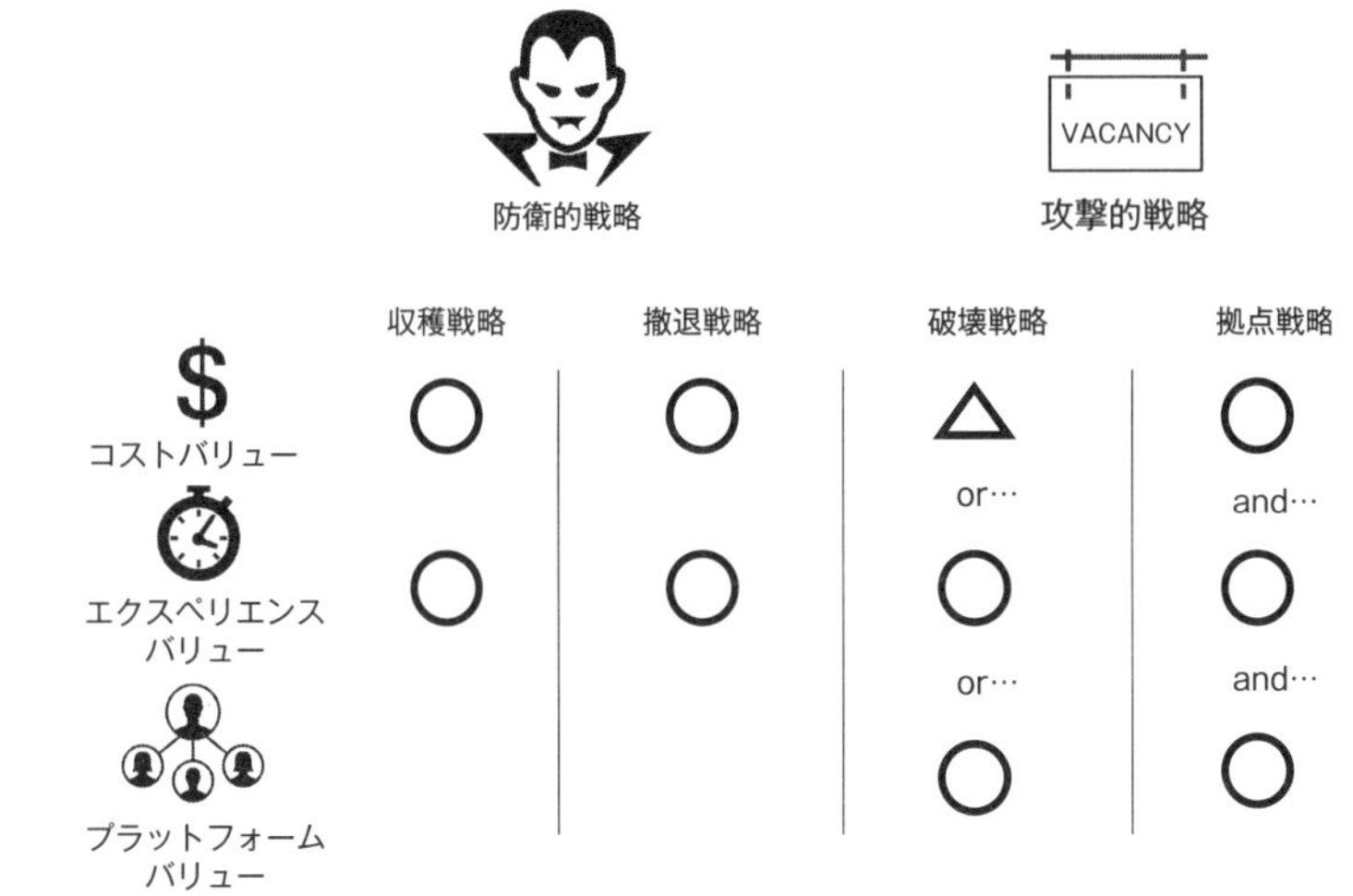

Source: Global Center for Digital Business Transformation, 2015

とが多い。たとえば、ウーバーのように他社と同程度もしくは少し安い料金ではるかに上質な体験ができるようにするのか（エクスペリエンスバリューがメイン）、それともスカイプの音声通話やワッツアップのテキストメッセージサービスのように劇的に安い料金でそこそこの体験ができるようにするのか（コストバリューがメイン）。

既存企業が採る破壊戦略ではコストバリューの果たす役割が最初からある程度決まっており、決め手となるのは、「脅威への対応として破壊戦略を採るのか」それとも「市場に新たなディスラプションを起こすために破壊戦略を採るのか」だ。前者の場合は、新興のライバルと真っ向から対決するため、コストバリューにかなりの重点が置かれるが、既存企業の財務状態は比較的盤石であり、おそらくはライバルより長生きできるだろう。後者の場合、コストバリューがメインになることはないだろう。既存企業が自ら、顧客に対して広くコストバリューを創出するために自らをディスラプトしようと思うことはあまりないはずだ。

「破壊戦略」の場合はひとつのカスタマーバリューだけでいいが、一般的に「拠点戦略」では3つすべてが必要になる。企業は拠点戦略において、バリューベイカンシー獲得に向けた総力戦を仕掛け、3種類すべての価値を備えた組み合わせ型ディスラプションを起こそうとする。でなければ、そもそも勝負にならないことが多い。なかでもプラットフォームバリューは、自社とライバルを差異化するための重要な要素だ。プラットフォームを所有していれば、高い参入障壁を築き、既存のライバル企業にとって厄介な状況をつくり出すことができる。さらには、プラットフォームが補助的な収益源になるため、その収益を使ってプラットフォームを梃子入れすることもできる。それが、バリューベイカンシーで長期的な拠点づくりをおこなう際の助けとなる。

アップルはバリューバンパイアにどう対応したか

本書で取り上げた戦略は、繰り返し利用することを前提にデザインされている。企業がバリューベイカンシーを永遠に占領しつづけることはできないし、撤退戦略がうまくいけば、隅に追いやられたまま細々と生きていかずにすむようになる。そのため企業は、これらの戦略を通じて時間をかけて何度となく進化し、その一歩ごとに収益を引き出していかなければならない。デジタル・ボルテックスのなかにはチャンスがふんだんに転がっている。企業のリーダーが考えなければならないのは、そうしたチャンスをどれだけ多くつかめるかということだ。

これまで示してきた競争力学とこれらの戦略がどう絡み合うかを、もう一度音楽業界の話に立ち戻って考えてみるとしよう。第3章で、音楽のデジタル化とナップスターの無料ダウンロードサービスによって引き起こされた音楽業界のデジタル・ディスラプションを説明した。すでに見たように、そのきっかけとなったディスラプションを引き起こしたのはナップスターだが、業界の古典的な遮断戦術(訳注、この場合は訴訟)によって同社が廃業に追い込まれると、市場に真空地帯ができた。消費者が音楽ファイルをダウンロードしたがっているのは火を見るより明らかで、彼らの多くが「パイレートベイ(Pirate Bay)」などの違法トレントサイトに殺到した。一方でアップルは、リーズナブルな対価をきちんと支払って高品質な音楽ファイルを入手したいと考える消費者だって何百万人もいるはずだと踏んだ。iTunes は成功を収め、アップルが正しかったことが証明された。

ナップスターは音楽業界にディスラプションを起こしたが、「デジタル配信」というバリューベイカンシーは掌握できなかった。アップルは直感的に理解できるハードウェアとソフトウェア、さらにはほとんどの大手レーベルやアーティストとの契約によって成立したプラットフォームバリューを組み合わせてバリューベイカンシーの占領に成功した。ここでは、破壊戦略(ナップスター)と拠点戦略(アップル)のちがいをよく理解しておく必要がある。バリューベイカンシーを占領する企業は「組み合わせ型ディスラプション」に長けており、とりわけ十分な売上と利益をもたらすビジネスモデルをプラットフォームバリューで急速に拡大しつつ、コストバリューでライバル企業の価値を低下させる能力に秀でている。アップルもそうやって、デジタル音楽の売上における絶対君主の座にiTunesを押し上げた。

しかし、アップルにとっては意外なことに（音楽ファンにとっては喜ぶべきことに）、それでもデジタル・ボルテックスの渦の回転は止まらなかった。アップルは、9億人近い利用者を擁する仮想配信プラットフォーム（iTunes）（注31）や、累計10億台以上の売上を誇るモバイル機器（iPodやiPhone）（注32）、そしてそのモバイル機器とプラットフォームの密な連携など、デジタル・ボルテックス以前の時代であればほとんど打倒不能な優位を確立していた。

にもかかわらずiTunesは、パンドラやスポティファイのような、バリューバンパイアの衣鉢を継ぐストリーミング音楽サービスにディスラプトされつつある。ストリーミング配信された楽曲数はアメリカだけで2014年から15年のあいだに2倍となり、3170億曲以上が配信された（注33）。パンドラもスポティファイも、利用者は広告を聴取しさえすれば制限なしに無料で音楽を聴ける。月額約10ドル（iTunesで楽曲10曲を購入するのと同程度の額）を支払ってプレミアム会員になれば、高音質で楽しむこともできるが、利用者の大多数が無料の「広告つきオプション」を選択している（注34）。

消費者は、音楽のストリーミング配信は好むものの、サブスクライブ料金は支払いたくないと考えているのだ。アメリカの消費者の78％が「自分が有料会員になる可能性は低い」と考えている。「無料でサービスを利用できるため、月額10ドルは高い」というわけだ（注35）。これを受けて、ひとつの疑問が湧く。仮にアップルがスポティファイを買収できたとして、どれだけ多くの失われた収益を取り戻せるのだろうか。音楽事業全体の落ち込みを見れば、やれイノベーションを起こせ、バリューベイカンシーを見つけろ、占領しろ、と容赦ないプレッシャーが企業にかかっていることはまちがいない。既存企業がバリューバンパイアを撃退できたとしても（アップルが勝てたのは第1ラウンドだけだった）売上は元には戻らない。企業は次なる「大物」を釣るために体勢を整えなければならない。デジタル化できる製品やサービスは「限界費用ゼロ」という終局状態に向かっているともいえる（注36）。

音楽ストリーミング配信というディスラプションに対して、アップルは複数のアプローチで対応した。それを、先述した対応戦略に照らし合わせてみよう。

収穫戦略　アップルは、下降傾向にあるiTunes事業を自社の新ストリーミングサービス「アップルミュージック（後述）」と統合することで収益を最大化している。すぐれた収穫戦略を採れば、需要が減少していても事業採算を維持することができる。実際に２０１４年、デジタル音楽の売上は初めて物理的なＣＤの売上を追い抜いた（注37）。コンサルティング企業のプライスウォーターハウスクーパースによれば、デジタルダウンロードの売上は２０１５年から19年までのあいだに毎年10％ずつ減少していく見込みだという（注38）。もちろんこれはいちじるしい減少だが、撤退戦略に移行するまえにアップルはまだかなりの利益を収穫できるだろう。

破戦略壊　たとえバリューバンパイアの脅威にさらされていようと、アップルにとって音楽は虎の子の事業だ。いまだに楽曲ダウンロードで数十億ドルの収益があり、アップルはこれを維持しようと熱心に取り組んでいる。ストリーミングサービスはデバイスの種類を問わず使えるようになりつつあり、「アプリとブロードバンド接続だけがあればよい」という状態が増えてきてはいるが、アップルには音楽とモバイル機器のつながりをみすみす手放す気はなさそうだ。それもそのはず、アップルのハードウェア事業が販売台数と利益率の両面で成功を収めたのはiTunesあればこそだった。

アップルはiTunes上で楽曲を1曲65~99セントで売り、売上の65%をコンテンツ所有者に支払っている（注39）。どうして楽曲をもっと高く売らないのかと問われたスティーブ・ジョブズは、「私たちが売っているのはiPodだからだ」と答えた（注40）。競争が熾烈なことで有名な家庭用電子機器市場でアップルはiPodを（ライバル企業の商品よりはるかに高額な）399ドルで売ることができ、その利益率は30%だった（注41）。実際、iTunesのデジタルコンテンツは「〈カネの帝国〉アップルの砲弾」と呼ばれている。iTunesはアップルのユーザーエクスペリエンスそのものであり、顧客がデバイスを取っ替え引っ替えしても結局アップル製品に戻ってくるのはiTunesがあるからだ（注42）。つまりiTunesは、アップルのハードウェアの価値を高めるとともに事業戦略に不可欠なものとなっている（注43）。プラットフォームが価値ある土台となれば、そこから補助的な（アップルの場合は中核的な）収益を得られる。プラットフォームそのものが、客寄せのための目玉商品になることもある。

音楽業界のパイは縮小しているが（注44）、アップルは収穫戦略だけでは飽き足らず、さらなるコストバリューやエクスペリエンスバリュー、プラットフォームバリューを創出するために「バリューバンパイアがもたらした音楽ストリーミング配信」という大きな賭けに挑戦する道を選んだ。これはアップルが自らをディスラプトすることを意味しており、（おそらくは）iTunesの寿命をあえて縮めることになるだろう。ほんの5年前には信じられなかった動きだ。

2015年6月、アップルは自社のストリーミングサービスである「アップルミュージック」を開始し（注45）、有料会員数は16年1月までに1100万人に達した。スポティファイの有料会員数は3000万人で（注46）数字だけ見ればその半分にも満たないが、サービス開始から7カ月しか経っていないことにも注目しておきたい（注47）。

拠点戦略　バリューバンパイアと戦う決心をしてから、アップルは市場を占領しようと果敢に戦い、「アップルミュージック」の有料会員数を増やすために限定コンテンツや（注48）ミュージシャンやDJをはじめとするオピニオンリーダーがキュレートした1万以上のプレイリストをリリースしてきた（注49）。メインターゲットは、最初のお試し期間終了後にサービスをあまり継続することがない若者世代だ（注50）。その例として、DJミックスやマッシュアップ音楽をストリーミング配信するため、最近になってダブセットメディア・ホールディングスと契約を締結した。こうしたジャンルの楽曲は複数の楽曲からサンプリングしているため、著作権の問題が複雑で、配信業者にとっては頭痛の種になっていた（注51）。若い音楽ファンはこうした楽曲を好むが、これまで商業音楽サービスでは利用できなかったのだ。

音楽ストリーミング配信の差異化に向けたアップルの最大の動きは、音楽ではなく動画に関連した動きだろう。アップルはこれまた若者世代に人気のあるバイスメディアと手を組み、「ザ・スコア（The Score）」という会員限定の動画シリーズを制作している（注52）。ネットフリックスもアマゾンもオリジナル番組を制作して多くの有料会員を獲得しているため、それに追随しようとしているのだ。若者は、テレビではなくスマートフォンやパソコンでオンデマンド番組を視聴することを好む（注53）。だから、アップルの家庭用デジタルメディアプレイヤーである「アップルTV」で動画コンテンツを配信するより、アップルミュージックで配信するほうが理にかなっている。

アップルミュージックは急速に有料会員数を増やしつつあり、元イノベーターにして市場リーダーのパンドラにプレッシャーをかけている。この事例からも、ディスラプションを起こしてもその市場を占領できるわけではないことがよくわかる（注54）。戦いの決着はまだまだつきそうにない。この市場にひしめく多様なプレーヤーはみな、音楽ストリーミング配信のほんとうの価値は直接的な収益ではなく、他のバリューベイカンシー占領への糸口をつかむことだと理解しているからだ。

たとえばアマゾンは、音楽ストリーミング配信という新しいバリューベイカンシーを占領するために「アマゾンエコー」というデバイスを販売している。これは、同社の電子商取引事業への常時接続とAIを組み合わせたデバイスだ。プライム会員であればエコーを利用して、アマゾンの音楽サービスのみならず、スポティファイやパンドラのアカウントを使って無料で音楽を再生することができる。アップルと同じくアマゾンの目的は（どう見ても）音楽で収益をあげることではなく、音楽を聴きながら商品を購入してもらうことだ。顧客はアマゾンエコーのＡＩエージェント「アレクサ」に話しかけることで、アマゾンプライムなどのストリーミングサービスから音楽を再生することができる。キッチンで音楽を聴いて料理しながら、アレクサに話しかけてオリーブオイルとイタリアントマトを注文することもできる。

カジノのオーナーであれば、顧客を建物の外に出したくないと思うものだ。そのため、あの手この手を使って顧客が席に座ったままギャンブルを続けるよう仕向ける。それと同じで、アマゾンの音楽ストリーミング配信と音楽へのアクセス、再生のためのデバイスは、音楽業界の再興を目指すものではなく、いわばアマゾンの無料ビュッフェなのだ。

破壊する者とされる者

市場の既存企業は、何を買うにしろ、つねに価格が一番高いときに買わなければならないという呪いをかけられている。デジタル・ボルテックスのなかで既存企業が負わされている不利益は、「ムーアの法則（訳注、半導体の性能が1年半ごとに2倍になるという法則）」だ。かなり大雑把に言えば、生産要素としての技術コストは指数関数的に減少していく。既存企業がこの曲線の不利な終端（技術コストが一番高い側）にいるのに対し、破壊的イノベーターは有利な終端

（一番安い側）において、優位性のある原価基準の恩恵を受けている。

つまり、価格競争力は、遅れて現れる指標なのだ。そうした理由もあって私たちは「がんじがらめの既存企業」という造語を考案した。既存企業は、旧時代の競争力学に成りさがったコスト構造とバリューチェーンを背負い込んでいる。では、若い企業のほうが古い企業より競争力が高いかといえば（デジタル・ボルテックスの渦中では）絶対にそうとは言いきれない。イノベーターが成熟して既存企業の重荷を引き受けるようになると、今度は彼ら自身が、無慈悲なムーアの法則の恩恵を受けた次世代の破壊的プレーヤーの餌食となる。企業にとっての課題は、このコスト曲線に対する自らの立ち位置を「リセット」することだ。

イノベーションを起こすために必要なコストが急落すると、（既存企業を含む）ありとあらゆる種類のディスラプターにとって、破壊的な製品やサービス、ビジネスモデルを創出する機会が増す。その結果、既存企業はカスタマーバリューを追求するという刺激的な新しい道を進めるようになるが、この勝利の方程式を狙うライバルは他にもごまんといる。個々の企業がこのチャンスを生かせるかどうかは、煎じつめれば、顧客に対して効率的で効果的な新しい価値を生み出せるかどうかにかかっている。

Digital Business Agility

Ⅱ

デジタルビジネス・アジリティ

アジリティを高める3つの組織能力
Digital Business Agility

プランニングは無意味

企業がデジタル・ボルテックスの渦の目に吸い込まれていくにつれて、テクノロジーの変化やビジネスモデルのイノベーション、業界の融合スピードは加速していく。新しいライバルたちは血道をあげて競争優位を築き、市場リーダーを屈服させたり、退場させたりしようとしてくる。既存企業はどうやってこれに対応すべきか。

企業は、第2章で説明したビジネスモデルを駆使して、3種類のカスタマーバリュー（コストバリュー、エクスペリエンスバリュー、プラットフォームバリュー）を創出しなければならない。そして第4章で説明したように、バリューバンパイアと戦うための戦略を実行し、バリューベイカンシーを追求しなければならない。そのためには、イノベーションを巧みに導入しつつ、同時に既存事業の収益を最大化する必要がある。でなければ、すぐにディスラプトされてしまうだろう。しかし、これらはいずれもおいそれとできることではない。ふたつを同時におこなわなければならないとなれば、なおさらだ（注1）。それは、企業が「（スピードと柔軟性が不可欠な）

戦略」と「（厳正でしばしば鈍重になりがちな）プランニング」を混同しているせいでもある。「プランは誰にでもある。顔面にまともにパンチを食らうまでは」と、かの有名ボクサー（訳注、マイク・タイソン）がいみじくも言ったように。

上級エグゼクティブたる者であるなら、自社の戦略的ビジョンを描かなければならない。が、1年あるいは数年単位のプランニングの誘惑に負けてはならない。そうしたプランが自社をデジタル・ディスラプションから守ってくれるはずだと考えたくなるのももっともだが、それはまやかしの安心感だ。トロント大学のロジャー・L・マーティンはこう言っている。「『戦略』という言葉は必ずといっていいほど『プラン』に類する言葉と一緒に使われる。『戦略的プランニング』や、その産物である『戦略的プラン』のように。戦略とプランニングを同一視したくなるのは、プランニングというものが完璧に実行可能で心地よいエクササイズだからだ。……プランには基本的に、はるか未来までのコストと収益をつまびらかに見越したスプレッドシートがつきものだが、このスプレッドシートをつくり終えたころには皆、すっかり安心しきってしまっている（注2）」

つまり、プランニングとは、未来を占おうとする経営者側の試みなのだ。それはリスクに満ちた仕事であり（注3）、第Ⅰ部で述べた競争力学と変化のスピードを考えると、いまではほとんど無意味なものになっている。エグゼクティブたちが額を突き合わせてプランを練っているあいだにも、会社はますますデジタル・ボルテックスに吸い込まれ、その渦のなかでは、テクノロジーの変化やビジネスモデルのイノベーション、業界の融合がやむことなく続いているからだ。デジタル・ディスラプターのせいで、従業員や株主に知らされないうちに企業の成長プランは無用の長物と化し、そのプランが当てにしていたプロフィットプールも枯渇してしまうことが増えている。

「戦略どおり（つまりプランニングのことだ）まっすぐ突き進めば、急激な市場変化だって乗りきれるはずだ」と頑なに信じている既存企業があまりに多い。つねに変化している世界での長期的なプランは、船の「舵」というよりも、むしろ「錨《いかり》」と化し、もはや意味のない地点に企業をつなぎ留めてしまう。ウッディ・アレンも「神を笑わせたければ、あなたのプランを話してみるといい」と言っている。デジタル・ボルテックスの渦のなかでは、このプランニングが問題となる。

アジリティがディスラプションを生み出す

既存企業が身につけるべきものは「プランニング能力」ではなく「ディスラプターのスピードや柔軟性、有効性に対応できる能力」だ、と私たちは考えている。

防衛的戦略と攻撃的戦略の両方を追求しながら組み合わせ型ディスラプションを生むための新しいアプローチが必要なのだ。この一連の能力（注4）を「デジタルビジネス・アジリティ」と呼ぶことにする。デジタルビジネス・アジリティとは、「ハイパーアウェアネス（察知力）」「情報にもとづく意思決定力」「迅速な実行力」の3つの能力を土台にした〝メタ能力〟のようなも

図 14　デジタルビジネス・アジリティ

Source: Global Center for Digital Business Transformation, 2015

のだと思ってほしい(図14)。デジタルビジネス・アジリティを身につければ、次のような能力を備え、すぐれたカスタマーバリューを生み出せるようになる。

・関連するデータや洞察を収集し、会社が置かれている状況において大きな意味を持つ変化を察知する(ハイパーアウェアネス)

・データを解析して知見を吸収し、適切な人材を引き込みつつ、一貫して正しい決定をくだす(情報にもとづく意思決定力)

・うまくいっていなかったり、時代遅れになったりしているアプローチを捨てて迅速に実行し、すばやく規模を拡大する(迅速な実行力)

デジタルビジネス・アジリティがあれば、ディスラプターがさらに魅力的な価値を提案してくるのをただじっと待つのではなく、高まりつつある顧客ニーズを予測できるようになる。入手できる最良の情報や証拠にもとづいてバリューベイカンシーを追求するかどうか、するとしたらどうすればそれを勝ち取れるか、といった決断ができるようになる。そして、すばやく市場に参入し、長期間そこを占領して最大のマージンを得ることができる。この章ではデジタルビジネス・アジリティについてより深く考え、続く第6～8章でそれぞれ「ハイパーアウェアネス（察知力）」「情報にもとづく意思決定力」「迅速な実行力」を身につけるための方法を見ていく。以下を読めばわかるが、これら3つの能力は互いに連携し補強し合う関係にある。

強力なデジタルビジネス・アジリティを持つ企業は、差し迫った脅威に対して迅速かつ効果的に対応し、ライバルよりも明敏に新たな市場機会を察知し、そのチャンスをつかむ（ハイパーアウェアネス）。情報優位を利用して何が価値をもたらしているのかを分析し、勝利のための戦略と顧客への価値提案を導き出す（情報にもとづく意思決定力）。さらには迅速に行動して、針路を変えつつ反撃し、チャンスを生かし、プラットフォームを活用して急激な変化を起こす（迅速な実行力）。これらの能力があれば次のようなことができる。

・自社の中核事業を差異化し、敵の攻撃にびくともしないように強化して、デジタル・ディスラプターがそのバリューを模倣したり奪ったりできないようにする
・バリューバンパイアが現れた際には、低迷気味の事業から最大限の価値を引き出す

・バリューベイカンシーに攻め込み、ディスラプションが起きたあとも成長を維持する

デジタル・ディスラプションの話題になると、いつも同じ企業の名前（アマゾンやアップル、グーグル、ネットフリックス、テスラ）がでてくるのは偶然ではない。こうした企業はみな、「デジタル・ボルテックスのなかで起こる市場優位性をめぐる戦いには終わりがない」ことを理解している。彼らはシステマティックな戦略を用いてバリューベイカンシーを何度でも攻撃し、占領する。だからこそアマゾンは宇宙事業にまで進出し、アップルは決済事業に、グーグルは自動運転車に、ネットフリックスはテレビ番組制作に、テスラはエネルギー貯蔵事業に参入しようとしているのだ。彼らはみな、貪欲さ（バリューベイカンシーにおける成長可能性）と恐怖（自分たちが攻撃に対して脆弱だという認識）に突き動かされている。宇宙事業進出や自動運転車の開発といった投資が実際に利益をもたらすのか、それともあとになって出しゃばりすぎだったと鼻で笑われるのかは、この際どうでもいいことだ。重要なのは、「こうした投資はどれも、高いレベルのデジタルビジネス・アジリティがなければできない」ということだ。

スポーツにたとえて、ある企業が1500メートル走における世界最高の選手だったとしよう。この競技（1500メートル走業界）にディスラプションが起き、もうひとつの競技（砲丸投げ業界）に新しいチャンスが現れたとする。しかし、この選手（企業）は新しい競争に向けた準備ができていない。砲丸投げでは筋力や爆発力が不可欠だが、彼らが特化させてきたのは1500メートル走向けの能力（有酸素運動）である。1500メートル走だけに特化せず、柔

軟性や心血管の強さ、筋肉量、反射神経など幅広い運動能力が必要な十種競技に取り組んでいたら、砲丸投げだろうが、棒高跳びだろうが、100メートルの短距離走だろうが新しいチャンスに飛びつけたはずだ。デジタルビジネス・アジリティもこれと同じで、企業の「身体能力」のようなものだと考えてほしい。

①ハイパーアウェアネス

「ハイパーアウェアネス」は、自社が置かれた環境の変化を察知し、監視する能力だ。環境とは、企業のチャンスとリスクに影響を与える社内外の要素を指す。この能力には、関連するデジタルトレンドを察知して競争力学を変化させる力や、顧客や提携業者、従業員、そして建物や機械、車両、ITシステムといった会社の有形資産から（もしくはそれらについて）重要な洞察を収集する力が含まれる。

ユビキタスなネットワーク接続やモバイル機器、小型で安価なセンサー、データ収集ツールが充実したおかげで企業は、自らが置かれた環境をこれまでよりもはるかによく理解できるようになった。製造設備や保有する車両、施設、製品にセンサーを埋め込めば、自社の業務に関する洞察を得ることができる。顧客の声を拾うプラットフォームがあれば、SNS上のさまざまな顧客の意見を集められるし、モバイル機器利用に関するデータを活用すれば、顧客の現在位置もわかる。ウェブからデータを「掘り出す」ツールと、それを解析用に「きれいにする」ツールがあれば、ライバル企業やマクロ経済のトレンド、天候パターンなど、ほとんどあらゆる事柄について大量の情報を収集することができる。また、サプライチェーンについても、提携業者が商品を時間どおりに届けているかどうか、商品が倫理的かつ持続性のあるやり方で製造されているかどうか、食品の傷みを防ぐコールドチェーン（訳注、生産や輸送、消費において低温を保ちつづける物流方式）が維持されているかどうかなどについて、微に入り細を穿《うが》つデータを入手することができる。

ハイパーアウェアネス（察知力）は、デジタルビジネス・アジリティのもう2本の柱（情報にもとづく意思決定力、迅速な決定力）に「データ」と「洞察」という血液を供給する。意思決定をおこなう場面では、データが解析・伝達され、戦略的意思決定や自動化された事業ルールを補佐するために使われるが、それがうまくいくかどうかはそれ以前に収集されたデータの質と量に懸かっている。有用なデータが得られなければ、企業はいつしか「ゴミを入れてもゴミしか出てこない」という苦境に立たされる。役に立たないデータばかりなら、よりよい決定はくだせない。さらに実行する場面では、情報にもとづいた戦略的意思決定が会社全体の取り組みとその方向性を導く。加えて、実行した結果とそこから得た教訓という血液が組織の心臓に戻り、また循環がはじまる。

企業はまず「自分たちがどんな洞察を得たいのか」を理解しなければならない。そこから「何を監視するか」を決め、「そのためにはどんなITインフラと人的資源が必要か」を考える。たとえば、バリューバンパイアがはっきりと姿を現すまえに、そして危険な存在になるまえにそれを察知したいと思っているなら、顧客の不満に耳を傾けて、新たな市場ニーズや、より効果的にカスタマーバリューをもたらすテクノロジーやビジネスモデル（他業界の事例も含め）を注意深く観察する。バリューベイカンシーを見つけたいなら、満たすべき顧客のニーズとそれを満たす方法（バリューチェーンのどこをデジタル化するか）を見きわめ、他業界で成功しているビジネスモデルの事例を探す。こうしたことを鋭く察知する能力と、幅広い目的の実現を支援するテクノロジーがあれば、高度なハイパーアウェアネスを身につけられる。

ハイパーアウェアネスがあれば、不意打ちをくらいにくくなる。また、自分の弱点を察知し、それに応じてビジネスモデルやプロセスを適応させることもできるので、ディスラプトされにくくなる。ハイパーアウェアネスを持つ企業は、顧客が抱く不満もその理由も知っている。顧客が自社製品のどこを重視しているかがわかるので、そこだけに注力することもできる。また、業界の競争勢力図を把握しているので、既存のライバルたちの強みや弱みをつかんだり、新たに立ち上げた事業や買収がおよぼすインパクトを予見したりすることもできる。それだけではない。スタートアップ企業や他業界の既存企業など、これまでありえなかったどのライバルが自社の立ち位置を脅かす恐れがあるか、新技術が可能にしたビジネスモデルのうちどれを採用すればディスラプションを起こせるかを予見することもできる（ハイパーアウェアネスを高める方法は第６章で説明する）。

ネスレの実践——ソーシャルメディアで顧客の声をつかむ

デジタルメディアは、消費財メーカーのマーケティングやコミュニケーション戦略において急速に重要な要素となりつつある。世間一般の消費財メーカーは、ソーシャルメディアサイトなどのデジタル資産をきわめて体系的なアプローチで管理しているが、かつてはそうではなかった。

２０１０年、売上高で世界第１位の食品メーカーであるネスレは、ソーシャルメディア第一人者への道をまだ歩みはじめたばかりだった。当時のネスレは、自社のブランドごと市場ごとに複数のフェイスブックページとツイッターフィードを管理しており、各ページは本社からの必要最小限の監視のもと、個別に運営されていた。このとき、環境保護団体のグリーンピースがネスレのヤシ油調達方針を批判する動画を作成していたことに、ネスレは気づいていなかった。動画のなかでグリーンピースは、「ネスレがヤシ油（チョコレートに欠かせない成分）を大量に使っているせいで、インドネシアをはじめとする熱帯の森林が破壊され、オランウータンなどの野生動物のすみかがなくなっている」と主張した。これはキットカットのＣＭのパロディになっていて、登場人物のひとりがキットカットの包みをあけると、なかにはチョコレートバーではなくオランウータンの指が入っている。その人物がそれを食べると、あたりが血だらけになるという悪趣味な動画だ。

グリーンピースはこの動画をユーチューブやビメオ（Vimeo）など、さまざまな動画共有サイトにアップロードした。ネスレが気づいたときにはすでに拡散され、削除するには手遅れになっていた（削除する努力はしたが）。さらに悪いことに、動画が投稿された日の夜にはもう、動画を見た消費者たちがネスレの公式フェイスブックアカウントにネガティブなコメントを残すようになっていた。このときサイトは、ふたりのインターンが監視していた。彼らは自己判断で、そうしたコメントに対して敵意ある意見を返した。結果は言うまでもない。ネスレはこの件に対する不適切な対応とソーシャルメディア管理の杜撰《ずさん》さを厳しく批判された（注5）。結局、謝罪声明を出し、ヤシ油を取り巻く現状の改善にグリーンピースとともに取り組んでいくと約束した（注6）。

ネスレはこの経験から身をもって学び、同じ失態を繰り返さないよう、ソーシャルとデジタルへのかかわり方を抜本的に変えた。それから5年が経ったころ、ネスレはソーシャルメディア分野で大きな存在感を発揮するようになっていた。いま、フェイスブック上にはネスレブランドのファンが2億人以上おり、ネスレは毎日１５００以上のＳＮＳコンテンツを発信している（注7）。が、そこにいたるまでには、ハイパーアウェアネスに対する慎重かつ非常にイノベーティブなアプローチがあった。

２０１１年、ネスレはソーシャルメディアを高度に監視するために「デジタル加速チーム（ＤＡＴ）」を立ち上げ、8カ月の任期で世界じゅうから数十人の人材をＤＡＴセンターに集めた。最初のＤＡＴセンターはスイスのヴヴェイにある本社内に設置され、以来、各地に12のセンターが設立された（注8）。ヴヴェイのＤＡＴセンターは重役室のひとつ上のフロアにある。このことは、同社がいかにＤＡＴセンターを重視しているかの表れかもしれない。

アメリカ航空宇宙局（ＮＡＳＡ）の管制室を思わせるネスレ本社のＤＡＴセンターには、液晶モニターが幾列も連なっている。ネスレブランドに関するソーシャルメディア上での動きがリアルタイムで流れ、フェイスブックやリンクトイン、グーグルプラス、ツイッター、ピンタレスト、インスタグラム、ユーチューブといった主要なソーシャルメディア・プラットフォームが網羅されている（注9）。

センターに入ってくるデータはすべてデータ視覚化アプリケーションがコンテクスト化するので、チームメンバーは目をひく進展やトレンドを効率的に発見することができる。彼らは数百万の投稿にアクセスし、会話の量や感情レベル、コンテンツの評判などにもとづいてネット上に書かれたネスレブランドに関する感想や自社ブランドがライバル企業と比べてどう思われているかを追跡する。スイスのＤＡＴセンターでは「パルス」と呼ばれるツールも使われている。これはカスタマーサービスへの問い合わせデータを統合し、ソーシャルメディア以外の領域からも効果的に顧客の意見を集められるツールだ。

こうして多くのソースから集めた意見を統合することで、ＤＡＴセンター内の複数のチームが自社ブランドのデジタル的・社会的な取り組みがどう思われているかを総合的に把握する。が、ＤＡＴセンターができるのは意見聴取だけではない。通常とは異なる動きがあることを知らせるアラートが入ったときには、チームメンバーが消費者やコミュニティと直接やりとりする。たとえば、ソーシャルネットワークを通して消費者の質問に答えたり、アルゴリズムにもとづいて読者数が一番多くなりそうな時間帯にピンポイントで理想的な新コンテンツを投稿したりする。また、自動化されたアラートの通常とは異なるパターン（特定の話題に関する投稿が急激に増えるなど）を検出し（注10）、ブランドの危機に際してすばやく行動することもできる。消費者の感情がたった数分で急激に高まる（もしくはその逆の）状況では非常に重要だ。

このプログラムによって、世界じゅうのネスレの業務にハイパーアウェアネスの文化が広まった。ＤＡＴセンターから巣立っていった多くのメンバーが、各地域の市場でデジタルマーケティングを指揮している。ＤＡＴセンターのハイパーアウェアネスは会社にとてつもない付加価値を与えているが、ネスレはこの投資の第一の成果はリーダーシップ開発だと考えている。デジタル・ボルテックスのなかで今後も成功を収めていくには、ハイパーアウェアネスを業務の土台にしなければならないと理解しているのだ。

②情報にもとづく意思決定力

「情報にもとづく意思決定力」は、ある状況で可能なかぎりベストな意思決定をするための能力だ。情報にもとづく意思決定に秀でるには、データ解析能力を養い、人間の判断力を強化しなければならない。予測解析を使えば、過去の出来事から未来を予想することができる。データの視覚化は、意思決定者が複雑な情報を直感的に理解するのに役立つ。動画・テキスト解析は、ナレッジマネジメントのあり方を変え、正しい情報をより早く簡単に見つけられるようにする（注11）。加えて（アップルのSiriやアマゾンエコーのように）人工知能も「人格」を与えられるなど急速に進化し、企業の今後のデータアクセスのあり方を予言している。

情報にもとづく意思決定をおこなうには、「データ」を「洞察」に変えるテクノロジーが不可欠だ。正しい動きをするために必要な情報をすべて持っている企業でさえ、不幸にも往々にして失敗する。あるいは、情報を持たない上級エグゼクティブの意見にしぶしぶ従った意思決定が、ときに破滅的な結果を引き起こすこともある（注12）。イギリスの元首相ベンジャミン・ディズレーリの格言「嘘には3つの種類がある。嘘。悪意ある嘘。それから統計」のとおり、リーダーたる者はやみくもにデータをありがたがってはいけない。デジタル・ボルテックスの渦のなかでは競争勢力図がめまぐるしく変化し、昨日まで正しかったことが今日はもう正しくなくなっているかもしれない。成功を収めたスタートアップ企業100社以上を対象にした私たちの調査から得られた最も明白な教訓のひとつは、彼らが経営科学と反復学習を組み合わせることでディスラプションを起こしていることだった。意思決定において「過去の経験」や「直感」などというものはまったく重視していない。

よい意思決定ができるかどうかは、よいデータ解析ができるかどうか、社内外の専門家たちが必要な洞察にアクセスできるかどうかで決まるといっていいだろう。専門家たちには、その居場所や役割、役職を問わず、適切な段階で意思決定プロセスに関与させるべきだ。また、関係する全当事者が意思決定プロセスに参加できる機会をつくり、たとえ上級リーダーと意見を異にする場合でも反証や率直な提案をできるようにする。多様な視点は、情報にもとづく意思決定に役立つが、意思決定プロセスにおける必須事項の一要素に過ぎない。

顧客や提携業者、第三者である専門家たちの力を借りれば、組織内の知識を最大化できるだけでなく、新鮮な視点や議論を経たうえでの知恵も手に入る。社内人材だけでは不十分だったり、意思決定の裏づけが必要だったりしたとき、クラウドソーシングを頼って難問の答えを見つけたり、別の選択肢を探したりする企業が増えている。

情報にもとづく意思決定力を高めるには、自社の強みと弱みを批判的な目で眺めるべきだ。まずは、自分たちがディスラプションに対して脆弱かどうか、コストバリューやエクスペリエンスバリュー、プラットフォームバリューを強化して立ち位置を改善する方法があるかどうかを自らに問う。すでにディスラプトされているなら、真っ向から戦って勝ち目があるか、それとも別のバリューベイカンシーを探すべきかを、情報にもとづいて意思決定する。また、成功に不可欠なスキルと業務プロセスが備わっているかどうか、変化を起こすべきかどうかも判断する。

情報にもとづく意思決定力が役立つのは、大きな戦略的決定だけでない。そうした能力を身につけることで、業務に関する洞察を組織全体にまんべんなく行き渡らせたり、業務プロセスに意思決定支援ツールを組み込んだり、事業ルールに則って意思決定を自動化したりして日々何千という、よりよい決定ができるようになる。業務プロセスのデジタル化は、情報にもとづいた企業の生命線である（情報にもとづく意思決定力を高める方法は第7章で説明する）。

DHLの実践――デジタルで現場の意思決定の質を高める

ドイツポストDHLの事例を見れば、情報にもとづく意思決定を従業員ひとりひとりのレベルにまで浸透させる方法がわかるだろう。オフィスや工場、現場を問わず、あらゆる場所にいる従業員の業務プロセスとワークフローに「情報にもとづく意思決定」を直接組み込むことができれば、とてつもなく大きな価値を実現できるはずだ。

ＤＨＬは世界最大の宅配業者で、２２０以上の国に約50万人の従業員がおり、ＤＨＬブランドの名のもとでサプライチェーンや輸送、宅配など、さまざまなサービスを提供している（注13）。従業員のほとんどは倉庫や車両などの物流関係施設内で働いている。ＤＨＬのグローバルハブは3カ所あるが、そのうちのひとつだけで毎年４６００万個の国際貨物をさばいている（注14）。この規模の業務になると、個々の従業員は日常的に驚くほどたくさんの決定をあちこちでくださなければならない。

従業員たちが情報にもとづく意思決定の恩恵を直接受けられるよう、ＤＨＬは革新的な機能の試験をおこなっている。２０１５年、ＤＨＬはリコーやユビマックス（Ubimax、ウェアラブルコンピューター専門企業）と提携し、オランダの倉庫で「ビジョンピッキング」と呼ばれる技術を試すと発表した（ピッキングとは、倉庫にある在庫のなかから作業員が注文品を抜き出すこと）（注15）。

ＤＨＬは倉庫の作業員に「グーグルグラス」のようなヘッドマウントディスプレイ（ＨＭＤ）を3週間つけてもらった。これを使うと、倉庫内でのピッキングに関するタスク情報が拡張現実（ＡＲ）形式でディスプレイに表示される。作業員の視界には、ピッキングすべき荷物の数とそれが置いてある場所について正確で最適化された情報が浮かび上がる。この試験では、10人の作業者が2万個以上の商品（9000人分の顧客の注文）をピッキングした。

このソリューションのおかげで作業員は自ら情報を探すことなしにタスクを実行し、商品のピッキングで何千という小さな意思決定を個別にくだすことができた。最適なピッキングパターンを選定するためのデータと解析は事前に用意されており、それらをもとにした指示はわかりやすいものだった。

その結果、作業員は業務におけるより重要な意思決定やその他のさまざまな局面に集中できるようになり、ピッキングの生産性は25%向上した（注16）。

DHLがおこなった試験は、従業員のワークフローを解析して変革を起こした好例だ。解析の目的は、作業員をデータの専門家にするのではなく、彼らが得意とする仕事をよりうまく、より迅速にできるようにすることだった。試験の成功を受けてDHLは、このシステムをより広範に展開していくことを検討している。

③迅速な実行力

「迅速な実行力」は、プランを迅速かつ効果的に遂行する能力だ。文化的な惰性や優柔不断、縄張り争い、失敗の忌避、タスクに必要なリソースへの投資を渋るといった傾向が見られる大企業が、この能力を持っていることはめったにない。そのため、実行のスピードとクオリティについての問題は、いつもCEOの悩みの上位にランクインしている（注17）。

第1章で見たように、市場投入までのスピードや実験やリスクをいとわない姿勢において、スタートアップ企業は既存企業を凌駕している。こうしたスピードや姿勢は、ディスラプターがどこからともなく現れ、バリューベイカンシーがあっという間に攻撃されてしまうデジタル・ボルテックスで成功を収めるのに欠かせない要素だ。既存企業もスタートアップ企業の戦略を模倣すれば、複雑さを排し、実行スピードを高められる。大企業はイノベーティブな新製品や新サービスをつくっても、なかなかスピーディに市場投入できないものだが、たとえばGEの「ファストワークス（FastWorks）」プログラムは、コンセプトの発案から顧客がテストする「最低限の製品（ミニマム・ヴァイアブル・プロダクト）」のかたちにするまでの時間を短縮する。顧客からのフィードバックにもとづいてアイデアに磨きをかけたり、方向転換させたり、あるいは破棄したりしている（注18）。

この他にも、「オンデマンド」のリソースを使って意思決定から実行までのサイクルをなくしていることが、ディスラプターのすぐれた点として挙げられる。サードパーティのリソースを使えば、「必要に応じて増減可能な専門技能」を獲得してすばやくリソースを拡張したり、必要なければ減らしたりすることができる。この能力は迅速な実行力を象徴するものだ。既存企業も世のアプリケーションやクラウドサービスを使えば、リソースをより機動的に配分することができる。これは、特定のスキルセットを社内で賄えない場合や、そうしたスキルセットがプロジェクトの特定の段階で集中的に必要になる場合に役立つ。この「必要に応じて増減可能な専門技能」モデルを使えば、正規雇用や従来のアウトソーシングのような時間のかかる拡大プロセスを回避できる。たとえばエデン・マッカラム（Eden McCallum）はオンデマンドのコンサルティングサービスを提供しているが、それには高額な費用もかからなければ、大手専門サービス企業につきものの契約上の義務もともなわない。ライターやクリエイティブデザイナー、プログラマーを雇う代わりに、必要に応じてアップワークやグル（Guru）といったクラウドソーシングサイトを使えば、何千人ものフリーランスのなかから適任者を選べるし、ギットハブ（GitHub）の開発者用プラットフォームを使えばソフトウェアデザインを加速することもできる。以下で紹介するスターバックスの事例からもわかるように、必要な能力を供給し、かつ業務上の変更にも容易に対応できるエコシステムを備えることが重要なのだ。

人材は企業の実行スピードに大きな影響を与えるが、本書でいう迅速な実行力を身につけるには「ワークフローの自動化」も必要だ。人よりも機械のほうが迅速かつ正確に実行できることは多い（だからこそ工場では何十年もまえから自動化が進められている）。従業員と機械が緊密に連携しているアマゾンの発送センターは、「人間とロボットの共生（注19）」といわれている（迅速な実行力を高める方法は第8章で説明する）。

スターバックスの実践——すばやい新チャネルの立ち上げ

世界最大のコーヒー小売業者である（注20）スターバックスは、迅速な実行力のお手本だ。2014年、スターバックスは「行列待ちに対する不安」とでも呼ぶべきものが自社の売上を大きく抑制していることに気づいた。つまり、長い行列に並ばないと注文できない場合、忙しい客は購入を見送る傾向にある。これを受けて同社は「モバイルオーダー&ペイ（ＭＯＰ）」というプロジェクトを開始し、積極的に新しいエクスペリエンスバリュー（即時的な満足感と摩擦軽減のビジネスモデル）を導入した。ＭＯＰを使えば、消費者は好みの食べ物や飲み物（温度やカプチーノの泡の量、スターバックスならではのカスタマイズなど）をモバイルアプリから直接注文することができる。料金は支払口座から自動的に引き落とされ、行列に並ぶことなく注文した商品を店頭で受け取れる。このアプリは店舗内の解析機能やグーグルマップと統合されており、顧客は、近くの店舗の推定待ち時間を遠隔地から確認することもできる（注21）。また、ＭＯＰなら耳や口が不自由な顧客でも飲み物をカスタマイズして注文できる。

ＭＯＰのおかげで、スターバックスはデジタル関連初期投資のリターンを高めることができた。とりわけ、モバイル決済システムが好調だ。スターバックスによれば、３分の１以上の顧客がモバイル購入のためにこのアプリを使っており、全体の販売数の21％がアプリ経由だったという（注22）。アプリ経由の購入により収益も上がっている。衝動買いだけでなく合わせ買いも増えたからだ。スターバックスの最近の発表によれば、ＭＯＰは注文数とインクリメンタリティ（訳注、１回の注文金額の増分）を向上させた。さらにはクレジットカード会社に手数料を払わなくてよくなったため、収益性も改善されたという（注23）。

２０１４年12月にオレゴン州ポートランドでＭＯＰの試験運用を開始したあと、スターバックスは15年９月までに７４００店舗でこのアプリを使えるようにした（注24）。また、iPhone だけでなくアンドロイド端末にも対応させた。ＭＯＰをアメリカ全土で使えるようにすると発表した際、同社ＣＤＯ（最高デジタル責任者）のアダム・ブロットマンはこう語った。「ＭＯＰを提供するのは、利便性とカスタマイズというニーズに応えるためです。……ＭＯＰは、私たちが公開してきた技術アプリケーションのなかでも最速で公開されたものであり、当社のデジタルエコシステムの強さを表しています。また、顧客や店舗からの評判も上々で、小売の未来にも影響を与えるでしょう（注25）」。その翌月、スターバックスは、イギリスの１５０店舗とカナダの３００店舗でもＭＯＰサービスを開始した（注26）。

これほどの実行スピードを持つ既存企業がどれだけあるだろうか。また、これだけの範囲におよぶイノベーションをこれだけの速さで拡大させられる大企業がいったいどれだけあるだろうか。こうしたイノベーションにはＩＴだけでなく、トレーニングやスタッフの配置、マーケティング、店舗設計にも非常に大きな業務上の影響をおよぼす。スターバックスのＣＤＯであるブロットマンはこう述べている。「私たちはこのプロジェクトで、いうなればバーチャルなチャネルを店舗に埋め込んだのです。これまで、こんなにも部門間の枠を超えて協力してきたことはありませんでした（注27）」

連続する3つの力を統合する

以下に続く章を読めば、「察知する」「決定する」「実行する」というデジタルビジネス・アジリティの3つの能力には連続性があることがわかる。3つの能力を個別に眺め、それぞれを高めるための基本的なロジックやステップを理解することもできるが、これら3つがそれぞれ独立したものだと考えるのは早計だ。これら3つの能力は密接に依存し合う関係にある。ここでひとつ、私たちが調べた保険会社の例を引いてみよう。彼らがいかにしてこれら3つの能力を組み合わせて競争力に直結する成果をあげたか（この場合は、いかにして「顧客のサービス乗り換え」を防いだか）がわかるはずだ。

短期間でサービスを乗り換える顧客は、保険会社にとって大問題だ。デジタル・ディスラプションによってオンライン業務専門の保険会社や比較ツールが登場したことで、価格透明性がもたらされ（コストバリュー）、保険会社を鞍替えする際の摩擦が軽減されたことで（エクスペリエンスバリュー）、こうした問題はますます深刻なものとなった。アメリカでは、オンライン業務専門の保険会社であるガイコ（GEICO）とプログレッシブ（Progressive）が、自動車保険市場で5本の指に入っている（注28）。最近おこなわれたアクセンチュアの調査によると、10人中約4人の保険加入者が「今後1年以内に自動車保険や住宅保険を乗り換える可能性が高い」と回答した（注29）。おそらくもっと厄介なのは、3分の2の消費者が「グーグルやアマゾンなど、従来の保険会社ではない企業の保険を買ってもいい」と考えていることだ（注30）。顧客のサービス乗り換え率が最も高いのは自動車保険だが、家財保険や健康保険、生命保険もそれに劣らず高い。投資マネーは、保険業界を狙うディスラプターたちに流れ込んでいる（注31）。

この来るべき最悪の脅威の最中に顧客のサービス乗り換え率を減らせれば、保険会社の収益は大きくプラスになるはずだ。顧客がサービスにより満足してくれれば、乗り換えを防げるだけでなく、その会社の保険商品を友人にも勧めてくれるだろう。ベイン・アンド・カンパニーの調査によれば、保険ブランドを「宣伝」してくれる顧客は、悪口を広める顧客に比べて7倍の生涯価値があり、その付加価値のうちの4分の3は彼らの「高い定着率」に由来する（注32）。

保険業界はデジタル・ボルテックスの渦の目に吸い込まれつつある。では、既存の保険会社がデジタルビジネス・アジリティを使って競争力を保つにはどうすればよいだろうか。それを理解するために、150億ドル以上の年間保険料を稼ぐアメリカでトップクラスの保険会社のケースを考えてみよう。ここでは「アジャイル保険会社」と呼ぶことにする。同社の経営陣は私たちにこう語った。「（わが社の）自動車保険事業の顧客減少率は2008年には14%だったが、14年には28%と2倍になった。4分の1以上の顧客が保険契約を更新しなくなったため、顧客獲得コストが跳ね上がり、マージンは大きく減少している」。早急に顧客の乗り換え率を減らすため、アジャイル保険会社は堅実な一歩として、顧客離れ対応専門のコンタクトセンターを立ち上げた。保険契約に関するクレームや解約に関する相談の電話は同センターに転送され、センターでは、特殊な訓練を積んだオペレーターが契約を続けるよう顧客を説得する。

コンタクトセンターでの顧客維持率は16%だった。つまり、解約する意図を持って電話をかけてきた残りの84%の保険契約者は、実際にそのまま解約したことになる。同社は顧客維持率をあげることがいかに重要かを理解しており、それを達成するためのプログラムに乗り出した。

どこの保険会社でもそうだが、アジャイル保険会社も大量のデータを保有し、顧客についてたくさんのことを知っていた。たとえば、人口動態プロファイル（保険契約そのものからわかる）や個人歴（請求や保険金支払いなどからわかる）、通話履歴（確認電話やクレーム電話などからわかる）などだ。これだけでも相当に有益なデータだが、外部から集めたデータと組み合わせればもっと有効に使えるはずだ。そこで彼らは、車両登録データベースやフェイスブック、リンクトインといったソーシャルメディアの情報など、公のソースから入手できるデータを可能なかぎり集めた。そして、そのすべてを1カ所にまとめた。

アジャイル保険会社は、保険契約者に関する特定のデータに加えて、コンタクトセンター宛の電話やメールの記録を何百万件と保有しており、コンタクトセンターが介在して成功した（顧客を維持できた）場合と失敗した（顧客が解約した）場合の両方のデータにアクセスすることができた。高度な解析機能を使い、まずは自動車保険契約者に関するデータだけを調べ、顧客による乗り換え率を減らす手がかりを探した。

しばらくのあいだ、解析の成果はあがらなかった。顧客による乗り換えが起きる可能性について多くの仮説が導き出されたが、その多くは解析結果と相反していた。最初、彼らは、生活環境の変化（最近結婚した、あるいは離婚したとか、新車や家を買ったなど）が客離れに大きな影響を与えていると考えていた。確かにそこには見逃せない相関関係があるようだったが、事例数そのものは多くなかった。次に、契約期間の長さが大きな影響を与えていると推測したが、これもちがった。電話をかけてきたり苦情を言ってきたりした回数にもとづく顧客満足度も、客離れと大いに関係があったが、その事例数は思っていたよりもずっと少なかった。

アジャイル保険会社は、ここであきらめず、もっと多くのデータソースから、より幅広い洞察を集めようとした。そして、このときに追加されたソースのひとつが、最終的に彼らの求めていた答えを与えてくれた。そのソースとは、保険契約者のデータではなく、まったく別のものだった。これまでもアクセスしようと思えばいつでもできたが、そんなところに答えがあるとは夢にも思っていなかったのだ。それは、コンタクトセンターのデータベースそのものだった。電話をかけてきた顧客に対して特定のオペレーターが対応した場合、顧客維持率が劇的に上昇することがわかったのだ。特定の顧客と特定のオペレーターとのつながりが、よりよい結果につながっているらしい。オペレーターのなかには、もともと他のオペレーターより顧客をつなぎとめるのがうまい者もいたが、解析の結果から、それ以上の何かが関係しているように思われた。保険契約者の特定の性質が、オペレーターの特定の性質と組み合わさると、他の要因がどうあれ、より好ましい結果になるようだった。

答えは、非常に人間的なもの、すなわち相性だった。特定の顧客からの電話に特定のオペレーターが対応すると、良好な結果が得られる可能性が高まる。どんな顧客に対してどんなオペレーターが対応するのがよいかは統計的に予想できた。たとえば、幼い子供がいる30代の女性が電話をかけてきた場合、同じように30代で子持ちのオペレーターが対応すれば、顧客維持率が目に見えて向上する。

これは、目から鱗が落ちる発見だった。世界じゅうのほとんどのコンタクトセンターと同様、アジャイル保険会社は「最初に手が空いたオペレーターが対応する」というルールを採用していた。つながるのを待っている人から順番に手の空いたオペレーターにまわすのだ。なぜこうしたルールが採用されるのかは言うまでもない。コンタクトセンターに電話をかけてくる顧客はあまり待たされたくないと思っている。待たされる時間が長いほどストレスが溜まり、電話がつながるまえに切ってしまう可能性が高くなる。これは直感的に理解できるはずだ。この「最初に手が空いたオペレーターが対応する」というルールは、ある重要な暗黙の推定、すなわち「どのオペレーターが応対しても同じであり、オペレーターは代替可能だ」ということを前提としていた。

解析結果は、この暗黙の推定に疑問を投げかけるものだった。オペレーターの性質を正しいやり方で架電者の性質に合わせることがきわめて重要らしい。これまでどおりのルールを続けるか、それとも、架電者を相性のよいオペレーターにつなぐ新しいシステムに移行するか、彼らは選択を迫られた。新しいシステムに移行するのが正しい判断に決まっていると思うかもしれないが、同社にはそうした前例がなく、実際にそれをしている同業者も少なかった。「最初に手の空いたオペレーターが対応する」というルールは、コンタクトセンターの業務手順にも深く浸透している。何年もかけて、何千回もの試行錯誤の末に確立されたルールだ。アジャイル保険会社は何十年もそのルールを使っていた。それは、まっとうに機能していただけでなく、センターの従業員やマネジャー、エグゼグティブ、ベンダーをはじめとする利害関係者がよく理解し、信用しているものだった。何よりも、ほとんどのコンタクトセンターが使っているソフトウェアシステムにこのルールが組み込まれていたため、新しいシステムに変更するのは容易ではなかった。

アジャイル保険会社は、一連のライブ実験をおこない、「架電者とオペレーターの相性」仮説を試した。そうした実験により仮説が正しいことが証明された。同社が「架電者とオペレーターの相性」ルールをすべてのコンタクトセンターに導入すると、それまで16％だった顧客維持率は、その2倍の32％になった。より長い時間待たされる架電者が増えることにはなったが、このデメリットは改善された結果で相殺できると判断された。それに、顧客が待たされてもなお電話をかけてくるのは、すぐれたエクスペリエンスバリューがそこにあるからだ。顧客維持率が上昇するのは、顧客が受けるサービスがパーソナライズされているからである。彼らは自分の懸念やストレスを、相性のいいオペレーターや話しやすいオペレーター、もっと親身になってくれるオペレーターと共有することで安心することができる。このケースでは、デジタルビジネス・アジリティによって、エクスペリエンスバリューを向上させるチャンスが眠っていたことが明らかになった。これこそデジタルビジネス・アジリティの生きた実例といえるだろう。

まず、アジャイル保険会社は、顧客によるサービス乗り換えについて、もっと広い視野を持たなければならないことを理解した。既存のデータでは不十分だったため、関連する情報を求めてほかのソースを探した。これはハイパーアウェアネスだ。彼らは洞察を得るため、従来のソース以外のものにも目を向けた。公開されているデータベースを調べ、社内をもっとよく観察した。

ハイパーアウェアネスは、顧客やライバル企業といった外部環境の変化を察知するだけの能力ではない。第6章で見るように、従業員の性質や意見、アイデアといった「社内環境」に対する繊細な理解も含まれている。

ハイパーアウェアネスで手に入れた情報は、転換期にあったアジャイル保険会社にとって非常に重要なものだった。しかし、ハイパーアウェアネスだけでは問題は解決できなかったはずだ。アジャイル保険会社は新しいデータを効果的に解析し、その解析から得られた結果をもとに意思決定をした。適切な相関関係を見つけ、そこから有益な洞察を導き出した。が、架電者とオペレーターの相性に関する重要な洞察を見つけただけでは駄目だったはずだ。そこから、さらに経験豊富なマネジャーたちを説得し、コンタクトセンターの運営方法、すなわち実行プロセスを変える必要があった。

ディスラプターは敵であり味方でもある

新しいかたちの競争においてデジタルビジネス・アジリティは、企業の土台になるものだ。この競争のなかでは適応能力がなければ生き残れない。デジタル・ディスラプションはデジタル・ボルテックスの渦中にある多くの業界にとって新常識となっており、近い将来、渦に巻き込まれる業界はさらに増えていく。が、それを理解しているだけでは不十分だ。企業は「ハイパーアウェアネス（察知力）」「情報にもとづく意思決定力」「迅速な実行力」を積極的に高め、効果的に利用する必要がある。次の3つの章では、各能力をくわしく論じ、それらを身につけるためのデジタル技術とプロセスを紹介する。

市場を転覆させようとしているデジタル・ディスラプターと張り合い、彼らあるいは従来のライバルにあっという間に目をつけられてしまうバリューベイカンシーを奪い取るには、揺るぎないデジタルビジネス・アジリティを身につけなければならない。デジタルビジネス・アジリティなしには、ディスラプターのビジネスモデルを模倣することも、バリューバンパイアと戦ったりバリューベイカンシーを占領したりするための戦略を成功に導くこともままならない。こうした戦略には、ある程度のアジリティと一貫した実行力が求められる。それは、これまで少数のイノベーターしか身につけられなかった能力だ。

自社と競合しないデジタル・ディスラプターのイノベーティブな製品やサービスを使えば、察知する能力を高め、よりよい決定をくだし、より迅速に実行できるようになる。

デジタル・ディスラプターは、人的資源やセールス、マーケティング、ITといったビジネス領域にも積極的に参入しようとしている。解析やAI、インターネット接続機器を提供する新興企業は爆発的に急増し、既存企業がそうしたサービスを使ってデータを収集・解析し、その結果を自社事業に組み込むことは容易になりつつある。そうしたディスラプターたちの出現は、競合する市場の企業（ビジネスプロセスやITの受託企業、コンサルティング企業など）にとっては悪いニュースだが、それ以外の企業にとっては朗報だ。彼らはデジタルビジネス・アジリティの獲得をあと押ししてくれる。デジタル・ボルテックスの渦のなかでは、あなたの事業を攻撃し、顧客を奪うディスラプターは不倶戴天の敵だが、そうした敵を倒すために必要なデジタルビジネス・アジリティの獲得を助けてくれるディスラプターは頼りになる味方だ。

第6章 これまで手に入らなかった情報を集める——ハイパーアウェアネス

Hyperawareness

行動と状況をいち早く察知する

ハイパーアウェアネスは、会社の業務全体（従業員や顧客のあいだ、あるいはもっと広い環境で何が起きているのか）を察知し、組織に影響を与えそうな状況やパターンを把握する能力だ。ハイパーアウェアネスを高めることは、デジタルビジネス・アジリティ獲得の最初の一歩になる。ハイパーアウェアネスによって得られた情報は、意思決定をおこない、望む成果をあげるためにも不可欠だ。ハイパーアウェアネスによって大量かつ良質な情報を集められなければ、正しい意思決定はできず、その後の実行の価値は減じてしまう。ここで失敗すれば、失われるのはチャンスだけではない。目がくらむスピードで回転しているデジタル・ボルテックスのなかで不十分な情報にもとづいて見当ちがいの方向に足を踏み出してしまうと、貴重な時間を無駄にし、ディスラプターにバリューベイカンシーを奪われ、重要なプロフィットプールを略奪されてしまうかもしれない。

図 15　ハイパーアウェアネス

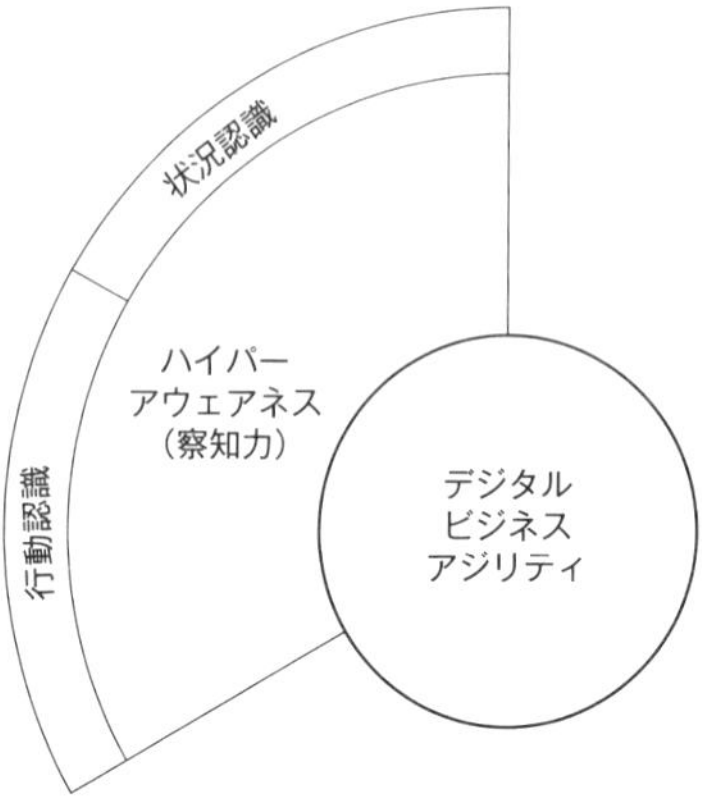

Source: Global Center for Digital Business Transformation, 2015

この章では、テクノロジーや実際の働き方、プロセスのイノベーションを適切に組み合わせてハイパーアウェアネスを高める方法を考える。なかでも、成功に不可欠な「行動認識」と「状況認識」という2種類のハイパーアウェアネスを高める方法に重点を置く（図15）。

調査方法：デジタルビジネス・アジリティについて述べるにあたって
カネの動きをたどり、エキスパートに訊く

デジタルビジネス・アジリティを獲得するために最も重要なものは何か。それを特定するためにDBTセンターは100社以上の破壊的なスタートアップ企業のビジネスモデルを調査した。世界有数のイノベーティブなベンチャー企業の創業者やCEOらに綿密なインタビューをおこない、彼らが自分たちの価値提案をどうとらえているか、デジタル化が、「ハイパーアウェアネス」や「情報にもとづく意思決定力」「迅速な実行力」をどう加速していくと考えているかについて話を聞いた。一方、大手グローバル企業の上級エグゼクティブや業務リーダーからも聞き取りをおこなった。幅広い業界（小売や製造、金融サービスなど）と地域（北米や南米、ヨーロッパ、アジア）の企業が対象だ。こちらのインタビューの目的は、既存企業のデジタル化の原動力となっているものや、デジタル化にあたっての課題、会社が得ようとしている恩恵、デジタルビジネス・アジリティを獲得するうえで（とりわけ大企業が）学んだ教訓を理解することだ。

Ⅰ　行動認識

データ収集と解析に使えるツールが進化した昨今、ハイパーアウェアネスについて語る際に従業員の話からはじめるのは妙に思うかもしれない。が、テクノロジーが絶対的な支配者になったかに思えるこの時代にあっても、会社の最も重要な資産はやはり人材だ。彼らは、顧客と業務の両方に関する主要な情報源でもある。適切なチャネルができれば、職場の集合知やスキルが次なる数十億ドル規模の市場を生み出すかもしれない。結局のところ、ディスラプティブなビジネスモデルを支えているのは、イノベーションを生み出し、協働し、大胆にチャンスをつかもうとしている人間なのだ（注1）。

人間の価値は職場内に限定されるわけではない。究極的には、新しいベンチャーが成功するかどうかを決めているのは顧客という人間であり、どのベンチャーが市場を支配し、どのベンチャーが消えていくかを決めているのも顧客だ。この真理はB2Cの企業にもB2Bの企業にも、どちらにも当てはまる。そのため、顧客そのものについて、あるいは顧客のニーズの高まりや好みについて敏感に察知する必要がある。

従業員や顧客の行動（どう業務を遂行しているか、どんな購買行動をとっているか）や考え方、重視しているものを深く理解することが、デジタルビジネス・アジリティ獲得に不可欠な第一歩になる。私たちはこれを「行動認識」と呼んでいる。

従業員という「センサー」から情報を得る

ハイパーアウェアネスの核は、重要な情報を集めることだ。ワークフォース（訳注、企業の労働力全般のこと、働いている人たち）の実態を知るには、従業員を通して情報を得るのが一番だ。従業員は、顧客や提携業者と最も近い場所にいる。エグゼクティブがくだした決定を実行しているのは彼らだ。彼らは顧客が何を好み、何に不満を抱いているかも知っている。戦略がうまく機能していなければ、そのことについても気づいているだろうし、重要なタスクを任せれば、熱意とやる気で応えてくれる。だから企業は従業員について、しっかり理解しなければならない。つまり、「従業員は何をしているのか」「なぜそうしているのか」「彼らが提供する時間やエネルギー、知識は、目標に向かって会社を推進させているか」「彼らはやりがいを感じているか」といった質問に答えられるようになる必要がある。

従業員を通して、従業員についてのハイパーアウェアネスを身につければ、多種多様な深い洞察を手に入れることができる。実際、経営陣と従業員の関係は変化しつつある。人材を引き留め、生産性とイノベーションを最適化するには、マネジャーはこれまで以上に従業員を理解しなければならない。そのうえで、可能であれば就労体験をカスタマイズして個々の才能を効果的に活用する。ワークフォースに対するハイパーアウェアネスを身につけることができれば、従業員の洞察やすぐれたアイデア、意義ある批判を収集して「従業員が何を知っているのか」「いつそれを知ったのか」を把握することができる。さらにはもっと大事なこと、「彼らがいつ何をしているか」「なぜそうしているか」もわかるようになる。従業員とは、いわば会社が給料を払っている数千の「人間センサー」なのだ。それに気づいていなかったり、あるいはあえてそれを無視したりしている企業は、情報にもとづく意思決定も、迅速で効果的な実行もできないだろう。ワークフォースに関するハイパーアウェアネスには、ふたつの大きな要素がある。

インサイトキャプチャー 社内外の環境についてワークフォースから情報を集めることを私たちは「インサイトキャプチャー（洞察の獲得）」と呼んでいる。顧客が何を重視しているかといった洞察を最前線にいる店員や営業担当者から集めたり、新製品のためのアイデアをエンジニアから募ったり、企業戦略やエグゼクティブの意思決定の善し悪しや効果を日々実感している従業員に聞いたりすることが、これに含まれる。何千人（場合によっては何万人）という従業員や請負作業員で構成されるワークフォースから効果的に情報を集めるには、テクノロジーをうまく組み合わせて従業員に「声」を与えなければならない。そのためには、エグゼクティブの意思決定と実行に対する従業員の意見を統合する業務プロセスが必要となる。

ワークパターン認識　従業員が各自のチャレンジを確実かつ効率的に達成できるよう手助けしつつ、彼らの目標と活動をより可視化する。センサーや業務用アプリケーション、協働ツールなどのデジタルソースからデータを収集・解析し、従業員の業務遂行パターンを理解する。私たちはこのアプローチを「ワークパターン認識」と呼んでいる。ワークパターンを可視化できれば、どの業務プロセスがポジティブな結果を生んでいるかがわかるため、組織の隅々まで目が届くようにしておく必要がある。

ここに記したふたつのデジタル的アプローチ「インサイトキャプチャー」と「ワークパターン認識」をおこなえば、新しい情報源を構築し、よりよい意思決定ができる。

声を集める――インサイトキャプチャー

ワークフォースに対するハイパーアウェアネスを獲得するにあたり、課題は山ほどある。ほとんどの企業では、上級リーダーからワークフォースへの一方通行のコミュニケーションが常態化しているからだ。従業員や最前線のスタッフ、個々の参画者、中間管理職の声を拾うつもりがあっても、効果的でリアルタイムのコミュニケーションチャネルが、なかでもとりわけ日常的なワークフローに組み込まれたチャネルが欠けていたりする。結果的に、成長機会や問題解決の糸口を見つけるための早期発見メカニズムがあっても、それを十分に活用できていないことになる。そして、こうした自発的につくられた盲点のせいで、ハイパーアウェアネスを備えたライバル企業に新たなディスラプションを起こされてしまう。

とはいえ、「率直に評価してほしい」「たとえ悪いニュースであっても教えてほしい」と従業員に頼んだところで、それを実行してもらうのは難しい。ボトムアップ型のコミュニケーションをおこなう際、従業員はこう考えるだろう。「上司はきっと、自分の決定の正しさを補強できる情報以外は耳に入れたくないにちがいない」と。報復を恐れ、同僚や上司、幹部に対する率直なフィードバックをためらう従業員も多い。こうして、リアルなストーリーをリアルタイムで入手するのとはほど遠いものとなる。ほとんどの企業が、ワークフォースから大した情報を集められていない。たとえ経営トップの幾人かがすばらしい意図を持っていたとしても、彼らが受け取るフィードバックは、「率直さはキャリアを台なしにする」という思い込みによって歪められている。従業員フィードバックに特化したスタートアップ企業、メモ（Memo）のCEOであるライアン・ジャンセンは、私たちにこう語った。「そうなってしまうのは、ワークフォースが会社に敵対しているからでも、悪いマネジャーがいるからでもありません。自己保存本能はきわめて強い本能です。だから、あなたの耳に入るのは、あなたが聞きたい情報だけなのです。部下は上司に色よい報告をし、それを受けた上司は、そのまた上司にさらに色よい報告をします。それが3、4回繰り返されたら、最後に残るのは、自分がつくった鏡を眺めて悦に入っているマネジャーだけです」

一方で、従業員に声を与え、さまざまなテクノロジーを駆使して貴重な洞察を集めることに長けた企業もある。そうしたテクノロジーの数々は、デジタル・ディスラプターからもたらされたものだ。たとえばドロップソート（DropThought）とグリント（Glint）というディスラプターは、何千人という従業員からの書面によるフィードバックやコメントをテキスト解析と自然言語処理（ＮＬＰ）で解析するサービスを提供しており、この分野の先駆者になっている。彼らのサービスを使えば、企業は従業員の心情を理解し、一番重要なテーマが何かをすぐに特定することができる。スピーチ解析も、インサイトキャプチャーのための画期的なテクノロジーである。会話や発言を収集してトピックの一般的な傾向を割り出せるため、人手を要する収集作業や報告作業をなくすことができる。スピーチ解析企業のスピートラ（Speetra）は、書き込みではなく口頭でフィードバックを伝えられるモバイルアプリを提供している。従業員は、ものの５～10秒のうちに会社の方針や業務、顧客ニーズ、戦略について自分の考えを表明できる（注２）。メモ社のライアン・ジャンセンは、企業文化の形成には従業員に声を与えることが重要だと強調する。

「誰もが自分の会社を好きになりたいと思っています。が、そのことをうまく理解できていないリーダーもいます。そんなことはありえないと思っているのです。しかし、人は本質的に善良で、声を与えられないことにストレスを感じているだけなのです」

おそらく最も重要なのは、「こうしたツールを使ってデータ収集と解析を自動化すれば、第一線の従業員からの情報を集められる」ということだ（第一線の従業員は顧客と最も緊密な関係を築き、最も頻繁に接触しているが、そうして得た洞察を共有する機会が最も少ない）。データを視覚化する技術があれば、彼らの個々の洞察からなんらかの傾向を導き出し、解釈しやすくなる。

データと解析を利用して、ジャーナリストが書いたような簡潔なレポートを書いてくれる解析サービスも多々ある。自動化と解析を活用すれば、従業員の声を、誰も読まない投書ではなくリアルタイムの認識エンジンにすることができる。

デジタル・ボルテックスの渦のなかでは、従業員の声を拾うことがますます重要になっていくだろう。バリューベイカンシーを迅速かつ頻繁に見つけなければならないからだ。DBTセンターの調査によれば、スタートアップ企業に比べて、大きな階層組織を持つ既存企業は、従業員の起業家的潜在能力を引き出すのに苦労する傾向にある。顧客が重視しているものや、より効果的なプロセスについて、最も価値のある洞察を持っているのは第一線のスタッフや個々の参画者、準社員であることが多いのに、その声を無視してしまうからだ。従業員フィードバックサービスを提供しているスタートアップ企業、ワグル（Waggl）の共同創立者兼CEOであるマイケル・パパイはこう語る。「リーダーはすべての答えを持っていなければならない、という誤解が蔓延しています。正しい答えをすべて持っているなんてありえないことです。この変化のスピードと、必要とされる専門知識の精度を思えば、現実的なことではありません。コミュニケーションが成功のカギです。従業員や同僚と頻繁に真心を持って透明性のあるコミュニケーションをとれば、それまでは得られなかった視点や知識がもたらされるでしょう」

積極的に耳を傾ける

すぐれた「インサイトキャプチャー」の例として、インディテックス（Inditex）傘下のファッション小売業者、ザラ（Zara）が挙げられる。同社の店員や店長は、ザラの「ファストファッション・ビジネスモデル」にとって不可欠の存在だ。ファストファッションというのは、移り変わりの激しいファッションのトレンドを察知し、流行が過ぎ去ってしまうまえにトレンドを取り入れた衣服を提供するビジネスモデルのことだが、ザラの店員や店長は「顧客が何を好み、何を嫌い、どんな商品があれば購入するか」というフィードバックを顧客から引き出せるようにトレーニングを受けている。それだけでなく、「何が売れていて、何が売れないか」についての自分の考えも会社に伝える。こうした洞察は世界各地の店舗から集められ、本社のプロダクトデザイナーによってレビューされる。生産すべき商品の移り変わりが非常に早いため、ザラは垂直統合型の構造を採っている。製造とサプライチェーンの拠点はヨーロッパ内にあり、製品はわずか10日以内で各店舗に届けられる（注3）。

ザラにとって重要なのは、「このビジネスモデルだと商品の生産数がかぎられ、在庫があっという間に売り切れてしまう」ということだ。そのため顧客は、好みの商品を購入するために頻繁に店舗を訪れる。また、従業員の洞察の質と鮮度のおかげで、ザラはどの商品が売れるかをかなり正確に把握している。ライバル企業の10倍近い種類の製品を毎年製造しているにもかかわらず、ザラの製品が失敗に終わったケースは1％未満しかない（ライバル企業では10％）（注4）。店員も店長も、顧客から聞いた話をそのまま垂れ流して報告しているわけではない。ザラはファッション・トレンドに関する知識やプロとしての経験、正しい質問をする能力をうまく活用している。世間一般の小売業者が、第一線の業務をできるだけ「単純化」し、従業員に求める素質を少なくしようとしているのに対し、ザラは、従業員に「会社の目となり耳となる」ことを期待し、そうしたスキルに他社よりも高い給料を支払っている。

従業員に意義のある声を与え、彼らのクリエイティビティにはけ口を与えるため、イノベーションコンテストやハッカソン（デザイナーやプログラマーなどが集中的に共同作業をする集まり）を開催している企業もある。これには、イノベーティブな企業の特質でもある「部門を超えたチームづくり」を奨励する狙いもある。

シスコでも、定期的にクラウドソーシングのイノベーションコンテストが開催され、全世界7万人以上の従業員を巻き込んでいる。2014年、シスコはＩｏＴに関連した将来性の高いバリューベイカンシーを特定すべく、全社を挙げてイノベーションチャレンジを開催した。シスコの従業員であれば誰でも参加できるこのコンテストでは、1週間と経たないうちに個人やチームから数百件の応募があった。そのうちの多くが地理的な境界線や業務部門をまたいだチームからの応募だった。結局、6組が準決勝に進出し、ずらりと並んだシスコのエグゼクティブらとこのテーマの専門家たちのまえで、それぞれのアイデアがプレゼンされた。そのうちの3つのアイデアが選ばれ、シスコのサービス開発のパイプラインに組み込まれた。応募された多くのアイデアから、ＩｏＴを使ってプロセスを改善していけば業務効率を向上させたり、部門間の断絶をなくしたりできることがわかった。デザインやビジネスモデル提案のアプローチを大きく変革するアイデアもあった。こうした初期のイノベーションチャレンジが成功を収めたため、このコンテストは、いまではもっと頻繁に開催されるようになった。いくつものチームが新しいビジネスモデルを開発し、「事業資金」をめぐって競い合っている。勝者は社内資金とエグゼクティブのスポンサーシップを獲得し、高速プロトタイピングによってアイデアを形にする。目標は、シスコの新サービスを開発することだ。

このやり方を採用する場合、マネジャーや最高幹部クラスがしっかり支援しつつ、正しい内部プロセスでコンテストを適切に管理して、従業員がイノベーションチャレンジに十分な時間を割けるよう配慮する必要がある。それができればどんな企業でも、リスクを嫌悪する部署や非協力的な人物による「握りつぶし」を避け、組織内のヒエラルキーを超越して、最高のアイデアを手に入れられるだろう。

壁をぶち壊す

企業のハイパーアウェアネスを改善するには、多様性のあるワークフォースの構築も有効だ。地域や学歴、宗教、性、倫理、人種、世代などの面でさまざまなバックグラウンドを持つ従業員がいれば、独自の、かつ相互補完的な方法でトレンドを解釈して問題を解決できるようになる。顧客基盤も多様性を増しつつあるため、顧客視点で物事を見る際にも役立つだろう。多様性については、情報にもとづく意思決定力を論じる際にさらにくわしく考える。

企業にとっては、すべてのアイデアやフィードバックが歓迎すべきものとはかぎらない。従業員が会社の戦略的な方向性から些細な方針や手続きにいたるまで、さまざまな事柄について強い意見を持っていても、それが経営陣に伝わらないというのはよくある話だ。しかし、従業員とエグゼクティブとのあいだに意見の相違や、ときに厳しい批判があったとしても、新しいアイデアが時代遅れの考え方や長らく守られてきた嘘っぱちに建設的な風穴をあけてくれるなら、健全になりうる。いってみれば「太陽は最高の消毒薬」だ。企業は、上級エグゼクティブとそれ以外の人々が、あるいは中間管理職とその直属の部下たちが断絶状態になっていないかどうか、きちんと察知していなければならない。まだ改革が可能なうちに、従業員から率直な評価を受ける必要がある。デジタル・ディスラプターや投資家、規制機関が先に弱点を発見してしまえば、もっとひどい結果が待っている。

匿名のフィードバックシステムをつくる

従業員が地理的に分断されている大企業や、閉鎖的な文化が続いてきた組織、リストラや派閥抗争のせいで従業員の信頼を失ってしまった組織にとって、従業員が率直な意見を言える文化をつくるのは難しいことだ。そうした状況で報復を恐れず、率直かつ円滑な社内コミュニケーションができるようにするには、「匿名のフィードバックシステム（注5）」が役立つかもしれない。これは、従業員が上級エグゼクティブやマネジャー、同僚、会社全体に対して自分の考えや建設的な批判を送ることができるオンラインのフィードバックツールだ（しかも安全に）。アイデアや懸念を喧伝できるメガホンを従業員に与えることに腰が引ける企業も多いかもしれないが、敵意を最小化しつつ率直なフィードバックを引き出し、ポジティブな影響を最大化する方法はたくさんある。

最新の匿名フィードバックシステムは使い勝手がよく、「ゲーミフィケーション」を用いて楽しみながらフィードバックできるものもある。たとえば、高度に自動化された匿名フィードバックプラットフォームのオフィスバイブ（Officevibe）を使えば、従業員に対して週ごとに聞き取り調査を実施して彼らの満足度を判断することができる。オフィスバイブにある「顔当てゲーム」は、従業員が同僚の顔と名前を思い出せるようにデザインされている。「絶賛ゲーム」は、同僚へのフィードバックをポジティブで楽しい体験にしてくれる。鋭い批判を受けた相手は保身に走りがちだが、こうした機能によって和らげることで率直なフィードバックができるようになる。オフィスバイブによれば、同社が提供するシステムによるアンケート調査の回答率は業界平均の3倍以上だという（注6）。

匿名のフィードバックシステムのなかには、個々の従業員がフィードバックを送信するだけでなく、同僚が送信したフィードバックに対して匿名で賛成票や反対票を投じられるものもある。こうしたシステムを使えば、ワークフォースから集められた相対的な意見を透明性のある効果的な方法で利用することができる（あるアイデアや批判が、他の人たちの支持を得ているかどうかを判断することができる）。創業当初から、グーグルはオープンなコミュニケーションの文化をつくることが重要だと考えていた。同社従業員のタリバー・ヒースは、クリエイティブ思考のための「20％の時間（注7）」を使って「ドリー（注8）」と呼ばれるオンラインプラットフォームを構築した。これは、個々の従業員がミーティング時に匿名で質問できるプラットフォームだ。他の従業員はそうした質問に対して票を入れ、最も多いレスポンスを受けた質問がリアルタイムでリスト最上部に表示される。ドリーはすぐにグーグルの週次会議に採用され、司会者は従業員たちが一番疑問に思っていることをその都度特定して、それに対処できるようになった。匿名のフィードバックツールがあれば、(率直さの文化を実現する際の大きな障壁である)大勢のまえで繊細なトピックについて話すことに対する恐怖も解消することができる。こうした障壁は、どの企業にも見られるものであり、私たちが800以上の企業に対して最近おこなった調査でも裏づけられている。会議中に自分の意見をおおっぴらに口にしても平気だと感じている従業員は、たった33%しかいなかった(注9)。

匿名のフィードバックシステムで正反対の視点がもたらされたり、企業のおこないに対する不満が表出したりすることもある。そうした情報は会社や株主にとって有益だが、従業員はそうした情報を提供するのはきまりが悪いと思っているか、内部告発者として特定されることを恐れている(そうなれば、キャリアが停滞するどころか、もっとひどいことになるからだ)。しかし、自分の素性が特定されないとわかっていれば、失敗まちがいなしの製品を会社が立ち上げようとしていたり、敗北が目に見えている訴訟に大金を注ぎ込もうとしていたり、あるいは人命が失われたりするかもしれないとき、それを避けるために自分にできることをしようという気になってくれるはずだ。マサチューセッツ工科大学のエドガー・シャインによれば、「飛行機の墜落事故や化学業界の事故。確率は低いが、ひとたび発生すれば深刻な原子力発電所での事故。NASA

のチャレンジャー号やコロンビア号の事故。ブリティッシュペトロリアムの湾岸汚染事故。これらに共通するのは、事故を防いだり被害を軽くしたりすることができる情報を下位の従業員が持っていたにもかかわらず、それが上層部に伝えられなかった、あるいは無視されたり揉み消されたりしたということだ（注10）」。匿名のフィードバックシステムには、こうした壊滅的な損失を防ぐ力がある。

働き方を測定する――ワークパターン認識

ハイパーアウェアネスによって明らかになるのは、「従業員が何を知っているか」だけではない。「彼らが何をしているか」も明らかになる。企業全体にとって重要な目標を達成するために個々の従業員の協力を得ようと思ったら、変化を起こさなければならない。が、そうした変化は、従業員が「どのようにして」「誰と」「どんなツールを使って」「何をつくり出しているか」を知らなければ生まれない。知識労働（注11）が増えたことで、労働者は昔よりもはるかに複雑な仕事をしているという理解が広まっている。直接観察して測定できる肉体労働とちがい、知識労働とその成果は得てして実体がない。そのため、従業員がどのように仕事をしているのかは、ほとんど、あるいはまったくわからなくなってしまった。多くの企業にとって「労働」は、ブラックボックス的な活動になってしまったのだ。そのため、従業員により効率的に働いてもらう、組織のためによりよい結果を出してもらうためにはどうすればいいかを突き止めるのが難しくなっている。経営コンサルタントであり教育者で著作家のピーター・ドラッカーは、知識労働を「グロテスクなほど非生産的（注12）」と言った。

しかし、いまではIoTや解析、協働プラットフォームといったいくつものデジタル技術の革新が起きており、「ワークパターン認識」を用いれば知識労働に新たな光明を投じることができる。ワークパターン認識とは、センサーや業務用アプリケーション、協働ツールなどのデジタルソースから得たデータを解析して、従業員たちがお互いにコミュニケーションを図りながら協働する方法や、彼らの物理的な動き、特定のタスクの実行方法などについて全体像を把握することだ。従業員の仕事の進め方を改善するための方法を検討するには、まず、そのパターンを認識し、理解する必要がある。

シスコの試算によると、2020年までに500億個のモノがインターネットに接続される（注13）。これだけの数のインターネット接続機器があれば、以前には想像できなかった方法でデータを収集できるようになる。こうしたデータを従業員の「スマートバッジ」などから収集して解析すれば、彼らがどのようにして協力し合い、業務を遂行しているかを把握することができる。

ヒューマナイズ（Humanyze）は、従業員にスマートバッジを支給している。トランプひと束ほどの大きさのバッジには、ブルートゥースセンサーや加速度計、赤外線走査装置、ふたつのマイクロフォンという4種類のセンサーが内蔵されている。このバッジが40種類、4ギガバイト分の情報を毎日収集することで、企業は従業員の業務の進め方やコミュニケーションのとり方をくわしく知ることができる。たとえば、ふたりの人間が会話をしていたらセンサーが感知する。会話の長さや会話が遮られるパターン、口調などを記録するほか、会話にまえのめりになるなどの体の動き（この場合は、会話に身が入っているサイン）も追跡される。

バッジのデータは、協働システムやパフォーマンスデータの情報源として集約することができる。データは解析され、報告ダッシュボードを経由して経営管理者と従業員の双方に送信される。ワークパターン認識に対するこの革新的なアプローチからは、いくつかの興味深く有益な結果が得られている。バンク・オブ・アメリカはこのバッジを使い、コールセンターの従業員の生産性と社交活動の関係性を理解しようとした。チームのスケジュールの組み方を変えたところ（ついでにランチ休憩のタイミングを調整して同僚とのコミュニケーションを奨励したところ）、生産性が10％向上し、スタッフの離職率は70％低下したという（注14）。

こうしたセンサーの種類が増え、性能が向上してコストがさらに下がれば、ワークパターン認識はいっそう進化するだろう。スティールケース（Steelcase）をはじめとするオフィス家具メーカーは、オフィス用の什器や建物にセンサーを埋め込み、従業員がどのように交流しているかを把握しようとしている（注15）。家具メーカーのハーマンミラー（Herman Miller）や不動産管理会社のジョーンズラングラサール（ＪＬＬ）は、試験的に空間利用センサーを使って従業員たちの会議室の使い方を把握しようとしている。これは将来、職場の設計を最適化するのに役立つだろう（注16）。

Ｅメールやテレプレゼンス（訳注、遠隔地にいる人がその場にいるような効果をつくり出すこと）やソーシャルプラットフォームなどの協働システムは、ワークパターン認識に役立つデータの宝庫である。アプリケーション提供業者のボロメトリックス（VoloMetrix）は、コミュニケーションシステムを使ってデータを解析し、組織の単純化や従業員の生産性向上につながるサービスを提供している。たとえば、データの視覚化を使えば、リーダーはどのグループがどのグループとどれくらいの頻度で交流しているかを把握することができる。従業員は毎週、他者が見られないダッシュボードを受け取り、同僚に比べて自分がメールや会議にどれだけの時間を費やしているかが通知される。企業は、こうした情報からベストプラクティスを選定したり、協力スキルや効率の改善が必要な従業員（またはグループ）を割り出したりすることができる。何よりも重要なのは、このデータから、たんに一般的なフィードバックを得られるだけでなく、ベストプラクティスといえる特定の行動やワークパターンを突き止められるということだ。

ワークパターン認識ソフトウェアを使っている企業は、従業員が時間を無駄にしている活動に関していくつかの驚くべきパターンを発見している。世界有数の大手コンピューターストレージ製造業者であるシーゲイトテクノロジー（Seagate Technology）は、社内のいくつかのグループが週20時間以上を会議に費やし、不要なメールの対応に数千時間を割いていることを発見した。これを受けて会社は協働体制を刷新した（注17）。

デジタル・ボルテックスのなかでより効率的に戦うには、各従業員の従事している仕事が最終的にカスタマーバリューと結びついている必要がある。時間の無駄でしかない活動を削減し、組織目標と一致した実りある仕事を従業員にさせるだけで、企業は顧客に対するコストバリューを向上させることができる。すでに述べたように、知識労働者の生産性を測定するのは難しいが、ワークパターン認識によって従業員の活動の価値を定量化し、優秀な（しばしば高給をもらっている）人が有益でやりがいのある仕事をできるようにすれば、既存企業に競争優位がもたらされる。

ワークパターン認識は従業員のパフォーマンスとやる気の両方を改善する可能性を秘めているが、いくつかの重要な問題についても考えておく必要がある。なかでもプライバシーに関する懸念は最も大きな課題だ。私たちがインタビューをした企業家や上級エグゼクティブも口々にそう語った。従業員がプライバシーに関する懸念を抱くのはもっともなことだが、この分野のイノベーターたちはこの問題に対処するため、さまざまなアプローチを実験している。ヒューマナイズは、オプトイン形式（訳注、参加を自ら表明すること）を採り、個人データが雇用主を含む他の当事者に漏れることはないという契約を交わす方針を採っている。ボロメトリックスは、個人識別情報を除去し、グループまたは会社レベルで集積されたデータだけを雇用主に渡している。ワークパターン認識を導入する際には、プライバシーの保護手段について従業員の許可を取りつけ、政府の規制にのっとらなければならない。

顧客の行動をとらえる

これまでマーケティングやセールスに関する決定は、顧客調査やフォーカスグループ、人種研究といった人口統計学的調査、心理学的調査にもとづいてなされてきた。が、デジタル・ボルテックスのなかでは、こうした判断基準が現状にそぐわなくなりつつある。顧客調査はその実施に3~6カ月かかるため、そこから得られた洞察はもはや古いものになっているかもしれない。その結果、製品やサービスの開発に関する決定が、いま現在の顧客の要求やニーズから外れたものになってしまう可能性がある。

消費者に関するこれまでの知識の源、たとえば人口統計学的データも価値が低下してきている。一般的な顧客層には当てはまらない変則的な行動パターンが増えたせいで、人口統計学的なデータを使っても現代の消費者については不完全な像しかつかめないようになってきている。そうした「ポスト人口統計学的消費者主義」から判明している結果を聞いたら、過去の顧客像にしがみついている企業は困惑するかもしれない。たとえば、イギリスではビデオゲームで遊ぶ層の大半を女性が占めており、2012年から13年のあいだにツイッターで最も利用者が増えたのは55~64歳だった(注18)。

隠れたパターンを見つける

デジタル技術、とりわけ携帯電話とセンサー類のおかげで、顧客がどんなコミュニケーションをとり、どんなふうに消費活動をしているかについて企業はたくさんのことを認識できるようになった。この新しいハイパーアウェアネスにより、顧客の行動の何を知るかについて根本的な見直しをおこなうことができる。以前であれば、顧客の行動を観察できるのは、フォーカスグループ実施中などの短期間だけだったが、いまではつねにひらかれている窓から覗き見ることができる。このハイパーアウェアネスのおかげで、顧客がどんな組み合わせのコストバリューやエクスペリエンスバリュー、プラットフォームバリューを望んでいるのかを理解し、それをもとに改良された新しい製品やサービスを届けることができる。そうしたチャンスは、かつてないほどのレベルで生まれてきている。

今日のスマートフォンにはセンサー類が満載されており、加速度計やジャイロスコープなどが動きや方向を判断し、GPSチップが位置情報サービスを提供する。温度と光の強さを測る環境センサーのほか、心拍数や歩数を測れるフィットネスセンサーを搭載したスマートフォンも増えてきている（注19）。こうしたセンサー以外にも、電話の利用法そのものから何らかの洞察を引き出そうと考える企業も現れている。サムスン電子の研究チームは、特定の電話利用パターン（たとえばタイピングの速度や「バックスペース」「特殊記号」ボタンの使用頻度など）を監視し、そこに機械学習アルゴリズムを組み合わせることで利用者の感情状態を68％の精度で当てられるようになった（注20）。

ブランチコ（Branch.co）やインベンチャー（InVenture）といったいくつものディスラプティブなスタートアップ企業が、携帯電話の使用パターンにもとづいて消費者の信用度を評価するモバイルアプリを提供し、発展途上国におけるローンに革命を起こしている。この種のハイパーアウェアネスが、何億人もの消費者が銀行サービスにアクセスできない国々や、当てになるデータが不足していて多くの人がクレジットスコア（訳注、信用度を表す点数）すら持っていない国々のきわめて大きなニーズを満たしている。これらのスタートアップ企業が提供しているアプリは、消費者ひとりにつき最大1万個のデータ点を追跡して信用度を評価する。アプリ利用者は携帯電話データの共有を許可することでローンを組めるようになる。低リスクと判断された消費者はその場で承認され、携帯電話経由で直接融資を受けられる。借り手の多くが小規模事業主で、このローンを使って燃料を買ったり商品を仕入れたりしている。その意味でこのアプリはひとりひとりのチャンスを拡大しているだけでなく、ローカルビジネスの市場が成長する可能性をも拡大しているといえる。

携帯電話の利用にもとづいたデータの新しい入手・解析法からは興味深い結果（ときに直感に反した結果）も出ている。たとえば、携帯電話のバッテリー消費が早い人ほど信用度が低い。電話帳に相手の苗字と名前の両方を几帳面に登録する人のほうが信用度が高いなど。これらのアプリは、ハイパーアウェアなディスラプターがデジタル技術とデジタルプロセスをどう使い、バリューベイカンシーにどう狙いを定めているかを示す絶好の例だ。非従来的なソース（この場合は携帯電話）からデータを集める能力なしに、これまで満たされていなかったこの大きな市場ニーズを満たすことはできなかっただろう。慈善投資団体のオミダイアネットワーク（Omidyar Network）によれば、こうしたアプリのおかげで新興経済国の3億2500万〜5億8000万人が消費者ローンを利用できるようになったという（注21）。また、こうしたアプリは、先進国におけるローンの手続きも加速させている。たとえばアメリカでは住宅ローンの手続きを完了させるのに平均46日かかるが（モバイル端末を使ったクレジットスコア採点とローン手続きについては第3章のウィーチャットの例も参照）（注22）、このアプリを使えば、不十分な書類で返済不能なローンを組もうとする借り手の信用度を正確に評価し、悪質な貸し付けを防ぐことができる（この手のローンは２００８年の世界金融危機の原因にもなった）（注23）。

デジタルソースを物理的なソースと組み合わせる

モバイル機器で可能になったハイパーアウェアネスと物理的な資産や製品・サービスを組み合わせて新しい形態のバリューをもたらそうとしている企業もある。アメリカ国内で数万枚のビルボード広告を設置し、管理しているクリアチャンネルアウトドア・アメリカは、２０１６年２月、ＡＴ＆Ｔをはじめとする技術提供業者と提携してロサンゼルスやニューヨークを含む11の市場向けに「レーダー（Radar）」と呼ばれるサービスを開始すると発表した（注24）。レーダーは、携帯電話の使用データを追跡して集約し、ビルボード広告のそばにいる人の移動パターンや行動パターンを特定する。このデータは、店舗の訪問データとリンクさせることが可能で、ビルボード広告を見た人の平均年齢や性別、広告を見たあとで実際にその店舗を訪れたかどうかなど詳細な情報を広告主に提供することができる。クリアチャンネルアウトドアとその提携業者らによれば、全データは集約された時点で匿名化され、個々の消費者を特定することはできない。

レーダーは、モバイルやクラウド、解析といったテクノロジーを物理的な環境（この場合は道路脇のビルボード広告）に集約させることで、従来は不可能だった消費者情報についてのハイパーアウェアネスを広告主に与えてくれる。靴メーカーのトムス（Toms）が初期テストをおこない、レーダーが、どうすればブランドの知名度を上げて消費者に商品を購入してもらえるかを考えるための好材料になることが証明された（注25）。

ＩｏＴも、顧客の行動におけるハイパーアウェアネスを獲得するポテンシャルを秘めた新たな道を拓いている。その例として、インターネットに接続されたリストバンド型のウェアラブル端末がある。リサーチ企業のインターナショナルデータ・コーポレーション（ＩＤＣ）によれば、２０１５年のウェアラブル端末出荷台数は７８００万台で、前年比１７２％増だった（注26）。

２０１３年、10億ドルの投資の末にディズニーは、フロリダ州オーランドのディズニーワールドで「マジックバンドシステム」のサービスを開始した。マジックバンドは無線自動識別（ＲＦＩＤ）チップと無線などの技術を搭載した電子ブレスレットで、これを使うと、パーク訪問に付随するほぼすべてのタスクを、自動化されたシームレスな方法でおこなえるようになる。マジックバンドを利用しているゲストがどのライドやアトラクションを体験するかといった計画をパーク到着前から立てておけば、移動距離が最も少なく、楽しめる時間が最も長くなるように最適化されたプランが提案される。また、チケットを買わずに入場したり、マジックバンドで食べ物や商品の代金を支払ったりすることもできる。ライドに乗る際も端末にバンドでタッチするだけでいい。このシステムの最重要目標は、ありとあらゆる「摩擦の芽」をつぶし、ゲストが行列に並んだりレジで支払いをしたりすることなくパーク訪問を目いっぱい楽しめるようにすることだ。

また、ディズニーは、ゲストの行動に対するハイパーアウェアネスも備えることができた。これまではゲストの具体的な行動をほとんど何も知らなかったが、マジックバンドシステムを使えば、ゲストがパーク内をどんなルートで進んで何を購入し、どのライドに乗ったかということだけでなく、レストランのどの席に座ったかまで追跡できる。このハイパーアウェアネスが、情報にもとづく意思決定と迅速な実行を実現するための最初の一歩になる。ゆくゆくは、パーク内のゲストの体験を変革できるようになるだろう（注27）。デジタルを使うことで、今後ますます顧客の行動に対するアウェアネスを高めていけるはずだ。55億ドルを投入して2016年の春に上海ディズニーランドを開園するにあたり、ディズニーはマジックバンドを導入しないことを発表した。その代わりにゲストは、携帯電話を使ってパークへの入場や商品の購入、ライドへのアクセスをおこなうなど、マジックバンドとほぼ同様の機能を満たせるという（注28）。

かつてない手段で顧客を知る

企業はいま消費者の移動パターンや携帯電話の利用パターンを理解するだけでなく、それ以上のハイパーアウェアネスを獲得して、顧客の感情までをも察知する能力を身につけようとしている。朝、あなたが通勤のためにクルマに乗り込むとしよう。その時点でクルマは、あなたが上機嫌かどうか、不安かどうか、怒っているかどうかを察知してBGMや車内の温度、通勤ルートを変え、通勤という体験を最適化する（「カスタマイズ」のエクスペリエンスバリュー）。先見の明のある企業は、まるで友人や配偶者、パートナーや家族の一員がそうするように、顧客の感情を推し量るハイパーアウェアネスを獲得しようとしている。顧客の感情を理解できれば、特定のコンテクストにおけるその顧客独自のニーズや欲求にふさわしい経験を創出したり、そうした洞察を（ブランドのマーケターなどに）売ったりすることで収益化（マネタイズ）できる。

ハイパーアウェアネスを使って、コンテクストにもとづいた感情的つながりを顧客とのあいだに築くことができれば、顧客の購入プロセスにおける瞬間的な行動を変化させることもできるようになる。マサチューセッツ工科大学からスピンアウトしたアフェクティバ（Affectiva）が構築した世界最大の「感情データベース」には、３９００万枚以上の顔画像を解析して得られた４００億個以上のデータ点が保存されている（注29）。アフェクティバはクラウドベースの「エモーション・アズ・ア・サービス（サービスとしての感情）」モデルを通して、企業に感情認識能力を与えている。このモデルに含まれるプログラミングツールを使えば、感情認識能力を組み込んだモバイルアプリなどのデジタルソリューションを開発することができる。アフェクティバのサービスでは、カメラ（ウェブカメラや携帯電話のカメラなど）を使って人の表情のパターンを認識し、感情状態を判断する。小売業者やヘルスケア提供者、政府機関、エンターテインメント企業などにとっては、より深く顧客を理解し、その顧客に合わせてカスタマイズした体験を提供するチャンスの宝庫である。

北米最大のチョコレートメーカー、ハーシーカンパニーは、スマイルサンプラーと呼ばれる端末にアフェクティバの感情認識機能を導入した。この端末は、スーパーの人通りが少ない通路（だいたいキャンディが置いてある）に顧客を誘導するためのもので、笑顔を見せてくれた人に対して無料のチョコレートサンプルを提供する。iPad の表情認識アプリが笑顔を検出するとサンプルが出てくるという仕組みだ。顔も認識されるので、同じ人が何度もチョコをもらうことはできない。消費者のプライバシーを守るため、顔のマッピングデータは24時間以内に端末から消去される（注30）。

ハーシーは、チョコレートを買う際に消費者が一番望んでいるものがサンプルだということを調査で突き止め、試験的にこの店舗内端末を設置した。買い物客に自社のチョコレート製品が置いてある通路までやってきてもらい、顧客がそこに滞在しているあいだに感情的なつながりを構築するのが狙いだ。ハーシーは他商品にもこのアプローチを拡大することを考えており、すでに大手小売業者４社がこの端末の設置に興味を示している（注31）。

より深い洞察を得る

デジタル技術とデジタルプロセスによって獲得されるハイパーアウェアネスは、顧客と従業員がより強固な関係を築けるよう交流するための助けにもなる。マサチューセッツ工科大学から派生した企業のコギト（Cogito）は、コールセンター向けの音声解析ソフトウェアを開発している。このソフトウェアは、顧客とコールセンターの担当者双方の音声パターンを通話中にリアルタイムで解析し、話すスピードや間のとり方、話を遮るときのパターン、口調といった、ひとりひとりの話し方が備える独自の特徴から架電者の苛立ちや混乱などの感情状態を判断する。一方、コールセンターの担当者の会話パターンも解析され、効果的にコミュニケーションをとれているかどうか、同情や自信を適切に示せているかどうかが通知される。担当者側の画面に視覚的なガイドが表示されるため、どのような対応をとるべきかがリアルタイムでわかる。そのため、状況に応じて話し方を変えて顧客満足度を向上させたり、取引を成立させたりすることができる。

ある大手健康保険会社がコギトのソフトウェアをテストし、自社コールセンターに電話をかけてきた30万人の契約者の反応を解析した。ソフトウェアによって契約者が新しいサービスに加入する可能性が低くなる会話パターンが特定され、担当者はリアルタイムで話し方を修正できるようになった。結果、顧客の加入率は４％増加し、数百万ドルの利益が上乗せされた（注32）。第５章で見たアジャイル保険会社のコールセンターのケースでは、オペレーターと保険加入者の「個人的な相性」が顧客をつなぎとめる決め手になっていたが、こうした解析はコールセンターのアプローチ強化にも使える可能性がある。

ここまで記してきた、行動認識を高めるためのデジタル技術やデジタルプロセスは、携帯電話の追跡や顔認識技術、スピーチ解析といった、従業員や顧客についての新しい情報収集手段に依存している。これらのテクノロジーはたかだか10年前には普及していなかったものだが、いまでは一般的なものになった。今後も技術の進歩と個人データ収集のスピードが鈍化することはないだろう（フェイスブック１社だけで、毎日６００テラバイト以上の個人データを収集している）（注33）。個人の移動経路や感情状態、社会的つながりを追跡できるようになると、プライバシー保護に対する深刻な懸念も生まれる。この問題について掘り下げるのは本書で扱う範囲を超えているが、近い将来、企業やテクノロジー提供業者、政府などが向き合わなければならない問題となるだろう。

2 状況認識

これまでは、従業員や顧客といった「組織に価値をもたらす人」に対するハイパーアウェアネスを中心に説明してきた。人は成功するために不可欠な要素だが、物理的な資源やインフラの管理のほうがよほど難しいと感じている企業も多いはずだ。また、どんな企業であっても、マクロ経済や規制、競争の変化、テクノロジーのトレンドなどが引き起こす課題に対処しなければならない。要するに企業は「行動認識力」だけでなく「状況認識力(注34)」も養わなければならない、ということだ。私たちは状況認識力を、組織の「ビジネス環境」と「オペレーション環境」の変化を見きわめ、どの変化の重要度が高いかを判断する能力と定義している。

ビジネス環境について洞察を得る

「ビジネス環境」に対する状況認識とは、会社の目的にかかわる市場内の変化、たとえば顧客基盤やライバル企業、提携企業との協力関係などの変化を察知することだ。これには顧客の感情やマクロ経済などのトレンド、ライバル企業の動向、提携業者の活動のほか、(なかでもとくに)デジタル技術とデジタル・ビジネスモデルに関する洞察を得ることが含まれる(注35)。

アマゾンの商品価格設定能力は強固な状況認識力に支えられている。アマゾンはソフトウェアエージェントを使ってつねにライバル企業のサイトをチェックし、何百万という製品の競争価格設定データを収集している。このデータをもとに価格を動的に上下させることで、ライバル業者の顧客を奪い、利益を最大化しているのだ。電子商取引の価格設定ソフトウェアを提供しているブーメランコマースによれば、2014年のホリデーシーズン中、アマゾンは推定100億回の価格変更をおこなった（注36）。

とてつもない規模でライバル企業の価格設定をチェックするハイパーアウェアネスなしに、こうした動的な価格設定をおこなうのは不可能だろう（動的価格設定については第8章でも論じる）。アマゾンはオンライン上の価格チェックのみならず、このハイパーアウェアネスを物理的な領域まで広げて「プライスチェック（現アマゾンショッピング）」というアプリをリリースしている。2011年にリリースされたこのアプリを使い、店舗での買い物中に携帯電話のカメラで商品のバーコードをスキャンすると、同じ商品のアマゾンの価格を調べられる。店頭価格が最安値かどうかをすばやくチェックして、そうでなければその場でアマゾンからより安い価格で購入できるというわけだ。消費者がアプリを使って商品の店頭価格をチェックすると、そのデータがアマゾンに送信され、価格設定の決定材料として利用されるため、この価格スキャン機能はアマゾンのハイパーアウェアネス獲得にも貢献していることになる（注37）。

レコーデッドフューチャー（Recorded Future）は、グーグルベンチャーズやアメリカ中央情報局（ＣＩＡ）のベンチャー機関であるインキューテル（In-Q-Tel）などの出資者から3000万ドル近い資金を調達したデジタル・ディスラプターで、オンライン上に公開されているデータを定期的に収集してサイバーセキュリティ攻撃が発生する可能性の有無を調べるプラットフォームを構築している。レコーデッドフューチャーは、ニュースやブログ、企業の資料、ソーシャルメディア、地下フォーラムでのハッカー同士のやりとりなどから収集したデータを自然言語処理（NLP）や機械学習といった高度な機能で解析して、サイバーセキュリティ攻撃が起きる可能性を示す兆候を探り出す。同社は世界最大級の企業を顧客として抱えており、顧客はこうした警告と自社システム（ファイアウォールなど）で収集したセキュリティデータを組み合わせることで、将来の攻撃を先まわりして阻止することができる（注38）。ハイパーアウェアネスは、競争の変化だけでなく、物理的もしくは財政的な危機を察知するためにも非常に大きな役割を果たしている。

第5章で、ネスレがデジタル加速チーム（DAT）を設立し、広範なソーシャルメディアサービスから自社ブランドに関する有用な情報を収集していることを説明したが、ソーシャルメディアからの情報収集は、自社のビジネス環境のさまざまな側面に関する洞察を深めようとしている世界じゅうの企業にとって不可欠な競争ツールになりつつある。2013年、ゼネラルモーターズ（GM）は5つの地域から約600名のスタッフを集めて、グローバルなソーシャルメディアセンター・オブ・エクスパティーズ（CoE）を立ち上げた。この新組織の目的は、ソーシャルメディアの領域にハイパーアウェアネスを確立し、「市場にもとづく意思決定」ができるようにすることだ。

CoEはGM本社が位置するミシガン州デトロイトにあり、敷地面積は6200平方フィート、協働（共有）や解析といったデジタル技術によって実現したセンターだ。スタッフは、GM

が所有するソーシャルサイトや第三者のソーシャルサイト、自動車所有者のフォーラムなど数百のサイトを積極的に監視し、毎月平均6000件以上、顧客とのやりとりを重ねている（注39）。ソーシャルメディア上の人々の声を積極的に収集し分析するGMの取り組みを見ていると、情報をつかむことが目的ではなく、それが長い道のりのはじまりに過ぎないことがわかる。GMはCoEで培ったハイパーアウェアネスを使ってブランドを推進したり、オンライン上の議論に参加したり、顧客が投稿した特定の問題に言及したりして顧客との関係を築いている（注40）。

ハイパーアウェアネスが大きな意味を持つ領域は、まだほかにもある。デジタル・ボルテックスのなかで重要性を増しつつある「提携企業との協力関係」だ。これはとりわけ、複雑なサプライチェーンに依存している組織に当てはまる。デジタル・ディスラプターがテクノロジーの新しい使い道を切り拓いてくれたことで、提携企業の業務についても可視化が進んでいるのだ。

ロンドンを拠点にするサプライチェーン可視化アプリケーション提供業者、セグラシステムズ（Segura Systems）は、小売業者や製造業者が取引業者のサプライチェーンを含む自社サプライチェーンのあらゆる部分を追跡できるサービスを提供している。サプライチェーンの可視化を進めることで、児童労働や奴隷労働などの人権侵害を減らすことにも貢献している。イギリスの百貨店、デブナムズ（Debenhams）のような大手小売業者は、納入業者に対して同社のサプライチェーンの全構成要素をプラットフォームに記録するよう求めているが（注41）、このシステムはクラウドベースであるため、納入業者はその規模や場所を問わず簡単にアクセスすることができる。これによりデブナムズは、サプライチェーン内に存在する提携業者の動向について隅々まで可視化されたリアルタイム追跡記録を作成することができる。また、関連する労働法や基準を遵守している製造業者や下請業者だけを承認するようにすれば、そうした業者から供給される商品のみを自社で扱うといったシステムの構築も可能だ（注42）。その場合、定められた業務ルールに従わない下請業者は、たとえ他社より安上がりでもプラットフォームにアクセスできず、商取引に参加できない。このシステムは、デブナムズなどの小売業者がＣＳＲ（企業の社会的責任）を遵守しているかどうかを監視し管理するのに役立っているが、労働条件や作業者の安全性が改善されるよう上向きの圧力もかけてもいる。

オペレーション環境について洞察を得る

ビジネス環境が圧力にさらされていたとしても、「オペレーション環境」のマネジメントが、組織の抱える最大の課題であることも多い。石油掘削装置や工場、車両、建物、製品やサービスを届けるための設備などが含まれるオペレーション環境は、近年急速に複雑化している。サプライチェーンはグローバル化し、多くの業界で納入業者の数が激増している。グローバル企業では、有形資産のポートフォリオが前代未聞の規模にまで拡大している。たとえば、世界的な物流業者のフェデックスは4万3０００台の配達車両を保有しており、それらの車両は毎日延べ4００万キロを走っている（注43）。エネルギー企業のＢＰは70カ国以上で操業し、毎日３３０万バレル以上の石油を精製して、それを1万7２００カ所で販売している（注44）。これだけ手広くやっていると、自社資産の状況や状態を追跡し、効果的に業務をおこなうのはかなりの難事だ。

これから見ていくように、ＩｏＴは、デジタル・ボルテックスの渦中でハイパーアウェアネスを実現するためのカギとなるデジタル技術だ。膨大な生産資産を抱えつつ、オペレーション環境に対してハイパーアウェアな状態を維持できれば、製造業のように資産が集中する業界の企業、とりわけ世界規模で業務を展開している企業で大きな成果をあげられる。シスコは業務用ロボットメーカーのファナックと提携して「ゼロダウンタイム」と呼ばれるＩｏＴソリューションを開発している。これは、工場内のすべてのロボットの状態をリアルタイムに認識できる製造業者向けサービスだ。さまざまな業務データやメンテナンス関連のデータがロボットから収集され、工場の現場で解析される。データはその後クラウドベースの解析プラットフォームに転送され、問題が発生するまえに先まわりして保守できるようになる。解析によって部品交換が必要だと判断されれば、予定されている次回のメンテナンスに間に合うように部品が送られてくる。ゼネラルモーターズが所有する約１８００体のロボットでファナックとシスコが試験したところ、約３８００万ドルのコストを削減することができた。この成功を受けて、このＩｏＴソリューションをさらに広く展開する計画が練られている（注45）。ゼロダウンタイムは、第２章で述べた「データオーケストレーター」のビジネスモデルの一例である。

次に、デジタルによる変化とは無縁に思える鉱業業界での状況認識を見てみよう。第1章で述べたように、デジタル・ボルテックスでは、あらゆる業界においてデジタル化可能なあらゆるものがデジタル化され、デジタルの渦の目へと巻き込まれていく。鉱業にはいまだに物理的な要素が残っているが（今後もそうだろう）、デジタル技術を使って物理的な「掘削」や「移動」の効率や安全性を改善することで競争力を向上できる可能性はきわめて高い。たとえば、坑道に数百名の作業員がいたとしても、ほとんどの場合、そこからは大した情報があがってこない。情報の伝達はいまだに書類ベースで、作業者と現場監督が8時間ごとにシフトを終えて坑道の外に出てきたときにばらばらのストーリーとして提示されるだけだ。坑道内でどのように業務が遂行されているか、外からはまるでわからず、深刻な非効率が生じている。もっといえば、業務が見えないことで作業者の安全を損なう危険性もある。

デジタル・ディスラプションの力を借りてハイパーアウェアネスを身につけ、非効率なライバル企業に差をつけている例として、ダンディープレシャスメタル（DPM）がある。DPMはカナダの採掘業者で、ブルガリアのチェロペチにあるヨーロッパ最大の金山を所有しており、協働（共有）ツールや解析、モバイル機器のみならず、鉱山内に張り巡らせたワイヤレスネットワークでコンベアシステムや運搬車、照明、ファン、発破システム、さらには作業員をもひとつなぎにしている。DPMの現場は、オペレーション環境に対するハイパーアウェアネスのケースとして取り上げるにふさわしい。作業員や運転手、現場監督らは、地上や地下を問わず、どこからでも音声通話ができる。従来であれば無線や携帯電話が通じず、音声によるコミュニケーションが制限されていた場所からでもやりとりすることが可能で、モバイル機器でインスタントメッセージを送受信することもできる。

同社のIT責任者、マーク・ジェルソミニは、DPMの目標は「鉱山の蓋《ふた》を開けること」だと説明する。「私たちは鉱山のなかで何が起きているのかを、シフト交代を待たず、その何かが起きているときに知りたいのです（注46）」。これはハイパーアウェアネスの生きた見本だ。地下奥深くという複雑かつ過酷きわまる環境の状況を完璧に認識することができるのだから。

ＤＰＭの現場監督は、運転手にリアルタイムで行き先を指示しつつ、作業や装備品の状態を監視して業務に修正を加え、効率を向上させることができる。装備に問題が発生したときには作業員がモバイル機器で動画を撮り、別の場所にいるエンジニアや整備士とリアルタイムで共有する。また、貴重な生産機械をシャットダウンさせたり、現場外で修理させたりするのではなく、あらかじめ保守しておくこともできる。

こうしたハイパーアウェアネスは生産量に影響を与える。物理的な資産を結びつけ、協働と解析のツールを取り入れて以来、鉱山の生産量は年間50万トンから２００万トンになった。実に４倍の増加だ（注47）。動画を撮影することで、チェロペチの鉱山作業員を、カナダにいるＤＰＭのエグゼクティブや地質学者、冶金学者らとつなぐこともできる。また、鉱山の発破システムは位置追跡アプリと統合されており、爆発範囲に作業員や装備が取り残されていないかどうかを確認できるため、現場での安全性も向上した。

あなたの会社はどうか

これまで見てきたように、従業員や顧客、ビジネス環境、オペレーション環境についてさらにハイパーアウェアになれるチャンスはふんだんにある。そのまえに、あなたの会社のハイパーアウェアネスをどうやって評価したらよいか。次の４つの質問に答えてみよう。

1　従業員についての洞察を集められるか

イノベーティブな企業は、従業員から率直なフィードバックや最良のアイデアを収集するためのツールを使っている。隠れた価値を掘り出すには「ワークパターン認識」能力を身につけ、従業員がどうやって業務をこなしているかをもっとよく理解する必要がある。

2　特定のコンテクスト内の顧客についての洞察を集められるか

インベンチャーやディズニー、ハーシーといった企業は、センサー内蔵のモバイル機器やウェアラブル端末、感情解析などのデジタル技術を使って情報を集め、これまで不可能だった方法で顧客を理解しようとしている。

3　ビジネス環境についての洞察を集められるか

アマゾンやレコーデッドフューチャーなどのディスラプターは、自動化や解析、クラウドを使って大規模なハイパーアウェアネスを獲得して、ライバル企業やマクロ経済トレンド、提携業者など市場内の複雑な変化を察知している。

4　オペレーション環境についての洞察を集められるか

ファナックのサービスは業務用ロボットに対する状況認識を高め、工場が思いがけず操業停止したりすることがないよう、企業を助けている。

ハイパーアウェアネスがあれば、従業員や顧客、ビジネス環境、オペレーション環境についての潤沢な情報が入ってくる。それらのうちの大半は、これまで手に入れる方法がなく、見ることのできないものだった。しかし、数々のディスラプターが新たなデジタル能力を提供してくれるようになったおかげで、そうした情報を集めてその恩恵を受けられるようになった。次章では、ハイパーアウェアネスで獲得した情報を活用してデジタル・ボルテックスの渦のなかで競争力を高める方法を考える。そのためには、デジタルビジネス・アジリティを獲得するための次の一歩を踏み出し、「情報にもとづく意思決定力」を高める必要がある。

第7章 解析力を高めてバリューを見抜く——情報にもとづく意思決定力

Informed Decision Making

何百万もの意思決定を改善する

読んで字のごとく「情報にもとづく意思決定」とは、ハイパーアウェアネスで得た情報にもとづいて理にかなった意思決定をすることだ。デジタル・ボルテックスの渦のなかでは、これまで以上に頻繁にこうした意思決定がなされ、そのひとつひとつに大きな利害がつきまとうことになる。本書で見てきたように、新しいライバルはどこからともなく現れ、驚くべき斬新な方法でカスタマーバリューを生み出す。この激しい競争環境のなかで、上級エグゼクティブは企業を導いていかなければならない。グーグルの取締役会長、エリック・シュミットはこう言っている。「誰かがどこかのガレージから、われわれに狙いを定めている。……次なるグーグルは、グーグルと同じやり方はしないだろう。グーグルがAOLと同じやり方はしなかったように（注1）」

情報にもとづく意思決定は、デジタルビジネス・アジリティの要だ。理にかなった戦略的かつ日常的な決定をコンスタントにくだせなければ、せっかくのハイパーアウェアネスも（そして迅速な実行力も）無駄になってしまう。苦労して集めたデータや洞察はただのゴミとなり、大きな優位性であるはずの迅速な実行力も、あさっての方向に走り出してしまえば、まちがいなくデメリットになる。

ここでいう意思決定には、エグゼクティブが事業を導くための戦略的決定と、従業員が自らの仕事をこなすための日常的決定のふたつが含まれている（注2）。デジタル・ボルテックスの渦のなかでは、いずれの決定も適切にくださなければならない。すぐれた戦略的決定をおこなうことは日に日に難しくなってきている。デジタル・ディスラプターはこれまでのライバル企業よりも俊敏で、気づいたときにはもう、どこかの家のガレージや隣接する業界から現れている。そのため、脅威を発見したり、それに備えたりしておくことが困難になっている。デジタル・ディスラプターは出現するやいなやバリューベイカンシーを掌握しようとするため、スピードには何ものにも代えがたい価値がある。だからこそ、正しい情報にもとづいて戦略的決定をくだす必要がある。正しい意思決定をくだせる者が、データ主導型の判断基準にもとづいて明晰かつ実行可能な決断をしなければならないのだ。

企業やアドバイザーは、マネジャーや従業員が日々くだしている何百万もの決定についてはあまり考慮しない傾向にある。おそらく、上級エグゼクティブがそうした決定をくだしているわけではないからだろう。しかし、どんな企業でも、こうした個々の決定が企業の成功に大きな影響を与える。長年の顧客が離れてしまいそうなときに自社ブランドの値引きをおこなうかどうか、配送トラックに最速で荷物を積むにはどうすればいいか、社の方針に反する注文を聞くかどうかなど、第一線にいるマネジャーや従業員が日々くだす決定の影響は、またたく間に積み重なっていく。意思決定の数が多いということは、そこにそれだけ経済的価値や競争的価値があるということだ。企業は日常的な意思決定のプロセスを改善し、従業員によりよい意思決定をさせるためのリソースを準備しなければならない。

何よりも重要なのは、すぐれた戦略的決定や日常的決定をくだす目的が、顧客が求めるコストバリューやエクスペリエンスバリュー、プラットフォームバリューを生むことにあるということだ。時宜にかなった戦略的決定ができなければ、一瞬しかないチャンスを逃し、バリューバンパイアに収益を吸われてしまう。すぐれた戦略的決定ができなければ、ライバルをディスラプトしたり、新市場に進出したりするのが困難になる。近年の歴史は、新興勢力から攻撃を受けているという兆候を見逃してしまった企業の屍《しかばね》で埋め尽くされている。アジャイルな企業が次から次へとバリューベイカンシーを掌握していくのを、ほとんどの企業は、指をくわえて眺めていることしかできない。

残念ながら「何をもって意思決定にすぐれているか」を定義するのは難しい。DBTセンターの調査によれば、既存企業はスタートアップ企業よりもイノベーションとアジリティの面で劣っていると自覚しており、デジタルビジネス・アジリティの3つの分野（察知する、決定する、実行する）すべてにすぐれていると回答した企業はわずか8％だった。さらに分析を進めると、3つの分野のなかでも、情報にもとづく意思決定力を伸ばすのが最も難しいということがわかった。この能力を身につけるには、「開放的意思決定」と「拡張意思決定」というふたつの領域に

図16　情報にもとづく意思決定

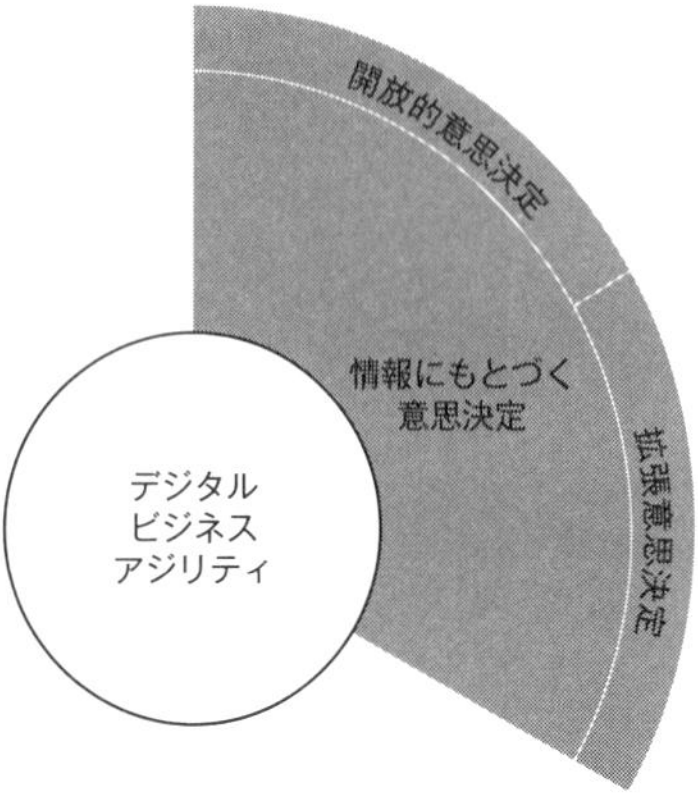

Source: Global Center for Digital Business Transformation, 2015

目を向ける必要がある（図16）。

開放的意思決定　社内での役割や組織構造、地理的な状況によって、あるいは宗教や性別、人種、性的指向、年齢、障害などにもとづいた意識的・無意識的な差別が原因で、重要なスキルと視点を持った個人が企業の意思決定プロセスから除外されてしまうことはざらにある。さらにいえば、提携業者や納入業者もだ。決定事項の実行にあたり欠かせない存在だったとしても、意思決定プロセスから除外されてしまうことがある。

この章では、意思決定の足並みをそろえるためのテクノロジーを見ていく。こうしたテクノロジーがあれば、正しい専門知識や多様な視点、多様な組織的利害を持つ人に意思決定の機会を与えることができる。これを「開放的意思決定」と呼ぶ。その目的は、協力すること自体、あるいはたんに多様性を実現することにあるのではない。肝心なのは、「選択肢を一番正しく評価できるのは誰か」「専門家としてアドバイスしてくれるのは誰か」「重要な利害を抱えていたり重要な視点を持っていたりするのは誰か」を考えて適任者を選び出すことだ。

拡張意思決定　意思決定プロセスにデータと解析を組み込むことで、意思決定力を「拡張」する。予測解析や人工知能、データ視覚化といったテクノロジーがとてつもない進化を遂げたことで、戦略的決定をくだすまえに「未来」（そうなる可能性がある複数の未来）を見られるようになった。他の選択肢を定量化することで、人が犯す過ちや独断を減らすこともできる。拡張意思決定では、データや解析が「どのようにして提示されるか」「誰に提示されるか」が重要となる。そこでは、意思決定者がエグゼクティブであれ、第一線で働く従業員であれ、その人の役割とワークフローに合わせてデータや解析をあつらえることも含まれる。意思決定は、事業ルールを解析するアプリケーションにもとづいて完全に自動化することもできる。この場合、会社全体の意思決定は、個々人の意思決定の集まりではなく「解析」によって拡張される。ときには、機械学習とアルゴリズムを用いたシステムによって自律的にくだされた意思決定が最良の決定となることもある。

意思決定が開放的であり、かつ拡張されたものである場合、つまり、適切な人が関与し（そもそも人が関与するとして）、役割と職能に応じて組織全体の人間に決定機会が与えられ、その決定が入手可能な最良のデータと解析にもとづいている場合、迅速かつ良好な決定をコンスタントにくだす準備ができているといえる。以下では「開放的意思決定」と「拡張意思決定」について説明していくが、さまざまな事例を見るにつれ、解析によって意思決定プロセスはより開放的になり、開放的であるかどうかが拡張意思決定の成否を分けることがわかるはずだ。もちろん、開放的意思決定と拡張意思決定をどうブレンドさせるか、自動化された意思決定と人間の判断が絡む意思決定のバランスをどうとるかはコンテクスト次第だ。しかし、成功を収めたければ、意思決定のプロセスにできるだけ両方の要素を入れなければならない。すべての意思決定を正しくおこなえる企業など存在しないが、デジタル・ボルテックスのなかでは、まちがった意思決定が急激で悲惨な結果を招く可能性がある。だからこそ、多くの企業がデジタル・ディスラプターに協力を仰ぎ、情報にもとづく意思決定力を加速し、拡大しようとしている。第5章で述べたようにディスラプターは敵にも味方にもなりうる。

開放的意思決定

ハイパーアウェアネスの議論で見たように、イノベーションの出発点はワークフォースが持つ専門知識とアイデアを活用することだ。どんな従業員も、その人なりの学歴や専門知識、スキルセットを有している。トレンドを発見し、問題解決法を模索するにあたり、多様性は不可欠だ。性別や人種、宗教、文化、年齢などはどれも、情報にもとづく意思決定をくだす際に等しく重要となる。多様なワークフォースは計り知れないほどの価値を秘めているが、個々人をひとつの環境に集めて効果的にアイデアや視点を共有できなければ、その価値は眠ったままになってしまう。

開放的意思決定、別の言い方をすれば、特性の異なる個人やチームの協働から湧き出る知識を共有することができれば（注3）、多様な視点と関連する専門知識を考慮したうえで意思決定をおこなうことができる。開放的意思決定にはコンセンサスが不要で、エグゼクティブが「大衆」に譲歩して意思決定権を放棄する必要はない。しかし、多様な視点を当然とする企業では、権力者の近視眼に起因するまちがいを犯しにくくなる。新たなデジタル技術とデジタル・ビジネスモデルの出現により、従業員は協働して開放的意思決定ができるようになった。

開放的意思決定が目指す3つのゴール

開放的意思決定をおこなうにあたり、企業の「サイロ」（注4）は大きな障害になる。10万人の従業員を抱える企業のEメール1億件以上とカレンダーに記入された6000万件以上の予定を3カ月にわたって解析した最近の研究（注5）によれば、事業部門や職務、オフィスを同じくするふたりの人間は、役割が似ていても事業部門や職務、オフィスが異なるふたりの人間に比べて、1000倍の頻度で交流している。また、コミュニケーションの断絶は社内の階層によっても引き起こされており、給与等級をまたぐ交流は実質的に皆無だった（注6）。しかし、開放的意思決定ができれば、以下のような「情報にもとづく意思決定の3つの目標」を達成できる。

1　意思決定や問題解決のプロセスに適切な組み合わせの従業員を関与させる
2　従業員が効率的かつ効果的にアイデアや視点を共有できる環境を整える
3　グループの多様な視点や知識の引き出しに応じて、情報にもとづく意思決定をくだす手段を与える

ステップ1　正しい組み合わせを見つける

開放的意思決定ができるかどうかは、決定をくだす際に適切な個人またはグループを見つけられるかどうかに懸かっている。いざ決定をくだそうとするとき、ほとんどのエグゼクティブは組織外の専門家を探そうとはしない。また、有用な知識や経験を持った人間が社内のどこかにいるというのに、直属の部下以外には尋ねようとしない。これはふたつの意味で会社にとって有害だ。第1に、意思決定によってよい結果がもたらされる可能性が低くなる。第2に、会社がわざわざ給料を支払って蓄積している専門知識が無駄になる。今後、エグゼクティブがなんらかの決定をくだす際には、そのプロセスに参加させるべき従業員を特定するソフトウェアが登場するかもしれない。アルゴリズムによって個々がマッチングされ、関連特性の分布に応じてチームが組まれれば、多様性や経験、スキルセット、場所などの多くの要素が最適化され、プロジェクトが成功する可能性が高まる。

ランクタブ（Ranktab）などのスタートアップ企業は、そうしたテクノロジーを開発しようと

している。これは視覚的な協働意思決定プラットフォームで、チームとして効果的な意思決定ができるスキルと性質を持つ従業員を特定してくれる。ランクタブの共同創立者兼CEOのフランシスコ・ルイスは、私たちのインタビューにこう答えた。「私たちはどんな組織やグループについても、誰と誰を一緒に働かせるのがベストなのかを特定できるAIを開発しようとしています。なんでもかんでも同意したり反対したりする傾向が強いと、効果的な意思決定はできなくなります。私たちのプラットフォームを使えば、そうしたクラスタを視覚的に特定することができます」

ステップ2　シームレスな協働体制をつくる

先進的な企業は、グループのメンバーを選び出したあと、新しい協働プラットフォームを配備して参画者からのアイデアがシームレスに流れるようにしている。たとえばEメールなど今日的な協働に広く使われているテクノロジーは、従来の組織構造やコミュニケーション力学、意思決定プロセスに足を引っぱられているため、デジタルビジネス・アジリティを養うには不向きだ。

スラック（Slack）やシスコスパーク（Cisco Spark）といった新しい協働プラットフォームは、Eメールに取って代わるものになる。これらは「部屋ベース」のオンラインチャットシステムで、ドキュメント共有やビデオ通話などの機能が組み込まれている。利用者は各自で部屋や協働スペースをつくり、テキストや音声、ビデオを通してコミュニケーションをとったり、検索可能なコンテンツを投稿したり、これまでのやりとりの履歴を管理したりする。こうした新しいアプローチを採れば、組織が蓄えてきた知識が個々人のEメール受信箱やハードディスクから解き放たれ、過去の意思疎通の記録や成果物を全チームメンバーが利用できるようになる。また、従来のコミュニケーションや報告の制約から解放されることで透明性が増し、それぞれの貢献度合いにもとづいた評価をしやすくなる。チームメンバーは他のメンバーの投稿物に直接アクセスできるため、上司に報告すべき内容を「選別」する必要もない。また、同期あるいは非同期のコミュニケーションが可能なため、チームの人数を増やすことができるし、新しいメンバーが参加しても、すぐにこれまでの作業経緯を理解してもらうことができる。

ステップ3　適切な集団がもたらす知恵を導く

開放的意思決定を実現するための最後の重要なステップは、共有された知恵を集め、それを使って情報にもとづく意思決定をすることだ。ここでも新しいツールが、秩序立った開放的な意思決定を助けてくれる。先ほど紹介したランクタブを使えば、強力な意思決定チームをつくれるだけでなく、アルゴリズムを用いた多基準投票によってよりよい開放的意思決定をくだせる。メンバーはチーム内の他のメンバーがさまざまな選択肢をどう評価しているのかを理解して、決定について議論し、どのように合意形成されたかを視覚的なフォーマットで確認する（注7）。また、このプラットフォームを使って組織が人材の採用を決定したり、リース申請の承認を手早く処理したり、ベンチャー投資の際に一番見込みがありそうなスタートアップ企業を見つけたりすることもできる。

私たちの専門家チームの発見によれば、データの容量と多様性が増せば増すほど、企業は情報過多に陥ってしまう。加えて、協働データや健康モニター、オフィス什器内センサーのような新しいソースのおかげで、ワークフォース関連のデータも増大している。なかでもとくに体系化されていないデータについては、ユーザーフレンドリーに解析する技術が絶対的に不足している。そのため、デジタル技術を活用して情報にもとづく意思決定力を高めようと思ったら、自分が望んでいる結果をつねに念頭に置いておくことが重要になる。まず、その分野でどんなビジネス上の成果を達成したいかを考え、それに関係するプロセスを深く理解し、そこから遡って、そうした成果を生み出すために必要なデータソースと解析技術を特定するのがいいだろう。

意思決定に多様な視点を取り込むには、大半の幹部やマネジャーとは異なる人材を雇うべきだ。既存企業のなかには、幹部やマネジャーが比較的同質のグループになっている場合がある。また、国や地域の人口動態が変わると、重要な顧客層あるいは新たな人材層として、これまでとはちがう集団が浮上してくる（注8）。

無意識の偏見を捨てる

競争優位を得たければ、理想の人材がどんな見た目や声をしていて、どんな振る舞いをするかといった偏見を捨てなければならないが、人材獲得（採用）となると、企業が「無意識の偏見（バイアス）」を捨てるのは困難だ。偏見は人間の意識を超えた部分に存在しているが、意思決定に影響を与えている。研究によると、人は自分と見た目が似ていたり、出身校や文化などのバックグラウンドや興味対象が似ていたりする相手を好む傾向にある（注9）。

多様性のあるワークフォースが競争力全般を向上させるうえで重要だということは研究で証明されているが、そうしたワークフォースを構築する際には無意識の偏見が障害になる。意思決定プロセスから無意識の偏見を排除できれば、結果は劇的に変わる。スタンフォード大学の研究によると、１９７０年代以降、オーケストラに占める女性音楽家の割合は5倍（5％から25％）に増えたが、これはオーディションをついたて越しにおこなうようになったからだという（注10）。

デジタル・ディスラプターがもたらすテクノロジーが、人材管理における無意識の偏見をなくしてくれるかもしれない。ソフトウェア企業のユニティブ（Unitive）が開発したデジタルプラットフォームを使えば、心理学的研究をベースにした解析機能を企業の雇用ワークフローに直接埋め込むことができる。結果、業務プロセスと不可分なものとして、情報にもとづく意思決定をくだせるようになる。たとえば、履歴書レビュー機能を使うと、まずは求人を出している企業が候補者に求めている特性が診断される。このプロセスが終わってはじめて、候補者に関する客観的な情報が採用担当者に提示される。ここでは、候補者の名前や学歴、趣味といった無関係な情報や無意識の偏見に影響を与える可能性がある全情報が排除される（注11）。解析を使ったこのアプローチは、履歴書や属性データなどに目を通してから主観にもとづいて候補者の業務適性を判断する通常のプロセスとは対照的だ。このプラットフォームは、情報にもとづく意思決定プロセスと解析を採用ワークフローに直接組み込むことで、無意識の偏見が介在する可能性をそれが介在するまえになくしている。

多様なワークフォースの専門知識や助言を活用できれば、関連する専門知識や経験、定量的データ、相反する視点などを織り込んだうえで、情報にもとづく意思決定をくだせるようになる。残念ながら企業は、自ら蓄積し、給料という対価を支払っている相当量の専門知識をないがしろにしがちだ。なぜなら、そうした知識や経験が複数の部署に散在していたり、あまりに「未熟なもの」と考えられたりしているからだ。開放的意思決定ができれば、自社のワークフォースのみならず、広範なエコシステム内の提携業者や請負業者の専門知識や多様な視点までをも最大限に活用し、よりよい決定をくだせる。また、協働によって、より多くの従業員の意見に耳を傾けることが、また、最も大きな影響力を発揮できるタイミングと場所で個々の従業員を意思決定プロセスに関与させることができる。

リアルタイムで協働する

第4章で見たように、既存企業がディスラプターと同じスピードでイノベーションを起こし、事業を拡大していくことは難しく、これは既存企業が直面する最大の課題のひとつとなっている（特に中核事業が物理的な製品と関係している場合に顕著だ）。アメリカを拠点とするハイエンド家電メーカーのサブゼロ（Sub-Zero）は、協働テクノロジーを使ってさまざまな場所やサプライチェーン内から意思決定者を集めることで、生産規模を拡大しながらイノベーションプログラムを加速している。同社は最近、自社史上最大規模の製品立ち上げをおこなうと同時に新たな生産施設の稼働を開始した。ウィスコンシン州にある本社で生産ラインを設計し、アリゾナ州に製造プラントを建設しつつ、サプライチェーンや搬入業者と協働しはじめた（注12）。

最終デザインを決定したり、生産ラインに問題が発生したり、搬入作業員やサービス技師を訓練したりするとき、またエンジニアや専門家の移動時間をできるだけ少なく抑えたいときなどには、本社や製造プラントに散らばっていた上級エグゼクティブと設計者らが継続的に協働する必要があった。そのためサブゼロは、HDビデオ会議やモバイル会議、工場の作業現場でも使える高耐久度カメラなどの「没入型協働ツール」を導入した。こうしたツールのおかげでチームは、工場を撮影した動画や画像をデザインチームやウィスコンシン州にいる最高幹部らと共有することができた。また、安全性が保証されたライブビデオ通話で世界じゅうのサプライチェーン提携業者と効果的にやりとりして、デザインを共有したり修正したりした。結果として、コミュニケーション全般が改善され、協働における意思決定が迅速になった。サブゼロによれば、チームを結びつけ、スピーディに意思決定することによって、デザインにかかる時間が10～20％短縮されたという（注13）。

2　拡張意思決定

開放的意思決定と拡張意思決定を組み合わせて、適切な人々が戦略的決定と日常的決定の両方を適切にくだせるようにするのが理想だ。以下に、デジタル技術によって開放的意思決定と拡張意思決定を実現させた事例を紹介する。

過去から学んで苦境を跳ね返す

適切な企業を見極めて合併や買収をおこない、（何より重要なこととして）価値を生み出すプロセスは、困難と不確実性に満ちている。企業買収のうち成功するのは30％だけで、残る70％の失敗には、その取引にかかるコストだけでなく時間や労力の浪費、人材流出といった代償がともなう（注14）。

ＩＢＭにとって合併や買収は、絶対に成功させなければならないプロセスだ。成長を追い求める過程で同社は、２０１０年から15年までのあいだに２００億ドル以上を買収に費やしてきた。デジタル・ディスラプションの影響もあって売上は低減する傾向にあり（注15）、多くの企業がクラウドベースの安価なサービスに殺到しているため、ＩＢＭのハードウェアやストレージ、企業向けソフトウェア事業が揺さぶられている（注16）。グーグルやアマゾン、マイクロソフトがなりふりかまわず価格競争を仕掛け、低コストの「パブリッククラウド」というバリューベイカンシーを狙っているため、ＩＢＭは買収という手段を使って、ビッグデータ解析やヘルスケア技術など、それとは別のバリューベイカンシーへの道を切り拓こうとしている。２０１５年だけでＩＢＭは、トルーベンヘルス（Truven Health Analytics）といったヘルスケア企業の買収に40億ドルを費やした（注17）。

　この買収を成功させるためにＩＢＭは、「Ｍ＆Ａプロ」という解析システムを自社で開発した。このシステムは、デューデリジェンスのために機械学習によるアルゴリズムを用いて買収先企業のリスクを見きわめる。資産価値を適正かつ迅速に評価することで意思決定のスピードも速くなり、ライバル企業に狙われるまえに、基準を満たした企業を買収することができる。Ｍ＆Ａプロは、過去１００件以上の買収データを洗い出し、何百もの変数のなかから28個の成功要因を特定して買収に関する懸念点やリスクを視覚化したり、点数化したりして提示する。また、過去の買収実績にもとづいて、その買収がおよぼす財務的な影響も予測する（注18）。

　こうした情報やデータをもとに幹部がゴーサインを出すかどうかを決定できるようになったため、リスク評価における人間的なエラーや幹部の私見、人間関係などによって生じる影響を予防できるようになった。テクノロジーに支えられた能力を開発し、それを社内で使用したのちに、サービスとして外部に提供して収益化するデジタル・ディスラプターは数多くいる。なかでもアマゾンウェブサービスは、ＩＢＭの事業にとって最大のディスラプターだ。ＩＢＭは、社内システムを外部提供して収益化するというアマゾンのアプローチに倣い、いまでは「Ｍ＆Ａプロ」を顧客にも提供している（注19）。これは、既存企業が既存の資産（社内利用のために開発された資産）を利用して新市場のバリューベイカンシーを追求した絶好の例である。

「ユビキタス解析」で従業員の意思決定力を高める

アジャイルであるということは、問題が顕在化したり不測の事態が起きたりするその渦中において業務管理に関する戦略的な決定をくだすということである。事業規模が大きく複雑なグローバル大手企業にとってそれは、困難を伴うことが多い。グローバルな消費財メーカーのプロクター・アンド・ギャンブル（P&G）は180以上の国々で自社製品を販売しており（注20）、おむつから洗剤まで同社のブランドは70以上におよぶ。これだけ広範な業務を管理するには、自社のビジネス環境に関する正確なデータが必要になる。そうしたデータは、意思決定を加速するかたちで解析され、提示されなければならない。

P&Gは、インターネットに接続された没入型会議スペースを50以上立ち上げ、これを「ビジネススフィア」と命名した（注21）。会議室の壁に設置された巨大なスクリーンには、会社の業績や見込み、ライバル企業の情報など、さまざまな事業データが視覚的に映し出される（注22）。エグゼクティブやマネジャーはこうした会議スペースで定期的にミーティングをおこない、事業指標をリアルタイムで監視しながら戦略的決定をくだす。数百テラバイトのデータにアクセスできるため、人の力でデータを収集したり集約したりする必要はない（注23）。

さらには解析モデルも使われているため、エグゼクティブは事業のさまざまな側面を深く理解することができる。たとえば、ある解析モデルを使えば、上位40の製品カテゴリーの業績を算出し（注24）、各地域の市場シェアを「ヒートマップ」（訳注、数値の大小や強弱を色分けすることで可視化したグラフ）で視覚的に確認することができる（注25）。この「会議室」から、会社全体の「真の姿」を一望できるというわけだ。エグゼクティブは、実際の事業の状況にもとづいて、世界のどの地域についても意思決定をくだすことができる。何よりも重要なのは、こうしたデータを使って「仮定のシナリオ」を作成し、あるビジネス戦略を採った場合の結果を予見できるということだ（注26）。P&Gは、下位のマネジャーや従業員に解析機能を使わせることにも価値を見出しており、意思決定支援コクピットを使って5万人以上の従業員にカスタマイズされた解析を提供し、各事業部門に適用できる主要な業績指標を可視化している（注27）。こうした取り組みにより、P&Gは高まりつつあるトレンドの最前線に立った。それは、組織におけるデータと解析の民主化だ。

大きな戦略的決定を正しくおこなう一方、従業員が日々おこなっている意思決定も成功には不可欠だ。あらゆる従業員が意思決定者となり、それぞれの役割と必要に応じてあつらえられた高品質な情報にアクセスすることができれば、よりよい仕事ができるようになる。すべての従業員にリアルタイムの情報と解析機能を与えれば、企業は生産性を向上させ、ビジネスモデル変革の土台とすることができる。

こうした「ユビキタス解析」が可能となれば、従業員はより適切かつ迅速に意思決定するようになり、個人と会社のパフォーマンスが改善される。高度な解析・意思決定ツールは年々増えているが、そうしたツールを使えるのが上級エグゼクティブとビジネスアナリストという2種類の選ばれた人々にかぎられていることが多い。が、すでに述べたように、現場で接客したり、ひとりの参画者として働いていたりする第一線の従業員たちは、全体で見れば日々何百万という意思決定をおこなっている。企業の巨大データベースから得られた数字を咀嚼する少数の専門的なアナリストが、彼らの決定におよぼせる影響はかぎられており、大したアドバイスを与えることはできない。解析がほんとうに威力を発揮するのは、役職や所在地に関係なく、すべての従業員に可能なかぎり質のよい情報が与えられ、そのうえで意思決定やタスクの実行ができるときだ。

ユビキタス解析が重要なのは、意思決定の質を高めるだけでなく、生産的でやる気に満ちたワークフォースを構築し維持することができるからだ。２０１５年のアメリカ心理学会の研究によると、アメリカ企業で「意思決定にかかわる機会は十分にあった」と考えている人の割合は、第一線の従業員よりも上級リーダーのほうが高かった（前者48％に対し後者78％）。そして、これは別に意外ではないが、上級マネジャーのほうが第一線の従業員より自分の職場をポジティブな目で見ており、上級マネジャーの70％が「自分は雇用主に評価されている」と感じていた。第一線の従業員でそう感じていたのは51％だけだった（注28）。裁量がほとんど認められず、「自分の意見に意味はない」と感じている従業員はやる気を失いがちで（注29）、こうした熱意の欠如がアメリカ企業だけで年間４億５０００万〜５億５０００万ドル分の生産性を失わせていると推計されている（注30）。

第一線の従業員を意思決定のプロセスに関与させれば、彼らのやる気を維持し、自分は見過ごされているとか過小評価されているといった悪感情を抱くことなくポジティブな方向にエネルギーを向けてもらえる。従業員に関する潜在的な知識の収集を支援するスタートアップ企業（注

31）メモ社のCEOライアン・ジャンセンは、私たちにこう語った。「従業員は目のまえで起きている出来事にかかわることで仕事に意味を見出します。私たちが推進している変革の目的も、企業の従業員に力を与え、重要な意思決定をさせることです。熱意あるワークフォースをつくれる組織は、よりよい決定をくだし、その決定をよりうまく実行できるはずです」

ほとんどの組織は、平均的な従業員に解析ツールを与えても猫に小判だと考えている。従業員のスキルセットや意見についてどう思っているかと尋ねると、そんな考えが透けて見えることもしょっちゅうだ。

解析というのは、その定義からして非常にテクニカルなものだ。そのため、多くの従業員にとっては分不相応だと考えられたり、福祉手当担当者や飲食物の提供担当者、営業担当者、施設管理者には無関係だと考えられていたりする。しかし、私たちはいま、企業内での解析の使われ方について真のパラダイムシフトを目撃している。個々の参画者が、自分の役割に応じてカスタマイズされ、ワークフローに組み込まれた解析機能を使いはじめている。「意思決定ルール」と「コンテクスト解析」が第一線のアプリに組み込まれたとき、複雑さは消えてなくなる。

現場で解析して業務を改善する

要するに、解析はアナリストだけのものではない。作業現場に解析を持ち込み、パフォーマンスを改善するテクノロジーがいくつも誕生している。ワークパターン認識で集められたデータを解析すれば、倉庫内でどの箱を集品するかといった戦術的決定から高度なものまで広範な意思決定を最適化できる。クラウドプラットフォームとワイヤレス接続により、こうしたデータやアルゴリズム、そこから生じたアウトプットが、いつでもどこでも利用可能になる。また、拡張視覚ディスプレイをはじめとする「AR（拡張現実）」技術があれば、作業員は仕事を中断せず詳細な情報にアクセスし、より効率的に作業をおこなえる。データの視覚化により、オフィスにいる者であれ、現場で接客している者であれ、必要としている者に必要な洞察がもたらされる。

第5章で紹介したDHLの試験プロジェクトも、ユビキタス解析の一例だ。自動化やアルゴリズムを使って、機械のほうが効率的にくだせる意思決定から従業員を解放しつつ、解析と情報にもとづく意思決定を業務プロセスに直接的に組み込んでいた。結果として従業員は、他の仕事やよりやりがいを感じられることに時間を費やせるようになった。

ユビキタス解析は、さまざまな業界や業務プロセスにも応用できる。オフィスでも使えるが、工場や病院、研究所、あるいは車両のなかでも使える。さまざまな組織がタブレットやモバイル機器、設置端末、テレマティックス装置などのデジタルチャネルを通じて作業現場からユビキタス解析にアクセスできるようにしている。

DHLの最大のライバルのひとつ、ユナイテッドパーセルサービス（UPS）は「オリオン（Orion）」と呼ばれるコンピュータープラットフォームを展開している。社内でこれを開発するため、UPSは10年という時間と数億ドルの資金を費やした。オリオンを使うと、従業員は作業現場から解析にアクセスできるようになる。と同時にオリオンは、情報にもとづく意思決定を支援し、従業員や顧客、会社に恩恵をもたらしている（注32）。

UPSの配送ルートはアメリカ国内に5万5000あり、各ドライバーは1日平均120カ所に立ち寄る。電子商取引関連の配送が増加したことにともない、ルートも複雑化してきている。ドライバーとプランナーは、道路工事や交通量、特殊な配送条件、荷物の大きさなどいくつもの要素を考慮したうえで最善の配送ルートを考えなければならない。さらには、UPSの「マイチョイス」というセルフサービスプラットフォームが急成長していることもあり、複雑さに拍車がかかっている。これは、現在1300万人が利用しているサービスで、顧客が配達の時間や場所を変更できるというものだ（注33）。

シフト開始時、UPSのドライバーはオリオンから提示されたルートをタブレットで確認する。ルートを確定するためにオリオンは何十万という候補ルートを計算し、配達時間の要望など新たな要因が入るたびに修正を加える。想定される運転経路や配達希望時間枠といったドライバーや顧客の行動傾向も考慮される。いまのところオリオンはUPSの配送ルート決定プロセスの40％以上に使用されており、発車から帰社するまでの移動距離は平均11〜13キロ程度減少した。CEOのデビッド・アブニーは、オリオンがあれば2017年までに年間3〜4億ドルの経費を節約できると話している（注34）。

ユビキタス解析の先駆的な利用法は、配達ルートの最適化に留まらない。ロサンゼルスを拠点とするスタートアップ企業のダクリ（DAQRI）は、「スマートヘルメット」とそれを支援するソフトウェアを開発し、工場や石油掘削などの現場にユビキタス解析を導入している。ARディスプレイが搭載されたスマートヘルメットには、熱画像やヘッドトラッキング、モーションセンサー、パターン認識といった技術が使われている。作業員はこのヘルメットをかぶり、解析によって導き出された情報にもとづいて作業をおこなう。こうした情報は、作業者の視界に重なって表示される。またダクリは、カザフスタン・シームレスパイプ（ＫＳＰスティール）と提携し、パイプ生産ラインの作業者にスマートヘルメットを装着させて「分散型管制室」という業務モデルをテストした（注35）。この生産ラインでは毎時１１０トンのパイプが生産されており、生産データから安全パラメーターまで２万３０００以上のデータ点が生成されている。通常、作業者は管制室からしかこのデータにアクセスできず、管制室と作業現場のあいだを行ったり来たりしなければならないが、スマートヘルメットを使うことで現場にいながらにしてこの重要なデータにアクセスできるようになり、移動や作業の中断が少なくなった。ダクリによれば、この試験では作業者の生産性が40％向上したという。

セールスサイクルを俯瞰的に解析する

何年もまえから、さまざまな企業が営業効率を向上させる方法を見つけ出そうとしている。最高のチャンスを容易に嗅ぎつけ、狙い撃ちにするために、ＣＲＭ（顧客関係管理）ソリューションだけで２３４０億ドルの資金が費やされている（注36）。最近では、消費者のトレンドに追従するかたちで、企業も情報収集や仕入れをオンラインやモバイルのチャネルからおこなうようになってきている。そのため、B2Bの営業担当者の出番は減り、従来のセールスサイクルは短縮され、結果としてB2B営業チームは法人顧客の購買活動と足並みがずれるようになってきている。

こうした変化のなかで企業は、営業チームに解析機能と人工知能ツールを与えて、どの法人顧客に対して、いつ、どう営業を仕掛けるべきかを見きわめさせようとしている。見込み客になりそうな企業を予測するツールを開発し、セールスサイクルのデジタル化を主導しているスタートアップ企業もある。こうしたツールは、スタッフのEメールや予定、顧客データベースといった内部データのほか、ビジネス関連の記事やソーシャルメディアなどの外部データを解析する（注37）。予測や自動化、インテリジェントスクリプトを組み合わせた結果が出力されると、セールスパーソンはそれをもとにして売上への転換率を増やしたり、顧客が一番話を聞いてくれそうなタイミングでコンタクトを図ったりすることができる。

たとえば、クリアスライド（ClearSlide）のサービスを使うと、見込み客が営業メールをひらいたとき、そのことが営業マネジャーに自動的に通知される。見込み客がそのメールを読むのに費やした時間もわかる。その直後に営業電話をかければ、顧客はその製品のことを考えていて、話を聞いてくれる可能性が高い。シックスセンス（6Sense）などのスタートアップ企業は、会社のウェブサイトにアクセスしている人物について、その人物の肩書を含む詳細な予測データを提供する。この予測解析にもとづいてセールスパーソンは、1日のうちのどの時間帯に電話をかけるのがベストかといったことまで判断できるようになる（注38）。こうした解析は、営業チームのワークフローに組み込まれるだけでなく、各セールスパーソンが適切なタイミングで行動を起こすことを可能にしている。

顧客の意思決定を支援する

情報にもとづく意思決定ができるかどうかは、正しい決定をおこなうための内部プロセスの有無に左右される。一方で、顧客がよりよい意思決定をくだせるように支援することも、企業の大きな差異化要因になる（第2章で述べた「データオーケストレーター」のビジネスモデルはこれを基礎にしている）。そのため、多くの企業がＩｏＴと匿名解析システムを用いて自社の製品やサービスに「情報にもとづく意思決定」要素を組み込んでいる。

フランスの化粧品会社ロレアルは、「マイＵＶパッチ」と呼ばれる小さな透明の粘着パッチを開発している。これは、着用者がどれだけ紫外線にさらされているかを監視してくれるパッチだ。皮膚に貼ったあと、このパッチをスマートフォンで撮影するか、ＮＦＣ（近距離無線通信）でスキャンすれば、その日とこれまでに浴びた紫外線の量をアプリが解析し、紫外線対策についてアドバイスをしてくれる。このアドバイスには、ＵＶカット製品の推薦も含まれている。肌がダメージを受けるまえに消費者が予防策を取れるよう（とくに健康問題や加齢などの理由で紫外線を気にしている層に対して）ロレアルは、自社のスキンケアブランド「ラ・ロッシュ＝ポゼ」からこのパッチを無料で配布することを検討している（注39）。

保険関連のスタートアップ企業、オスカーヘルス（Oscar Health）もウェアラブル端末を使って同様のアプローチを採っており、希望した顧客にリストバンドを配っている。このリストバンドは運動レベルを計測するアプリに接続されており、顧客は、ウォーキングやランニングの日々の目標を立てて一定の歩数目標を達成すると（インセンティブとして）キャッシュをもらえる。目標を達成した日ごとに1ドルを獲得し、それを20回繰り返すとアマゾンのギフトカードと交換することができる（年間最大２４０ドル）。顧客には、キャッシュのインセンティブというかたちでコストバリューがもたらされる。また、「パーソナライズ」され「摩擦軽減」された運動目標計測メソッドによりエクスペリエンスバリューがもたらされるほか、日常的に体を動かすことで健康上の恩恵を受ける。顧客は、自分の健康について目標達成状況の通知を受けるだけでなく、よりよい意思決定ができる情報を提供され、キャッシュのインセンティブまで受け取っているのだ（注40）。

オスカーヘルスは、ＩｏＴと解析ベースのソリューションというプラットフォームバリューのあと押しを受けてサービスを急激に拡大している。ここで何より重要なのは、「よく体を動かす顧客は肉体的にも精神的にも健康なことが多く、費用がかさむ医療や深刻な治療行為を必要とする可能性が低い」ということだ。今後は顧客から収集・解析したデータを使って保険数理解析を改善し、運動レベルや全般的な健康状況に鑑みて保険契約をパーソナライズできるようになるかもしれない。ウェアラブル端末の性能が進化してコストが低下するにつれ、オスカーヘルスをはじめとする保険会社は、心血管の健康管理や血圧維持、栄養管理、ストレス軽減といった用途のためにリアルタイムのコーチングサービスを提供できるようになるだろう（注41）。

あなたの会社はどうか

情報にもとづく意思決定力の有無はどうやって判断すればよいか。以下の7つの質問に対して肯定的な回答ができ、各項目をアシストする適切なデジタル技術を取り入れているなら、その企業は情報にもとづく意思決定力が高いといえる。

1　迅速な意思決定をしているか

ＩＢＭは予測解析を使い、目をつけた買収先企業から財務的なリターンがもたらされるかどうかを見きわめたうえで、迅速に買収の判断をしている。

2　偏見のない意思決定ができているか

ユニティブは雇用について偏見のない意思決定ができるよう支援し、さまざまなバックグラウンドを持つ候補者のなかから最良の人材を選び出せるサービスを提供している。

3　（従業員に適切なレベルの権限を与えて）分散型の意思決定をしているか

ＤＨＬやＫＳＰスティールの第一線で働く作業者は、ＡＲヘッドセットで作業現場のデータを視覚化し、拡張意思決定をおこなっている。

4　（肩書や近さではなく貢献度合いにもとづいて）開放的意思決定をしているか

スラックやシスコスパークのような協働ツールを使えば、「ゲートキーパー（門番）」を排除して個々の従業員が意思決定に貢献することができ、また、そうした貢献がチームの上級メンバーの目に留まるようになる。ランクタブを使えば、個々の意思決定者の年功ではなく、集団にとっての利益にもとづいてアイデアをトップに伝えられる。

5　（孤立させたりサイロになったりせず）協調して意思決定をしているか

サブゼロは、遠く離れたエグゼクティブやデザインチーム、工場のあいだで協調して意思決定するための「協働テクノロジー」を使っている。こうした意思決定ができると、市場投入までの時間が短縮され、イノベーションが加速される。

6　予測にもとづいて意思決定しているか

P&Gのマネジャーは「ビジネス・スフィア」と呼ばれるデータ解析室で、どんなビジネス戦略がどんな影響を持つかを予測し、主要な業績指標がどう変化するかを視覚的に確認している。

7　実行可能な意思決定をしているか

UPSはユビキタス解析を使ってドライバーが実行可能な意思決定をくだせるよう支援している。一方、解析を使えば、見込みの高い顧客を特定し、営業チームが理想的な時間に電話をかけたりすることもできる。

言うまでもなく、どんな企業であれ、よりよい意思決定をするにはテクノロジーだけでは不十分だ。ひとにぎりの上級エグゼクティブが権勢をふるったり、知識より直感が重視されたりしている職場であれば、せっかくのテクノロジーも意思決定の質に大した影響を与えられないだろう。今後、ますますたくさんの企業が、テクノロジーと意思決定科学を駆使して新しいチャンスを見つけたり、問題の芽が大きくなるまえにそれをつぶしたりするようになる。そうなれば、閉鎖的な意思決定の文化を持つ企業は、デジタル・ボルテックスの渦のなかで厳しい道のりを歩むことになるだろう。

今後、DBTセンターでは企業文化を改善する方法を研究していく予定だが、あなたの会社が変化を望むなら、ここで述べたテクノロジーで可能となる業務プロセスが重要な役割を果たすだろう。たとえば、ランクタブの解析サービスを使えば、機能横断型のチームを立ち上げ、個々の従業員の特性にもとづいてよりよい意思決定をすることができるようになる。パフォーマンスが改善されれば、自分も他のメンバーも成功を収められる。その成果が組織に認められれば、さらにパフォーマンスの改善につながり、変化に向けた好循環が生まれる。

ハイパーアウェアネスで、自社のビジネス環境やオペレーション環境についての必要な情報を手に入れ、戦略的・日常的な意思決定を適切にくだすことができれば、デジタル・ディスラプターをはじめとする俊敏な企業とも肩を並べられる。しかし、「良質な情報を持っているだけでは足りない」というのは以前から言われていることだが、良質な意思決定についても同じことが当てはまる。意思決定にもとづいた「実行」がなければ、デジタルビジネス・アジリティの真価は発揮できない。

第8章 リソースとプロセスを動的にする——迅速な実行力

Fast Execution

対応する力を身につける

デジタル技術は「市場内や組織間」だけでなく「組織内部」にも新たなディスラプションを起こしている。私たちが今日デジタル・ボルテックスの競争勢力図のなかに見ているテクノロジーに導かれた大変動は、企業の壁の内側でも猛威をふるっているのだ。

さまざまなものがデジタルという俎上にのせられており、そのうちのひとつ「仕事の未来」といったテーマも話題に事欠かない。が、その話題の中心にあるのは、さまざまな仕事が今後どうなるかや、若者世代への期待、在宅労働などのフレキシブルなワークスタイルといったものがほとんどで（注1）、企業がディスラプティブなアプローチを実践するための方法やそうしたアプローチを競争力の改善に結びつける方法についてはまだまだ研究が少ない。そのため、本章では、DBTセンターのリサーチで明らかになった「次世代のベストプラクティス」に重点を置く。それは、仕事（と競争）というものをイメージしなおし、解析や協働、自動化、プラットフォームの力を借りたディスラプティブな実行モデルを活用するうえで役立つはずだ。

デジタルビジネス・アジリティというのは、究極的にはたったひとつのことを指している。それは「変化する能力」だ。最近おこなわれたインタビューのなかで、アメリカ最大の健康保険業者、ユナイテッドヘルスグループの最高イノベーション責任者（当時）ライアン・アームブラスターはこう語った。「イノベーションの文化というのは、最高のアイデアを見つけたり、思いついたりすることではなく、変化に向けて備えておくことなのです」

強力なデジタルビジネス・アジリティを持つ企業では、「どのようにして仕事を進めるか」「誰が（何が）その仕事を担当するのか」といったプロセスが大きく変化していく。そうした企業は、つねに何かを察知して解析し、社内の環境の変化に応じて行動する。第5章では「迅速な実行力」を、プランを迅速かつ効果的に実行する能力と定義した。それは「情報にもとづく意思決定」を行動に移す「対応能力」だ。では、その実行力はどうすれば身につけられるのか。

リソースとプロセスをとらえなおす

迅速な実行力を身につけるには、仕事を「リソース」と「プロセス」というふたつの側面からイメージしなおす必要がある（図17）。リソースとは組織が使える人材や経済的・技術的資産を、プロセスとは組織が目標を達成するための構造化された活動を指す。ほとんどの企業ではリソースもプロセスも固定化している。企業がつねに利用できるリソースは自社の従業員と会社のシステムであり、あなたは自分のやるべきことをやりながら、こうしたリソースを使ってライバルと

図17　迅速な実行力

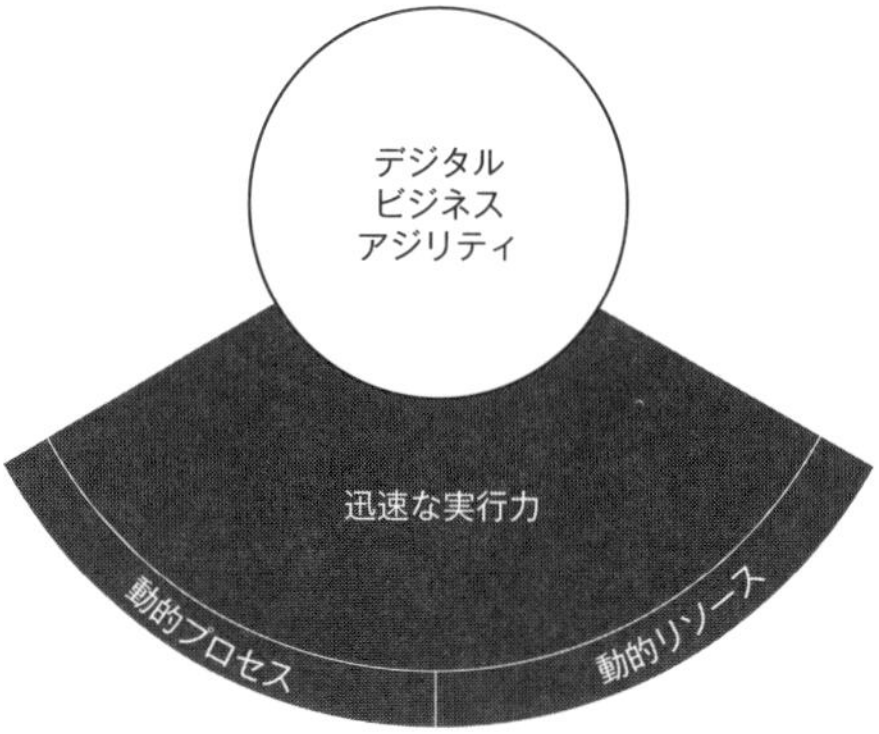

Source: Global Center for Digital Business Transformation, 2015

競争している。こうしたリソースが増えたり変化したりする機会は少なく、それには人事部や経理部との長期にわたる交渉が必要になる。

誰もが知るとおり、大企業の内部プロセスは柔軟性に欠ける。官僚主義や制度的惰性、リスク嫌悪といった「機能障害的体質」が複雑に混ざり合い、企業の実行力は「制限されたリソース」と「凝り固まったプロセス」に支配される。それを変えることは（不可能とはいわないまでも）困難をきわめる。

最近、カリフォルニア大学アーバイン校でおこなわれたデジタルビジネスに関するカンファレンスで、GEの最高デジタル責任者、ビル・ルーはこう述べた。「変化させるのが一番難しいもの、それはスピードです」。しかし、リソースとプロセスというふたつの面にディスラプティブなアプローチを取り入れることで、企業は迅速な実行力を身につけることができる。その方法を見てみるとしよう。

Ⅰ　動的リソース

迅速な実行力を身につけるには、リソースを「動的なもの」としてとらえる必要がある。動的リソースとは、事業の状況に応じて迅速に調達、配置、管理され、変化していくものであり、ふたつの組織資産に区分できる。ひとつは「アジャイルな人材」、もうひとつは後述する「アジャイルなテクノロジー」だ。

人材をたえず変化するものとしてとらえる

アメリカでは、いわゆる「ギグエコノミー（仕事を1回ごとに請け負う労働形態）」の成長と並行して、2015年には34％の労働者がフリーランスやパートタイマー、臨時労働者として分類されるようになった（注2）。その割合は2020年には40％にまで増加すると予測されている（注3）。健康管理にかかる費用や収入の不均衡、イノベーションと労働者保護のバランス、公共政策上の深刻な懸念などたくさんの問題があるが、ことの善し悪しはいったん脇に置いておくとして（本書の終章でもう一度論ずる）、このことが今後、企業がワークフォースを形成する際に考慮しなければならない現実であることは変わらない。こうした現実は、仕事のあり方にどのような影響を与えるのだろうか。

人材クラウド

人材リソースを提供するサービスは、クラウドコンピューティングなどのオンデマンドサービスと同様の進化を遂げている。「人材クラウド」と呼ぶアプローチの出現により、企業は、はるかに迅速かつ的確にチームを組めるようになった。どの人材に対して長期的に投資し、どの人物と従来的な雇用契約を結ばずに力を貸してもらうかを決めることもできる。つまり、どの人材を社内に置き、どの人材に外から動的にアクセスしてもらうかを決められるようになったのだ。

実際に人材クラウドは、無限に近い多様性を持つ人間のエコシステムである。それは、企業に欠けていたり、短期間だけ必要としたりする専門知識やスキルを提供してくれる。アプリケーションから利用することができ、人材を迅速かつ簡単に見つけ出したり、仕事を依頼したり、人材を管理したり、最終的には手放したりすることができる。人材を迅速に活用できるパイプラインをつくるには、適切な人材のソースにアクセスして、必要なスキルを持った候補者を惹きつけるメカニズムを構築する必要がある（表6）。

「アウトソーシング」や「仮想企業」といったコンセプトは数十年前から議論、実践されてきたが、従来の人材派遣会社や独立した請負業者から人材を調達するプロセスは多くの大企業にとって煩雑で、ベンダーとの長期契約や発注書、時間のかかる承認作業が必要だった。おまけに、アジリティに欠けることもしばしばだった。需要の高いスキルやノウハウを持つ従業員を探す際、アジリティはきわめて重要になる。たとえば、テクノロジー分野が目覚ましい成長を遂げ、ビジネスのあらゆる面でテクノロジーの重要性が増したことで、ソフトウェア開発者とデータサイエ

表6　人材クラウドの価値

コストバリュー $	**無料／超低価格**　雇用にかかるコストや給料の削減。福祉手当が不要。 **従量課金制**　労働が必要になったときにだけ対価を支払う。コストの可変化。 **リバースオークション**　雇う側は仕事の詳細を提示し、雇われる側は自分のサービスを提供すべく競う。 **価格透明性**　雇う側は候補者リストを俯瞰し、価格を比較したうえで、より安い提供者を選べる、賃金の裁定。
エクスペリエンスバリュー	**カスタマーエンパワメント**　雇う側は人材プールに直接アクセスできるため、高くつく派遣会社やアウトソーサーを介さずにすむ。 **カスタマイズ**　専門性の高い知識を持つ人材を見つけ、前例のないプロジェクトで必要になったときに必要な場所で人材を使える。 **即時的な満足感**　雇うまでにかかる時間が短い。 **摩擦軽減**　求人活動や研修といった時間とコストのかかる人事プロセスをなくすことができる。 **自動化**　より安価な人材リソース（海外など）に仕事を委ねられる。
プラットフォームバリュー	**クラウドソーシング**　貴重なノウハウやスキルを利用できる。雇用の多様性が増す。 **コミュニティ**　求人広告の効果が増す。幅広い候補者のなかから選べる。 **デジタル・マーケットプレイス**　雇う側と仕事を探している側を新しい方法で結びつける。 **データオーケストレーター**　候補者の解析。ワークフォースのトレンド。 **エコシステム**　作業プロジェクトのゲーミフィケーション。

Source: Global Center for Digital Business Transformation, 2015

ンティストの奪い合いが激化している。ボストンコンサルティンググループ（BCG）によれば、ソフトウェア開発者の需要は2022年までに6倍に膨れ上がる見込みだ（注4）。人材が不足している市場では従来のやり方は機能しない。人材採用担当者はそう気づいている。とはいえ、バリューベイカンシーが出現したら、すばやく行動しなければチャンスを逃してしまう。だから、企業が適切なスキルにすばやくアクセスできることが肝要なのだ。

次から次へとデジタルプラットフォームが出現しているおかげで、企業はすばやく効果的に人材プールにアクセスできるようになってきている。ボストンを拠点にするスタートアップ企業、ドラフテッド（Drafted）は、友人を「ドラフト（紹介）」してくれた利用者に対して企業が最高1万5000ドルの賞金を出すというモバイルサービスを提供している。2016年4月時点でスタートアップ企業70社の求人に対して合計91万9000ドルの賞金が用意されている（注5）。ドラフテッドは、候補者の交友関係と友人からの紹介に依存するという、他とは異なる人材パイプラインのアプローチを採っている。また、モバイルプラットフォームなので、企業が望んでいる技術分野にくわしい候補者が集まりやすい。この他にも、ジョプウェル（Jopwell）やウェイアップ（WayUp）といったスタートアップ企業が特定のコミュニティに特化したマーケットプレイス（前者はマイノリティの、後者は学生の）を構築しており、雇う側は、新しいデジタルプラットフォームを通じてさまざまな人材パイプラインにアクセスすることができる。

藁の山のなかから針を見つける

デジタル・ボルテックスの渦に呑まれた企業が求めるスキルは、ますます具体的になってきている。が、その一方で従来的な求人広告手段は、資産ではなく「負の資産」と化しつつある。人材獲得に際して候補者の能力を念入りに見きわめるのではなく、頭数をそろえることにばかりこだわっているため、履歴書の波に呑まれてしまっているのだ。そればかりか、候補者の大半は企業が求める条件を満たしていない。たとえば、P&Gが最近求人を出したところ、2000のポストに対して100万件近い応募があった（注6）。

主として履歴書の氾濫を防ぐため、データと解析を用いて候補者を探すようになった企業もある。いまでは候補者のデータはふんだんに手に入る。従来的な履歴書のデータに加えて、リンクトインやフェイスブックといったサイトを通して、さまざまなソーシャルデータにアクセスできるからだ。しかし、変化があったのはデータの「量」だけではない。最も有望そうな候補者を特定するアルゴリズムも急速に進化しており、さまざまな方法で、見込みのある候補者に狙いを定められるようになった。エンテロ（Entelo）やタレントビン（TalentBin）のようなスタートアップ企業は、リンクトインやクオラ、ギットハブといったソーシャルサイトをクロールしてデータベースを構築し、数百万人の候補者を検索できるプラットフォームを提供している。最適な候補者を見つけるだけでなく、予測解析を使い、性別や人種、軍隊経験の有無などによって人材をフィルタリングすることもできる。こうしたデータ主導型の雇用アプローチを使えば、最良の候補者を見つけられるだけでなく、そうした人材を採用できる可能性も高まる。

外部人材プラットフォームはますます強力になり、あらゆる種類の人材を見つけられるようになってきているため、人材クラウドのアプローチにも、そうしたプラットフォームを含めなければならない。マッキンゼーの研究によると、2025年までに最大5億4000万人がオンラインの人材プラットフォーム経由で仕事を探すようになり、完全雇用に近づいた状態で自分のスキルに合ったポジションを見つけられるようになるという（注7）。カグルやアップワーク、アワリーナード（HourlyNerd）といったプラットフォームを使えば、優秀な人材を必要に応じて使える。

こうしたプラットフォームでは、バーチャル（仮想的）でソーシャルな新しい仕事のやり方ができるようになっており、P2Pの交流も可能だ。これは、企業の実行力にも影響を与えるはずだ。企業が大きくなり、物理的に分散され、世界じゅうに従業員が散らばって、顧客や提携構造、ソーシングプロセスが複数の国にまたがるようになると、仕事は必然的にバーチャルになり、より協働が求められるようになる。高名なコンピューターサイエンティストのビル・ジョイはこう発言したという。「頭のいい人はこんなところ（特定の会社や場所）じゃ働かない」。仕事をイメージしなおすうえで、近く（つまり、同じ会社）で働いていない頭のいい人たちと労働者を結びつけられるというのは、プラットフォームが持つ非常に魅力的な恩恵だ。

企業が「候補者リストの作成」を終えると、次は、最も重要なステップである「最終選考」に入る。デジタル技術はここでも候補者に対する試験やオーディション、評価の進め方を一変させる。

ギャップジャンパーズ（GapJumpers）、ハッカーランク（HackerRank）、ハイアビュー（HireVue）といったサービスを使えば、プログラミングコンテストを開催し、候補者のソフトウェア開発スキルを実際に試すことができる（注8）。そのため、候補者の履歴書に書かれた情報から判断するのではなく、より直接的に評価することができる。こうしたデジタルの審査プラットフォームの効果はすでに証明されており、ときに人間が審査するよりもふさわしい人材を雇えることがある（注9）。

インテリジェントな人材配分

ほとんどの企業は、「人材獲得」のみならず「人材配分」や「チーム編成」もあまり得意としていない。スキルセットや経験、視点などの要素を最高のかたちで組み合わせるには、企業の隅々から従業員をかき集めなければならず、それを可能にする新しいプラクティスが強く求められている。とりわけ大企業は、複数の部署や場所にまたがる従業員のなかから、価値を最大化できる能力を持った人材を見きわめなければならない。これは実に厄介な問題だ。企業は得てして、そうした人材の価値を理解していないか、彼らの知識を有効活用する方法をわかっておらず、組織のなかに「埋もれさせて」いる。

デジタル・ディスラプションによって生じる困難を乗りきるには、適切な人材の獲得が不可欠だが、まずは、いまいる従業員のなかに成功に欠かせない能力を持っている者がいないかどうかを見きわめなければならない。つまり、社内からふさわしい人材を探し出す「人材監査」の方法を見つける必要がある。そして、ふさわしいスキルを持った従業員を見つけたら、そのスキルの効果を最大限に発揮できるチームや役職に異動させる。「インテリジェントな人材配分」とは、この両方を実行可能にするメカニズムだ。

現在広く採られている人材配分メカニズムでは、各従業員のスキルセットを突き止め、組織内で最も力を発揮できる場所を特定するためにデータが有効活用されているとは言いがたい。チームづくりや協働、人材配分のプロセスは、職能という狭いコンテクストのなかだけで完結しがちで、複数の職能をまたいだり、第三者機関のリソースが考慮されたりすることはめったにない

（注10）。

誰をどこのチームに割り当てて、誰を誰と一緒に働かせて、人材をどこでどう使うかといった決定は、それに関与するマネジャーの権力に圧倒的に支配されており、マネジメント科学が介在する余地がない。あまりにたくさんの人材配分決定が情報不足のままおこなわれており、内部人材は活用されることなく貧弱なチームが編成されてしまう。結果として企業は迅速な実行力を身につけられずにいる。私たちがインタビューしたあるエグゼクティブは、デジタルビジネス化で企業が直面する「人材」に関する最大の課題は「スキルの未熟さではなく、人材配分の未熟さ」だと強調した。

チームづくりの重要性が増しているということは、インテリジェントな人材配分を使ってさらに迅速に人材にアプローチし、組織内に眠っている価値を引き出すことができれば大きなチャンスになる、ということだ。適切なリソースを配分することで、企業はもっと俊敏に、もっと効果的に実行できるようになる。スピードが上がれば品質も上がる。「たまたま同じ部署だったから」ではなく「必要な専門知識を備えているから」という理由でチームを構成すれば、まちがいや惰性を回避し、迅速な実行力を養うことができる。スピークアップ（SpeakUp）の共同創立者兼CEOであるレイ・ギレンウォーターは、私たちにこう語った。「チームからどれだけうまく最高のアイデアを引き出せたか。その知恵をいかにうまく活用して、実際の仕事や製品、プロセス、顧客体験、さらにはそれらのあいだにあるすべてを改良できたか。今後の企業の成功は、そうした要素によって定義されるようになるでしょう」

人材の力を最大限に引き出す

人工知能と解析ツールが進化し、従業員データが広く入手可能になったいま、それらを組み合わせれば人材配分のやり方を変革することができる。イノベーションを起こしている企業は、高度な解析をワークフォースに組み込み、よりスマートかつ効率的に人材配分できるサービスを提供しはじめている。ワークフォース管理ソフトウェアの提供業者であるビジアー（Visier）は、「インタラクティブ人材フロー視覚化」と呼ばれるサービスを提供している。これは、リアルタイム解析で従業員のキャリアや役職の推移を把握し、よりよい人材配分ができるようにするものだ（注11）。

私たちは、パフォーマンス解析分野のディスラプターであるソースタ（SOASTA）のグローバルサービス部門統括責任者、ベリンダ・ロッドマンにインタビューをおこなった。ベリンダは、たいていの従業員は多岐にわたるスキルを持っていると語った。「会社は、そうした従業員が、いまの役職とは無関係なスキルを持っているとは思っていません。ですが今後は、従業員の価値を見つめなおし、会社に最も大きな価値をもたらすよう配置できるようになるでしょう」。また、求職者が文化的に自分とぴったりな雇用主を探せるソーシャル解析プラットフォームを提供しているグッド&コ（Good&Co）の創立者兼ＣＥＯ、サマル・バーワドカーも、私たちが２０１５年後半にインタビューした際、厳密な解析にもとづいてチーム編成をすることの価値についてこう述べていた。「チームメンバーの多様な文化や性格を解析すれば、どんな種類の人材、あるいはどんな強みとスキルを持った人材を加えればチームが成功する可能性が高くなるのかを数値化できるようになります。成功の可能性を高めるために、私たちは解析と数値化データを増やしていっています。チームメンバー自身とメンバー同士の相性に関する解析を使えば、チームを改善できるのです」

価値の高い従業員を活用できていない企業は、ふたつの問題に直面する。ひとつは、従業員の価値を十分に利用できないこと、もうひとつは、従業員が辞める可能性が高くなることだ（注12）。内部の人事データと外部のデータソースを活用すれば、離職の可能性が高い従業員を特定して、もっとやりがいのある役割を与えたり、彼らのスキルを補えるメンバーがいるチームに組み込んだりすることができる。もともとネットフリックスの映画レコメンドのために開発された「ワークデイ（Workday）」は、社内外にある情報を利用して離職可能性の高い従業員を特定するテクノロジーだ。このプラットフォームは、その従業員に最もふさわしい役割を具体化して推薦してくれる（注13）。こうしたデジタル技術を活用した人材配分アプローチを取り入れれば、従業員は仕事にやりがいを見出し、離職率は減少し、より迅速かつ効果的な実行ができるようになるだろう。

どうテクノロジーを用いるかで競争力が決まる

ＩＴは迅速な実行力の中核だ。デジタルビジネス・アジリティの原動力となるＩＴの役割と、アジャイルなテクノロジーのアプローチの恩恵について考えてみよう。

本書の序章で、私たちは「デジタル」を、複数の技術革新が、つながり（コネクティビティ）の向上という意味で統合されていくことと定義した。この統合が、デジタル・ボルテックスの渦中にあるさまざまな市場の急激な変化や混乱の源になっている。しかし、そこから生じている複雑さを見れば、ＩＴをいかに用いるか、ＩＴがアジリティと競争力の強化にどれだけ貢献するかといったことについて多くのことが読み取れる。

「ノーしか言わない部門」はもう卒業

ＩＴ部門は、社内で最も変化を嫌う部門になりがちだ。その結果、彼らが企業の実行力を鈍化させてしまうケースが往々にしてある。というのも、ＩＴ部門の責任者の場合は「問題がない」ことを評価されるからだ。ＩＴ部門の一般的な評価基準は、「作動可能時間（問題の起きていない時間）の割合がどれくらいあったか」だ。彼らにとって、確実性の減少やリスクの増加、新しい問題が発生する可能性を意味する「変化」は鬼門なのだ。そのため、ＩＴ部門は反抗の文化を育むようになり、結果として「ノーしか言わない部門（注14）」と揶揄されるようになる。

しかし、ＩＴ部門の責任者も、今日の企業がより多くのものをＩＴに求めていることは理解している。それどころかシスコの調査によれば、ＩＴ部門の責任者は「株主の期待に答えるために自分たちが一番貢献しなければならない分野はイノベーションの主導だ」と認めている（注15）。にもかかわらず、多くのＩＴ部門が「コストばかりかかる部署」とみなされ、真の意味での会社のビジネスパートナーにはなれていない。たとえば営業部門や経理部門など、本来ならＩＴ部門の「社内顧客」とでもいうべき部門は、ＩＴ部門を避けて、よりスピーディで柔軟性のある外部技術企業（だいたいの場合、クラウドサービス）にじかに依頼することが増えている。多くのＩＴ部門がコストバリューやエクスペリエンスバリュー、プラットフォームバリューを提供できておらず、自社事業とのかかわりを維持できていない。そして、その結果、ディスラプトされてしまっている。「ＢＹＯＤ（訳注、従業員が個人の所有機器を職場に持ち込み、業務に使うこと）」や「ＳａａＳ（訳注、必要な機能を必要な分だけサービスとして利用できるようにしたソフトウェア）」の流行が、そのことを如実に物語っている。シスコの調査によれば、全ＩＴ関連費用のうちおよそ半分（46％）がＩＴ部門以外の事業部門で発生している（注16）。ＩＴ部門はそろそろ態度を改めるべきだろう。

同じくシスコの調査から、ＩＴ部門の予算の80％以上が無数のアプリやハードウェアのインフラ、レガシーシステムなどの管理や維持といった複雑きわまりない既存の技術環境のために使われていることがわかっている。既存のＩＴ環境はもともと複雑だったが、デジタル機器やアプリ、サービスの前代未聞の増殖を受けていっそう悪化している。

企業が抱えているＩＴ環境の特徴といえば、「異種混交（管理しなければならないものがたくさんあること）」と「横ばい、あるいは削減されていく予算」だ。そのため、組織がほんとうに求めている事業上の結果（市場進出までの時間の短縮や新しいビジネスモデルの創出など）はＩＴ部門の余力でおこなわれることになる。典型的な既存企業のＩＴ予算の80％が「現状維持」のためだけに割かれているのだとしたら、潤沢な資本を持つ迅速なディスラプターと張り合うのは至難の業だ。さらに悪いことにＩＴ責任者は、イノベーション主導という立場から実質的に「遮断」されてしまっていることが多い。ＩＴ部門は、まずコストを削減し、そのうえで、余った予算でイノベーションを創出しなければならないからだ（ときに「投資のための貯金」と呼ばれる）。

ガラス一枚張りのＩＴ

こうしたことを考え合わせたうえで、ＩＴ部門は、どうすればデジタル・ボルテックスの渦中で企業が必要としているスピードやアジリティの獲得やリスクの引き受けを支援することができるだろうか。ストレージやコンピューター、ネットワーク、セキュリティ、アプリケーションといったＩＴは、ほとんどの組織で一連の離散した「サイロ」として管理されているが、アジャイルなテクノロジーのアプローチを取り入れれば、こうした個々のサイロに橋を渡し、ＩＴの全構成要素を動的なオンデマンドのリソースプールとして使い、ＩＴサービス創出のあらゆる面をカバーできるようになる。企業はＩＴが持つ能力を余すことなく迅速に「指揮」し、新たな必要性が生じるたびに、繰り返し可能なプロセスで解決することができるようになる。そして、機能やセキュリティ、処理能力、コンピューターのリソース、組み込み業務などといった必要なＩＴリソースを全部ひとまとめにして即座に投入することができるようになる。つまり、ビジネスの要請に応じてリソースを使えるようにするプロセスをＩＴ部門が自動化すれば、１回のサイクルにかかる時間を劇的に短縮できるのだ。

ＩＴに動的リソースのアプローチを取り入れれば、会社のインフラとアプリにかかる総所有コスト（ＴＣＯ）が減り、付加価値活動に割けるリソースが増えることで、結果的に投資のための「貯金」が増える（注17）。さらに重要なのは、このアプローチによってＩＴ部門がビジネスのニーズにすばやく反応できるようになり、ＩＴリソースの提供と管理をより迅速に実行できるということだ。

アジャイルなテクノロジーのモデルでは、ＩＴリソースを一連の個別技術群として管理するのではなく、ＩＴポートフォリオ全体をひとつのものとして管理する。そのためには、トップレベルの方針を定め、サービスやセキュリティレベルの設定、トラフィックの優先順位づけ、ユーザー権限設定といったエラーが起こりやすくコストと時間がかかる手作業（通常はＩＴスタッフがおこなう）を自動化する。ＩＴの離れ小島をひとつひとつ管理したり、サーバーやスイッチなどの機器を手動で設定したりするのをやめるのは、いわばＩＴ管理における究極の目標の追求だ。究極の目標とは「ガラス１枚張りのＩＴ」を実現すること、すなわち、中央管理型のコンソールを通してＩＴ責任者が一元的にＩＴ環境を監視し管理できるようにすることだ。また、これを「プログラム可能」にすることで、ＩＴ責任者は業務方針の設定やワークフローの自動化、品質の改善、社内の利用者に対するサービスの迅速な提供ができるようになる。そうなれば、ＩＴは「迅速な実行力」を可能にするための必要不可欠な動的リソースになる。

コカ・コーラの最高技術責任者（ＣＴＯ）兼最高イノベーション責任者（ＣＩＯ）であるアラ

ン・ボーメは、自らが自社の業務で推進したコンセプト、その名も「さらばＩＴ」について「（これは）安価で、すぐに展開できるアプリケーションやサービスを開発することを奨励して、次から次へと発生するビジネス上のニーズに応えていく」ことだと話している（注18）。この種の高速なリソース展開は、高まる競争圧力のなかで変化する優先順位に適応しなければならないビジネスの支援に不可欠だ。ただし、注意しなければならないのは、ビジネスの要求に応じてあまりにたくさんの新しいアプリケーションやＩＴサービスを（とくにごく短期間のうちに）導入してしまうと、かえってＩＴの複雑性が増し、皮肉にも実行力が鈍ってしまうことだ。コーポレート・エグゼグティブ・ボードの最近の研究によれば、１億ドル規模の典型的な技術ポートフォリオを持つ企業において、個々のＩＴプロジェクトの数は２０１２年から14年にかけて38％上昇したという（注19）。これにより、ＩＴにかかる諸経費が増え、先に述べたようにメンテナンスの優先が常となってしまう。なかには、アジリティ向上を真剣に考え、新しいことに挑戦しようとしてＩＴプロジェクトを増加させている企業もあるが、それ以外の企業は、たんにＩＴポートフォリオの管理が杜撰なだけだ。ＩＴ部門が会社のニーズに応えようと思ったら、経営陣がきちんと管理・指示をしてバランスを取り、試験運用や最先端技術開発によって会社の望む結果を出せるようにしなければならない。でなければ、先は暗いだろう。

製造業に広がるクラウドでの資源配分

ディスラプターが驚異的なスピードで動けるのはなぜか。その核となっているのはまちがいなく「クラウド」だ。特定のビジネスチャンスに向けて適切な人材リソースをすばやく効果的に使えるようにする「人材クラウド」という概念を先述したが、テクノロジー分野における「クラウドコンピューティング」は企業のＩＴ戦略の屋台骨となっており、これを使うことで組織はＩＴリソースをオンデマンドで購入できる（注20）。

それだけでない。クラウドは、物理的な資産やプロセスをより動的に活用するためにも使える。これは物理的な資産に重きが置かれる業界、たとえばヘルスケア業界や石油・ガス業界、公益事業などデジタル・ボルテックスの外縁に位置している業界の企業にとって、とりわけ有益だ。こうした分野の市場リーダーは、業務に欠かせない物理的な資産に莫大な資本を投資している。たとえば、石油・ガス業界は、石油価格が高騰していた２０１２年だけで世界規模で推定１兆ドル以上を設備投資に使った（注21）。こうした業界の資産に「いい汗をかかせる（利用率を高める）」ことができるデジタル技術には大きな魅力がある。デジタル・ボルテックスの渦中にいる既存企業にとっては、なおさら魅力的だろう。そうした企業が相手にしなければならないディスラプターは、従来のバリューチェーンとそれに付随する物理的な資産への投資をいっさいせずにすませようとしているからだ。

コヒーロ（Cohealo）というディスラプターは、クラウドベースのプラットフォームを立ちあげ、システム内の複数の病院間で非救急用の病院機材を追跡・共有できる医療制度をつくっている。アメリカでは年間推定1000億ドルが医療機材のために使われているが、購入された機材が使われる機会はほとんどなく、こうした投資の大部分が無駄になっている（注22）。さらに、ひとつのシステム内に複数の病院が存在していても、各病院は同じシステム内の他の病院がどんな機材を持っているのか把握していない。結果として、それぞれの病院が同じ機材を購入して、それを保管、維持することになり、とてつもない無駄が生じている。が、コピーロのようなクラウド共有システムを使えば、病院側でシステム内のすべての病院のリソースを「見て」、貴重なリソースを連携して共有することができる。そのため、個々の病院は投資を減らしつつ、必要なときにより多くの機材を利用することができる。ここでの焦点は、スピードよりもむしろ効果的な実行にある。

将来、こうしたクラウドベースの動的リソース配分モデルは、製造業などの分野にも広がっていくものと思われる。業界のエキスパートたちはすでに「クラウド製造ビジネスモデル」の開発を模索している。まだ揺籃《ようらん》期《き》だが、実現すれば、製造業者は共有されている製造リソースや生産ラインにオンデマンドでアクセスすることで、製造設備などの物理的資産を複数の組織で獲得して使用し再配置することができる（注23）。このようにテクノロジーの分野で同一のリソースを複数の組織間で共有することは「マルチテナント」などと呼ばれる。アムステルダムを拠点とする3Dプリントサービス・プラットフォームの3Dハブス（3D Hubs）は、こうした破壊的モデルの一例だ。このプラットフォームは、3Dプリントサービスを必要としている当事者を、3Dプリンターの所有者と結びつけている（つまり「ハブ」の役割をする）。３Ｄハブスのネットワークが支援している３Ｄプリンターは２万カ所以上存在するという（注24）。

２　動的プロセス

既存企業のビジネスモデルには、愚鈍でのろく、変化しないものといったイメージがつきまとっている。反対に「動的プロセス」は、合理的ですばやく、絶えず変化している。また、動的プロセスは、会社に最大の価値がもたらされるよう、状況に適応していま起きていることにカスタマイズする。その姿は容易に想像できるだろう。たとえば病院であれば投薬ミスを検知して修正し、製造プラントであれば工場の設備をあらかじめ予測して保守をする。こうした動的プロセスを実現するには、いち早くプロセスを可能にする「迅速な改善」とプロセスを最適化する「迅速な介入」が必要になる。それぞれが迅速ですぐれた実行力にどう貢献するのかを考えてみよう。

いち早くプロセスを可能にする――迅速な改善

ＤＢＴセンターでディスラプションの発生メカニズムを調査しているとき、私たちは、スピードこそがディスラプターの最も強力な武器のひとつだという証拠に幾度となく突き当たった。

ディスラプターがスピードを大きな武器としている未開拓の分野、それが「迅速な改善」だ。迅速な改善とは、マーケティングやカスタマーサポート、コマース、アプリケーション開発、チャネル拡大などといった価値創出活動全般に新たな能力をすばやく導入することだ（注25）。第1章で論じたように、ディスラプターの狙いはバリューチェーンではなくバリューそのものであり、デジタル化できるものは例外なく「デジタル化」される。

このことは、新たな能力を導入し、それを使用可能にすることにおいてどんな意味を持つのだろうか。ディスラプターは、既存企業が依存する「主活動」と「支援活動」の両方をデジタル化する（いずれもマイケル・ポーターが提唱したバリューチェーンの古典的な説明によるもの）（注26）。主活動には物流やオペレーション、マーケティング、営業、サービスなどが、支援活動には人事や財務、調達、ITなどが含まれる。これらはいずれもバリューチェーンの構成要素だが、バリューチェーンはいまや解体・再構築されて新たな競争のかたちが生まれている。ディスラプターにとっての「迅速な改善」とは、従来のように外部ベンダーに支援業務をアウトソーシングすることだけではない。それどころか、サプライチェーンや営業、研究開発、人事、サービスのいずれもがディスラプターにとっての中核、あるいはディスラプターによる価値創出の中核かもしれないのだ。

カスタマーバリューへの近道

バリューチェーン全体に対する新たな組織能力を得るためにディスラプターが採るアプローチ

は、既存企業のそれとはまるで異なる。念頭にあるのはカスタマーバリューで、彼らはまずカスタマーバリューを最大化するための組織能力から手をつける。既存企業と明確に差異化できる方法でカスタマーバリューを最大化できれば、なおよい。言うまでもなく、ほとんどの場合、ディスラプターは組織能力を一からつくり上げなければならない。デジタルネイティブである彼らにとっての能力形成環境はまっさらな「手つかずの地」であり、そこでは徹頭徹尾デジタル化できる。が、多くの既存企業にとってはそうではない。巨大な既存企業が同じやり方で能力を形成しようとすると、それに関与する人やプロセス、システムを決める過程がとてつもなく複雑になり、出費も膨大になる。

第2章でオランダの決済サービス提供業者、アディエンを紹介したが、同社の顧客にはネットフリックスやエアビーアンドビー、ウーバー、スポティファイ、フェイスブックなどのディスラプターが名を連ねており(注27)、アディエン自身もディスラプターとみなされている。ここから何かわからないだろうか。こうしたディスラプターたちが自問しているのはこういうことだ。「新市場参入にあたって、なぜ、請求や決済のシステムを自前でつくらなければならないのか」。彼らは、アディエンがすでに請求・決済システムをデジタル化したことを知っている。だから、この問題に対処するために誰かを雇う必要も、施設を購入する必要も、何百万ドルもかかるITシステムを構築する必要もない。ディスラプターは、他のディスラプターから手に入れたカスタマーバリューを使って実行力を加速し、自身の新たなカスタマーバリューを創出しているのだ。このアプローチを使えば仮想的な組織能力が手に入り、迅速な実行力とアジリティがもたらされ、市場をディスラプトできる新しいかたちのカスタマーバリューを生み出せることを彼らは知っている。このことは重要なので強調しておきたい。ディスラプターは、コストバリューやエクスペリエンスバリュー、プラットフォームバリューをもたらしているだけでなく、自らの組織能力を築く際にもコストバリューやエクスペリエンスバリュー、プラットフォームバリューを探し求めている。そうして得た恩恵を用いて、今度は自らの手で「組み合わせ型ディスラプション」を創出する。

　これは、請求や決済にかぎった話ではない。すべてについて同じことが当てはまる。従業員のための福祉手当制度を用意したければ、ゼネフィッツ（Zenefits）がある。ＣＲＭ（顧客関係管理）やコンパクトなコンタクトセンターが望みなら、フレッシュデスク（Freshdesk）やセールスフォース・ドットコム（Salesforce.com）、シュガーＣＲＭ（SugarCRM）がある。ものの数分で電子商取引サイトをつくりたいのなら、ショッピファイ（Shopify）を使えばいい。

　多くの破壊的イノベーションがモバイルアプリに依存しているが、ディスラプターは、高くつくインターネット広告代理店やＩＴサービス企業を使ってアプリをカスタムプログラミングしたりしない。いち早くプロセスを可能にするために、オープンソースのツールやコンテナ技術（訳注、マルチＯＳ環境を実現する技術）を使う。たとえば、ドッカー（Docker）は、アプリ制作を単純化して開発から製造までの時間を短縮する。アプリにマッピングや地理空間解析機能を追加したければ、ヒア（HERE）やオープンストリートマップ（OpenStreetMap）のデータを使うかもしれない。そして、取引のＥメールにはセンドグリッド（SendGrid）を、電子署名にはドキュサイン（DocuSign）を、二要素認証や発送・到着予定日時の通知にはトゥウィリオ（Twilio）を使うだろう。

つながりのスピード

「ネットワーク効果」と「指数関数性」が作用するプラットフォームは、企業の実行力においてもディスラプションの源となっている。第4章で「プラットフォームは多くの既存企業にとって未知の領域だ」と述べたが、さまざまなデジタル・ディスラプターがその事実につけ込み、すぐにプラットフォームをつくりたいと考えている企業を支援することで新市場を創出している（つまりバリューベイカンシーを見つけたということだ）。要するに彼らは、プラットフォームを使って、プラットフォームをつくりたい企業に、プラットフォームを売っているのだ。そのため、プラットフォーム創造の秘密のベールが剝がされつつある。シェアトライブ（Sharetribe）のサービスを使えば、ありとあらゆる種類の多方向型デジタル・マーケットプレイスをつくることができる。決済とデータ計測の手段をふんだんに持つズオラ（Zuora）は、サブスクリプションベースのビジネスモデルをつくることができる。フェイスブックやグーグルといったプラットフォーム界の巨人は、その堅牢なユーザー認証機能を他のデジタル・ディスラプターたちに提供し、「ユーザー認証メカニズム」として使えるようにしている（「フェイスブックのアカウントでログインしてください」など）。フェイスブックやグーグルは、こうしてユーザーの利便性を向上させるとともに、「プラットフォームのためのプラットフォーム」というポジションを獲得して自社が持つ情報伝達効率の改善能力を他社にアピールしている。

いち早くプロセスを可能にすることは、スタートアップ企業にとっても既存企業にとっても、迅速な実行力を獲得するために不可欠なメカニズムとなりうる。第4章で示したように破壊戦略を追求する方法はひとつではなく、スピンオフやスピンイン、ジョイントベンチャー、イノベーション支援、買収などさまざまな方法がある。これらのいずれにもこのアプローチを取り入れることができる。

テクノロジーを使ってプロセスを最適化する――迅速な介入

迅速な実行力があれば、企業はイノベーションのエンジンを全開にしてディスラプターのように「振る舞う」ことができる。が、迅速な実行力はもっと業務的な意味での「実行力」にも関係しており、日常的な業務遂行を加速させることでさらなるカスタマーバリューを生み出せるようになる。これは、たんにプロトタイプ作成のスピードが速くなったり、企業用アプリケーションの展開に必要な時間が短縮されたりするだけでなく、より日常的なレベル（たとえば、個々の顧客への対応において、あるいはサプライチェーン内で起きた一瞬の出来事、価値の創出が時間で縛られている場面など）でチャンスをつかむためのスピードを身につけられるということだ。「迅速な介入」は、業務を効率的に遂行するうえできわめて重要なものであり、デジタル・ディスラプション、とりわけコスト管理と顧客体験の質がものを言う防衛的戦略（収穫戦略、徹退戦略）で大きな役割を果たす。

ＩｏＴでダークアセットを接続する

デジタル・ボルテックスの渦のなかでは、企業が持つさまざまな側面がディスラプトされるが、業務プロセスも信じられないほどディスラプトされる。しかもその破壊は、意外な方面からもたらされる。その方面とは、ずばり「ＩｏＴ」だ。

なぜＩｏＴがビジネスプロセスと関係するのか。私たちは、以前から物理的なビジネス環境のなかにあったが、いまだインターネットに接続されていないモノを「ダークアセット」と総称している。こうしたダークアセットが、工場や銀行の支店、小売店、病院、学校、空港、倉庫、油田などで接続されると、そうしたモノに関する膨大な量の情報が解き放たれ、動的プロセスを設計するための下準備ができる。こうして手に入れた情報が、プロセスを最適化するアプローチを支える。それが迅速な介入であり、迅速な実行力の一要素となる。営業機会をとらえたり、業務を最適化したり、事故を予防したりするなど、機会の獲得や危機の回避に向けた既存の行動を意味する。

迅速な介入は、具体的には、機械学習や自動化、デジタル技術で可能になった人間の行動によって実現される。ここでいう動的プロセスとは、必ずしも人間を機械に置き換えることではない。動的プロセスは、人間がおこなう作業を補助したり最適化したりする。それは、状況に応じて機械によってなされる場合もあれば、機械の支援を受けた人間によってなされる場合もある。

例として、小売業で実行される「迅速な介入」を見てみよう。

大規模な小売店や量販店を想像してほしい。店内には安価なセンサーが備えられている。ブルートゥースビーコンなどさまざまなセンサー類が、これまで「ダークアセット」だったモノ、たとえば店の棚やショッピングカート、駐車場へのドア、ＰＯＳシステム、さらには個々の商品にまで搭載されている（ムーアの法則により、こうしたビーコンやＩＰセンサーの価格はどんどん下落しており、コスト的にはいずれ使い捨てできるようになる）。

ローハンとマリアというふたりの顧客がそれぞれ買い物に来ている。ローハンは夕飯の食材を買いに、マリアはＨＤテレビを買いに。店内のセンサーやワイヤレスネットワーク、ＩＰカメラのビデオ映像から取得したデータをリアルタイム解析することで、店側には次のことがわかる。ローハンは他の買い物客の2倍の速さでショッピングカートを押している。一方、マリアは電気製品売り場に展示されているテレビの現物を確認しながら、店のＷｉ－Ｆｉネットワークに接続して他の小売業者のサイトで価格を比較している。

この状況における動的プロセスとはどんなものか。まず、この小売業者は、ローハンとマリアの行動を実際のコンテクストにもとづいてインテリジェントに解釈できる。ローハンがショッピングカートを押すスピードが速いのは、彼が急いでいることを表している可能性が高い。だから、仮にローハンが過去に自動車用品売り場で何か買ったことがあったとしても、いまは冬用タイヤのセールを宣伝すべきではない。それでは、コンテクストから外れた無関係な売り込みになってしまう。むしろ、デジタルディスプレイ（もしくはローハンの携帯電話）を使って売り場への道順を案内したり、彼が買おうとしている食材に関係のある「つけ合わせ商品」の売り場を紹介したほうがよいだろう。これは、彼の過去の購入履歴ではなく、ショッピングカートのなかにいま何があるか(食品だ)を機械知能が判断したうえでおこなわれる。このエクスペリエンスバリュー(カスタマイズ、即時的な満足感、摩擦軽減)は、ローハンが店内を移動するのに合わせて自動的にリアルタイムでもたらされる。これが迅速な実行力のカギだ。

マリアの場合を考えてみよう。解析によって、彼女が高額商品であるテレビの購入を検討していることがわかる。彼女はテレビが展示されている一帯に7分間立っており、スマートフォンでライバルの小売業者の販売価格をチェックしている。スマートフォンの加速度計は、彼女がその一帯のエンド(訳注、通路に面していて目につきやすい商品陳列場所)にある特定のブランドのテレビを眺めている時間が長いことを示している。センサーベースの店舗内ネットワークには意思決定解析機能も組み込まれており、店員にアラートが飛ぶ。マリアにアプローチしてテレビやアクセサリー選びを手伝い、適度な値引きを申し出て、彼女がその場でテレビを購入するように誘導しろ、と。でなければ、彼女は店をあとにして、他業者の電子商取引サイトでテレビを買ってしまうだろう。

テレビの「マリア向け価格」はアルゴリズムによって決定され、これだけ割り引けばよそで買う意思が弱まるだろうと予測解析がはじき出した最低限の値引き幅を差し引いた価格が提示される。そして、動的に決定されたこの価格と一緒に、売上アップが見込めるインテリジェントなリコメンド(スピーカーやケーブル、保証など)が店員の携帯しているモバイル端末に送信される。端末を見ながら店員は手助けの申し出をしようとマリアに近づく。

この場合、センサーやネットワークデータに対しておこなわれた解析によって、店員には「行動する必要があること」と「その行動を最適におこなう方法」がわかる。純粋な自動化ではなく、人間がインテリジェントに介入する動的プロセスの例だ。いま起きていることをコンテクスト化する解析ツールに促され、店員は売上損失を防ぐためにすばやく行動する。これが迅速な実行だ。マリアにとっては、店舗での体験の質が向上し、より安価でテレビを購入できるチャンスである。店舗にとっては、テレビを売って顧客を満足させ、さらにはアクセサリー品も売ることで売上アップが見込める。

こうした実行は迅速でなければならない。なぜなら、チャンスをつかめる時間が非常にかぎられているからだ。ローハンとマリアが店内にいる時間はほんの数分間しかない。彼らの購入意思決定に影響を与えられる時間となると、さらに短くなる。顧客やその瞬間のコンテクストに関する情報は、その場で処理されなければならない。数時間、数週間後にビジネスアナリストが店内の顧客の移動経路データを解析してローハンとマリアに商品を売るチャンスがあったことに気づいても、手遅れなのだ。そのころにはもうローハンは夕食を終え、マリアはよそで買ったテレビで番組を観ている。

最後に、ローハンとマリアは支払いをするためにレジに向かうが、ふたりともレジのまえに長い行列ができていることに気づく。レジでの行列は大きなストレスであり、しばしば売上の損失につながる（注28）。動的プロセスを使えば、店側はこの問題を軽減できる。センサーベースの解析を使ってレジごとの待ち時間を送信し、(さらにつけ加えるなら)レジで行列ができていることを店員に通知し、「行列解消」用のポータブルPOS機器を持ってレジに向かうよう指示すればいいのだ。この場合も、自動化と人間のインテリジェントな介入の組み合わせによって、その場で適切な業務が可能になる。このシナリオは、小売業者がいかにして店内で起きていることをリアルタイムで把握したり(ハイパーアウェアネス)、値引きを申し出たり、最も有効な地点に従業員を移動させたり(情報にもとづく意思決定力)、デジタル標識で経路案内や待ち時間を表示したり、客が帰ってしまうまえに店員が支援を申し出たり(迅速な実行力)することができるかを示している。

こんなのはSFの世界だけの話だと思うだろうか。このシナリオにわくわくするにしろ警戒するにしろ、あなたが店長なら、こんなことはありえないと笑い飛ばしたりしないほうが賢明だ。実際、今日の小売業ではこれが競争の現実であり、デジタル・ボルテックスに巻き込まれている他の多くの業界にも当てはまる。

2016年のはじめ、私たちは店舗内解析サービス分野の卓越した企業、リテールネクスト(RetailNext)にインタビューし、こうした技術がどの程度成熟しており、今後どれほどの影響を与える可能性があるのか、話を聞いた。リテールネクストは世界最大規模の小売業者数百社を顧客に持ち、毎年8億人以上の買い物客が店舗内でどのような行動をとったかを解析し、1兆以上のデータ点を収集している(注29)。インタビュー中、リテールネクストのCEO、アレクセイ・アグラチェフはこう語った。「あらゆる店舗を異なる店舗として扱い、あらゆる1日を異なる1日として扱い、ゆくゆくは、あらゆる顧客を異なる顧客として扱えるようになるシステムが必要です。小売業全体がその方向に向かっています。並大抵の変革ではありませんが、そこでテクノロジーが大きな役割を果たします」

テストと学習を繰り返す

エグゼクティブを対象にした私たちの調査で「実験とリスクをいとわない文化」がスタートアップ企業と既存企業の非常に大きなちがいだと考えられていたことを思い出してほしい。これはとくに驚くべき発見ではない。「どうしたら企業はもっと早くイノベーションを起こせるようになるか」という質問をよく耳にするが、それに対するひとつの答えは、イノベーションを加速させるにあたり、プロセスを最適化することがきわめて重要な役割を果たしうるということだ(注30)。

中国の既存企業テンセントは、モバイル用メッセージングプラットフォームの「ウィーチャット」をはじめとするオンラインサービスを提供しているが、迅速な失敗とイテレーション(訳注、短期間で修正を繰り返して完成度を高めていく手法)のアプローチを採り、市場に新しいサービスを投入している。たとえばテンセントは、革新的な新サービスの開発に拍車をかけるため、内部コンペを開催している。実際、ウィーチャットのもとになったプラットフォームも、内部コンペから上がってきたものだ。別々の場所で働いているふたつのチームに、新しいプラットフォーム開発の指示を与えて互いに競わせたのだ。2カ月後、テキストメッセージとグループチャットのためのプラットフォームを開発していたチームが勝利し、それが最終的にウィーチャットになった（注31）。

テンセントは迅速なイテレーションアプローチの先駆者であり、そのアプローチを通じてオンラインサービスの迅速な立ち上げと改良をおこなっている。彼らは「〈ローンチ〉―〈テスト〉―〈改良〉」モデルを採り、機能が限定された新しいプラットフォームをいくつもリリースしている（注32）。テンセントはローンチから数時間と経たないうちに、新しいサービスがどのように利用されているかを観察し、改善を望む利用者の声や利用者が望むであろう機能の追加を検討する。それにより、数週間でサービスをローンチし、改良することができる。従来的な「ベータテスト方式」に比べて、はるかに短い期間だ（注33）。

オンラインサービスとちがって物理的な製品は、開発の初期段階でより長い時間と投資を必要とする。実際に作動するプロトタイプを作成し、テストして、大量生産に向けた製品改良をおこなう反復プロセスが必要だからだ。製造業や石油・ガス業界、製薬業界のように、いまのところデジタル・ボルテックスの外縁に位置している業界では、企業が生産する（または必要とする）製品が非常に複雑で、規制が厳しいこともあり、迅速なイノベーションをなかなか起こせずにいる。そうした製品を市場に投入するには、複数の難関を突破しなければならず、数年という時間と数百万ドルという費用を注入した挙げ句、その製品を市場に投入できないことがわかっただけで終わることもある。

複数のテクノロジーと業務上のイノベーションを組み合わせた「デジタルツイン（デジタルの

双子）」と呼ばれるコンセプトがある。デジタルツインは、こうした業界が製品をより迅速に開発し、変わりゆく状況に対してプロセスを最適化することで適応できるよう支援する。これは、現実世界に存在する物理的なもの、たとえばクルマやタービン、建造物などを仮想的に再現したものだ。製品が直面するさまざまな物理的状況をシミュレートするコンピューター支援設計（CAD）のさらに上をいくもので、センサーと解析を用いて「物理的なもの」と「デジタルの分身」を1対1対応でマッピングする。

このデジタルツインを用いてきわめて正確なシミュレーションをおこなうことで、さまざまな状況における物理的なものの挙動を確かめることができる。シミュレーションから得られたデータを使って、状況の変化やデザインの変更が性能にどう影響するかを確かめ、新しい仮想プロトタイプをつくる設計の見直しを加速することができる。一般的なモデルではなく特定の機械に対するシミュレーションができるので、予測保守の精度を高め、脆弱な箇所や摩耗する部分を特定できる。デジタルツインを使えば、製造業者は「ビジネスモデル」にイノベーションを起こすことができる。具体的に言えば、設備投資ベースの物理的な製品を売るのではなく、よりマージンの大きなサービスベースの商売ができるようになる（注34）。

GEやシーメンスといった製造業者は、このデジタルツインを使って製品開発をカスタマイズし、予測保守サービスを提供している。GEは、デジタルツインで特定の場所向けの風力発電所を設計し、変化する状況にタービンを適応させて、発電効率を20％アップさせている（注35）。シーメンスはボーイングと提携し、飛行テストを含めた新しい飛行機の開発・設計のプロセス全般をシミュレートしている（注36）。レーシングカーに1週間で最大1000回のデザイン変更が施されるF1の世界では、そのすべてをデジタルツインのアプローチでテストすることでチームに競争優位がもたらされている（注37）。

加えてデジタルツインは、納入業者や提携業者との連携を劇的に改善する。これは、自動車産業や航空宇宙産業など複雑な製品をつくる分野で非常に重要だ。部品設計の段階で伝達ミスがあったり、設計が不正確だったりすると、遅れが出てコストがかさみ、場合によっては製品のリコールという事態になってしまう。デジタルツインのアプローチを採れば、製造業者とそのサプライチェーンの提携業者が協力してイノベーションを起こし、デジタルの複製物で検証やテストをおこない、その部品を確実に製品に組み込むことができる。PTCをはじめとする製品ライフサイクル管理に特化したソフトウェア企業は、自社でデジタルツインを作成できるようにするため、予測解析を用いてデジタル・ディスラプターを買収している。これにより、（エコシステムやクラウドソーシングといったプラットフォームベースのビジネスモデルと組み合わせることで）協力的な製品デザインネットワークを形成することができる（注38）。

デジタルツインを人間の体に応用すれば、薬物療法の効用を改善することも可能だ。ダッソー・システムズ（Dassault Systèmes）は、心機能のシミュレートに応用できる人間の心臓のデジタルツインを開発している（注39）。これにより、たとえば先天性異常や閉塞のある心臓の仮想コピーをつくり、外科手術やペースメーカーの挿入が心機能と患者の健康にどのような影響を与えるかを予見することができる。また、このアプローチは創薬においても期待できる。

標準化を超えて

プロセスを変えるのはきわめて難しいことだが、今後数年のうちに動的プロセスはどう実行されるようになるだろうか。歴史を振り返ることで、この疑問について考えてみるとしよう。

いますでに起きているビジネスプロセスのデジタル化は、さかのぼること20年前の「eビジネス」の夜明けと、それ以前にあった「リエンジニアリング（BPR、ビジネスプロセスの再構築）の時代になされたある重要な改良、すなわち「標準化」の結果だ。標準化は、効率性や統一性、生産性の向上を意味していた。動的プロセスという言葉は、「プロセスという一枚岩の概念が存在しない」ということを意味しているが、標準化のロジックとは矛盾しない。むしろ、ルールに支えられた「ルーティン化」は、動的プロセスと迅速な実行には欠かせないものだ。ルールの数と合理性が増していけば、動的プロセスの価値も向上していくだろう。

最後に、今後は「リアルタイムではすでに手遅れ」という状況が増えてくるだろう。デジタル・ボルテックスは、企業が新しいビジネスプロセスを「予測」することを要求するようになる。たんに現在の状況を察知して決定し、それに反応するだけでなく、「今後何が起こる可能性が高いか」という基準で察知して決定し、プロセスを積極的に適応させていかなければならなくなるだろう。２０１４年にアマゾンは、顧客が実際の注文をするまえに商品を発送する「予測出荷」技術の特許を取得した。これは、過去の注文履歴などの要因にもとづいて「特定のエリアの顧客が今後必要とする可能性が高いが、まだ注文されていない商品」を梱包して出荷する技術だという。その荷物は、荷主のハブまたはトラックのなかで注文されるのを待つことになる（注40）。

万全なセキュリティがアジリティ向上のカギ

ビジネスプロセスと迅速な実行力について考えるときには、「セキュリティ」も配慮しなければならない。アジリティを実現する、とりわけイノベーションを加速する際には、セキュリティが非常に大きな役割を果たすからだ。デジタル技術とデジタル・ビジネスモデルを取り入れれば、ハッカーからの攻撃を受けやすくなるかもしれない。この点について、企業は考えておく必要がある。今後5年のうちに、何百億という新しいモノがＩｏＴで接続される。悪意ある者にとっては侵入できるポイントがそれだけ増えるということであり、企業にとっては攻撃を受ける領域がそれだけ拡大するということだ。既存企業のＩＴシステムは、だいたい数十年前の技術で構成されており、ファイアウォールの外側に出ても大丈夫なようには設計されていない。そうしたシステムが、顧客や提携業者、クラウドなど、広い範囲をつなぐデジタル技術と無秩序に組み合わせられている。こうしたシステムが持つ複雑さと、数十年前の技術に固有の脆弱性のせいで、サイバーセキュリティは非常に手強い課題となっている。

結果として企業は、デジタル・ビジネスモデルを追求しなければならないという義務感と、セキュリティ侵害が引き起こす大惨事のリスクとのあいだでずたずたに引き裂かれてしまう。この矛盾が、イノベーションを鈍化させる要因になっている。最近シスコが上級エグゼクティブを対象にしておこなった調査では、71％が「サイバーセキュリティのリスクがイノベーションの妨げになっている」と回答した（注41）。また別の質問では、60％が「デジタル・ボルテックスのなかで、自社の成長が懸かっている（場合によっては生き残りが懸かっている）デジタルサービスを開発するのは気が乗らない」と答えた。セキュリティが万全でなければ、実験したりリスクを引き受けたりする意欲や能力が衰えてしまい、攻撃的な戦略（破壊戦略、拠点戦略）を追求する能力も弱まってしまう。

あなたの会社はどうか

あなたの会社は、迅速な実行力の土台を築けているだろうか。以下の質問に答えてみよう。

Ⅰ　人材獲得のアプローチに変化を加えているか

雇用や外部サービスの利用では、ほとんどの既存企業が時代遅れのやり方を採用したままだ。デジタル・ボルテックス向けというより、「マッドメン（訳注、1960年代の広告代理店を舞台にしたドラマ）」向けといったほうが近いくらいだ。第三者の求人ポータルに求人広告を載せて電子履歴書の提出を認めたぐらいでは、エンテロやタレントビンなどのソーシャルメディア解析企業が提供している動的な人材獲得アプローチやチーム編成には遠くおよばない。

2　チームはどのように編成されているか

ほとんどの企業が、明確に定義された部署（最近では事業単位）をつくっており、それらはいずれも、同じように明確に定義された「市場機会」に投入するためのリソースの調整を目的としている。言うまでもなく、デジタル・ボルテックスのなかでは市場機会というものの定義がどんどん薄れてきている。既存企業では、市場機会にマッチするように組織のなかに孤立したサイロや階層をつくる傾向があるが、多くのディスラプターがこれを鼻で笑っている。既存企業もディスラプターに倣ってアジャイルな人材アプローチを採るべきだ。ビジアーのような企業のサービスを使えば人材を視覚化して俯瞰できるため、従業員にとっても会社にとっても価値が最大化するように人材を配分することができる。

3　他社のデジタル・バリューチェーンの一部を使って迅速な実行力を実現できないか

これは、グローバル経済に最大のディスラプションをもたらすカギであり、いわば味の決め手となる「秘伝ソース」だが、ここに着目している既存企業はきわめて少ない。ほとんどの場合、バリューチェーンを所有するのは望ましいことではない。デジタル・ボルテックスの渦中にあり、求められるものが刻一刻と変化していく状況に置かれた企業であれば、なおさらだ。アディエンやゼネフィッツ、ズオラといった多様な能力を持つ「武器商人」の助けを借りれば、バリューベイカンシー追求に向けて迅速に動けるようになる。

4　業務プロセスはどれくらいの頻度で変化しているか

一般的な既存企業の業務プロセスは「予測可能」な道をたどる。たとえ、その道から外れることでさらなるカスタマーバリューを創出し、組織に恩恵をもたらすとしても、その道から外れることは歓迎されない。が、ディスラプターは、その場その場で業務プロセスを適応させていく必要性を理解している。それどころか、ビジネスモデルをデザインするにあたり、既存企業が自分たちと同じスピードでは順応できないことを当てにしている。この問題については、リテールネクストのようなディスラプターが業務プロセスを動的に変化させたり、事業のコンテクストにもとづいた継続的な学習ができるようにしたりするという新たな道筋を照らしている。

「がんじがらめ」を抜けだして「リーン既存企業」に

第1章で「がんじがらめの既存企業」という言葉を紹介した。過去の資産やバリューチェーン、プロセス、組織的習性でがんじがらめになった大手の市場リーダーが、いたるところでディスラプションが起きているこの時代にあって競争力を失ってしまっているという意味だ。すでに指摘したとおり、既存企業は、スピードやアジリティ、実験とリスクをいとわない文化といったスタートアップ企業が持つ長所を欠く傾向にある。こうしたスタートアップ企業の強みを大手の複雑な組織が模倣できるようにすることが、さまざまな意味において本書の目的だ。

近年、たくさんの資本とマインドシェア（特定の事象が人の心のなかに占めるシェア）がデジタル・ディスラプターに向けられており、さまざまな起業家の考え方や「リーンスタートアップ」という概念が広まっている（エリック・リース、スティーブ・ブランクといった著者らのおかげで）（注42）。リーンスタートアップというのは、顧客の声をよく聞き、「反復改良型のデザイン」でイノベーションのインテリジェンスを高め、学習を支援することで、スタートアップ企業が成功する可能性を高めるメソッドだ。リーンスタートアップでは、高価な設計や開発にリソースを先行投資せず、安価な「実用に足りる最低限の製品（MVP）」を作成してそれを顧客の目にさらすことで、何が不足しているか、何が重視されているか（あるいは何が重視されていないか）を特定し、製品やサービスを再考するきっかけとする。この「検証による学び」により、スタートアップ企業は「方向転換する（製品やサービスを再考して市場ニーズに近づける）」ことができる。

その名前からもわかるとおり、リーンスタートアップは基本的に小規模な比較的若い企業を対象にしたメソッドだが、大きな市場を持つ既存企業のリーダーたちも、このアプローチを自社のイノベーション・プロセスに組み込もうとしてきた（注43）。その心意気は立派だが、既存企業によるそうした試みはほとんどが失敗に終わっている。せいぜい、うわべだけのイノベーションと誇大広告に満ちた（スティーブ・ブランクがいうところの）「イノベーションの劇場化」に終わり、実質的な変化にはいたっていない（注44）。

新製品の導入だけでなくあらゆる行動や業務で「検証による学び」を実践できる企業を想像してみよう。彼らは「ハイパーアウェアネス」を通じて学習し、「情報にもとづく意思決定」で合理的な選択をしたあと、方向転換して（何かを別の方法でおこない）新たなカスタマーバリューを、もしくはより大きなカスタマーバリューを創出する。これを広い範囲にわたって継続的かつスピーディに実行できるとしたらどうだろうか。

「リーン既存企業」というのは、それほど現実離れした発想だろうか。いや、そんなことはない。それどころか、大きく複雑な組織に「方向転換」する能力を与えること、それこそが、私たちDBTセンターの中核的な概念である「デジタルビジネス・アジリティ」が目指すところなのだ。行動認識や状況認識、開放的意思決定、拡張意思決定、動的リソース、動的プロセスが一体になれば「インテリジェントな変化」が生まれ、イノベーションを起こせるようになるだけでなく、ひとまとまりの総体として物事を実行できるようになる。

終章 いかにして競争力を高めるか
Conclusion

変革のためのアプローチ——本書で取り上げたテーマ

ここでは、本書で取り上げた主要なアイデアと、そのアイデアをもとに組織を刷新する方法や、それをあなたの会社に応用する方法について少しまとめておく。さらには、デジタル・ボルテックスが今後およぼすかもしれない影響と、デジタル・ディスラプションとその効果について広い視野で考えてみる。

本書の冒頭で私たちは「デジタルビジネス・トランスフォーメーション」を、デジタル技術とデジタル・ビジネスモデルを用いて組織を変化させ、業績を改善することと定義した。そして本書は変革を説いた書ではなく、いかに競争力を高めるかを説いたマニュアルであると述べた。変革の土台となる変化はどうしたら生まれるか、とりわけ、どうすればアジリティ指向のイノベーションを実践して吸収できるかというのは、私たちの今後の調査の中心を占める大きな課題だ。

私たちは大規模な独自調査をおこない、デジタル・ディスラプションが発生するメカニズムを紐解き、デジタル・ディスラプターの組織的な特性と能力を概説し、既存企業が取り入れることで競争力を高められる「次世代のベストプラクティス」を紹介してきた。

次世代のベストプラクティスに関する私たちの議論は、特定のアプリケーションを支持するものでも、他の問題をいっさい無視して一点突破型アプローチを採るよう推奨するものでもない。変革とは、デジタルのソリューションをただ足しただけのものでもない。リチャード・ニクソン大統領が言ったとされているように（実際に言ったかどうかはともかく）「解決策を複数あつめるだけでは答えにならない」のだ。本書で紹介した多くのスタートアップ企業が今後、燃え尽き、消えていくだろう。しかし、それでも彼らのやり方には学ぶべきものがある。

私たちの狙いは、「世のビジネス書にあふれている企業変革の一般原理（トップダウンで導くチェンジマネジメント）をさらに発展させることにある」といったほうが正確だろう。そうした原理を適用できなければ、もちろん変革に向けた試みそのものも失敗するが、仮に適用できたところで、他社もみな同じようにしているため、差異化できない。デジタル・ボルテックスのなかでは、こうした原理を適用してはじめて勝負のテーブルにつけるのだ。

デジタル・ディスラプターは、従来のバリューチェーンを無視して、コストバリューやエクスペリエンスバリュー、プラットフォームバリューの創出に専念し、それらを合体させて「組み合わせ型ディスラプション」を起こしている。私たちは、デジタル・ボルテックスの渦のなかでバリューを創出し獲得するためのビジネスモデルを15種類に分類した。いずれもＢ２ＣやＢ２Ｂにまたがるさまざまな業界で採用されているものであり、いま直面している新たな競争に対処するための戦略の一環として既存企業が使えるものだ。

次に私たちは、市場とプロフィットプールを永遠に破壊してしまう「バリューバンパイア」の出現と、ディスラプションのポジティブな副産物である「バリューベイカンシー」について説明した。バリューベイカンシーは、多くの既存企業にとって将来の成長の源になりうる市場機会だが、その変化は速く競争は激しい。ここでの課題は、ディスラプションに成功した企業に共通する分野横断的な能力（ごく一部の優良な既存企業にも見られるが、基本的にはスタートアップ企業によく見られる能力）を特定し、そうした能力を持つ企業がデジタル・ボルテックスのなかでどうやって差異化を図り、競争力を伸ばしているかを突きとめることだった。

カスタマーバリューはどのようにして創出されるのか、カスタマーバリューを創出するためにビジネスモデルをどう使えばいいのか、そこにはどんな競争力学が作用していて、企業はどんな対応戦略を採れるのか。これらを理解することが、デジタルビジネス・トランスフォーメーションの旅の「道標」になる。変革に向けた万能のアプローチはなく、これだけやっておけばまちがいないというものは存在しない。コンサルタントやアドバイザーの甘い言葉を鵜呑みにしてはならない。デジタル・トランスフォーメーションを目指した多くの企業が、戦略的なごまかし（変革のための変革）に終始し、結局は組織のリソースを無駄にして不信をはびこらせ、競争力のあるポジションを失うだけに終わっている。エグゼクティブを対象にしたアンケートなど私たちの調査によれば、変革に向けた努力が失敗する最大の要因のひとつは「将棋の詰め」、すなわち、勝利を収めるためにまさに必要となるカスタマーバリューとビジネスモデルを理解できていないことだった。これが私たちの出発点になった。

デジタルビジネス・アジリティのエキスパートになる

競争での優先事項はいくつもあるが、「デジタルビジネス・アジリティ」は、そのなかの注目すべき要素、もしくは検討課題というだけに留まらない。私たちの考えでは、ますますディスラプティブになっていく世界にあってデジタルビジネス・アジリティは、競争力を伸ばし、勝利するために最も重要な組織能力だ。デジタル・ボルテックスの渦のなかで土台にすべき中核的能力だといってもいい。

このアジリティの3要素は、それぞれデジタル技術によって支えられている。そうしたテクノロジーももちろん必要だが、デジタルビジネス・アジリティを生み出すにはそれだけでは十分ではない。人材とプロセスも必要になる。デジタル技術とその提供業者は流行り廃りが激しいが、適切なツールやテクノロジー、ビジネスモデルを見きわめ、それらを利用してハイパーアウェアネス（察知力）や情報にもとづく意思決定力、迅速な実行力を養うことができる組織は、長期にわたってアジリティを維持することができるだろう。言い換えれば、デジタル技術は、アジリティを獲得するための一手段に過ぎない。

デジタルビジネス・アジリティは、本書の内容を支える土台であり、コストバリューやエクスペリエンスバリュー、プラットフォームバリューを理解してそれを育み、顧客に届けるための基礎でもある。バリューベイカンシーを認識するにはハイパーアウェアネスが不可欠だ。そして、バリューベイカンシーを利用するには、情報にもとづく意思決定力と迅速な実行力が必要だ。

「認識―決定―実行」というこのサイクルこそが、デジタルビジネス・アジリティの原動力であり、成功を収めているデジタル・ディスラプターやバリューバンパイアに共通する特徴である。ハイパーアウェアネス、情報にもとづく意思決定力、迅速な実行力を支える6つの下位能力（行動認識、状況認識、開放的意思決定、拡張意思決定、動的リソース、動的プロセス）についても述べた（図18）。これらをひとまとまりの能力として身につけて学習・遂行サイクルをまわし続けなければならない。

あらゆる組織がデジタルビジネス・アジリティのエキスパートにならなければならない。私たちはそう考えている。デジタル界の巨人や彼らを追い抜こうとしているライバル企業が継続的な成功を収めるためにはもちろん、デジタル・ボルテックスに呑まれつつある企業や業界のすべてに当てはまる話だ。本書ではヘルスケア業界やエネルギー業界、製造業界など、これまで変化に乏しかった業界でのディスラプション事例も多く取り上げた。

デジタル・ディスラプションへの対応戦略（収穫戦略、撤退戦略、破壊戦略、拠点戦略）も、デジタルビジネス・アジリティに依存している。適切な戦略を決定することは、移動するターゲットを撃つのによく似ている。状況が変われば、最適な対応戦略も変わってくる。たとえば、遮断戦術や撤退を成功させるためには、適切なタイミングを見きわめることが重要だ。既存事業を破壊したり、新しいバリューベイカンシーを占領したりするための正しいアプローチを完成させるには継続的な調整や適応が必要になる。

デジタルビジネス・アジリティはＢ２Ｃ企業だけでなくＢ２Ｂ企業にも関係してくる。繰り返

図 18　アジリティ獲得に向けた総合的アプローチ

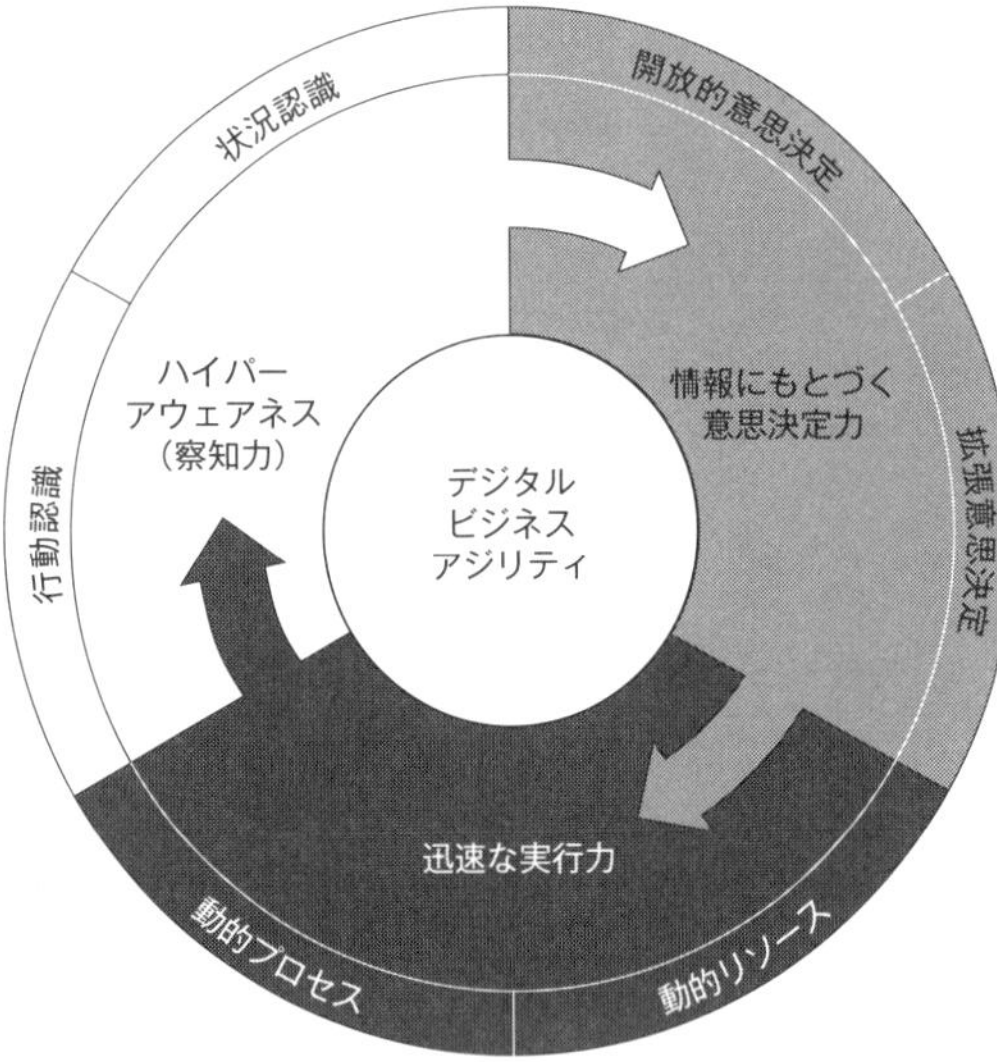

ハイパーアウェアネス（察知力）	**行動認識** 従業員や顧客がどう行動して何を考え、何を重視しているかを理解する能力。	**状況認識** 組織内外の環境における変化を察知し、どの変化が重要かを理解する能力。
情報にもとづく意思決定力	**開放的意思決定** 異種混合編成の個人やチームから生まれた共有知識にもとづいて決定する能力。	**拡張意思決定** 組織全体の意思決定プロセスに、データと解析を組み込む能力。
迅速な実行力	**動的リソース** 事業の状況に応じてリソース（人材やテクノロジー）を獲得し、配分、管理、再配分する能力。	**動的プロセス** 変化に合わせて新たなプロセスを迅速に導入しながら、既存のプロセスを適応させていく能力。

Source: Global Center for Digital Business Transformation, 2015

し述べてきたように、デジタル・ディスラプターが狙っているのは「バリューチェーン」ではなく「バリュー」そのものだ。そのためB2B企業は価値がどこで生み出されているのかを理解しておかなければならない。残念ながら私たちが調査してきたB2B企業の多くは、高いハイパーアウェアネスを持っていなかった。これはおそらく、生み出された価値が最終顧客（すなわち消費者）によってどう消費されるかという観点から数歩離れたところにいるからだろう。本書で見てきたように、GEやエレベーター企業のコネ社など、先見の明があるB2B企業は積極的に一歩踏み出し、業務モデルにデジタルビジネス・アジリティという背骨を組み込もうとしている。

デジタルビジネス・アジリティが不可欠なのはメーカーだけではない。サービス企業もだ。サービス分野は比較的落ち着いていて、とくにイノベーションがさかんな分野ではない。銀行業界や通信業界、旅行業界、さらには法律や会計といった専門的なサービスを提供する業界に蔓延している「非効率性」や「顧客経験価値の不足」について考えてみよう。サービス分野の顧客はエクスペリエンスバリューの改善に非常に敏感でデジタル・ディスラプターにとっては大きなチャンスがある。アジャイルなライバル企業はサービス分野に転がっている無数のバリューベイカンシーを特定して動的な実験を繰り返し、新しい上質なカスタマーバリューを発見するだろう。

デジタルビジネス・アジリティとは、組織の骨組みに組み込まれるべきものであり、明確に認識され、実践、奨励、改良されるべきものだ。企業の「運動能力」ともいえるデジタルビジネス・アジリティを養うことは、変革に備えた適応能力を磨き、状況に合わせて自ら変化することだ。すべてを優先するのではなくデジタルビジネス・アジリティこそを最優先事項にしよう。

巻末に示したふたつのフレームワーク

本書のコンセプトをあなたの会社に当てはめるには、まずどこから手をつけたらよいだろうか。デジタルビジネス・トランスフォーメーションの旅の水先案内として、巻末に2つのフレームワーク（デジタル・ディスラプション診断、デジタルビジネス・アジリティ診断）を用意した。これらを使って、あなたの会社の目的地とルートを計画しよう（このフレームワークは、DBTセンターやIMDでエグゼクティブたちと対話形式の演習をする際にも使用している）。

デジタル・ディスラプション診断

ひとつ目のフレームワークは「デジタル・ディスラプション診断」だ。これは、本書の第I部で述べた内容の大部分（カスタマーバリュー、ビジネスモデル、対応戦略）をカバーしている。まずは、「あなたの会社が生み出している価値が、コストバリュー、エクスペリエンスバリュー、プラットフォームバリューのいずれであるか（あるいは複数か）」を回答してもらう。現時点だけでなく、4、5年先も見越して回答すること。そうすることで、自社の現在のビジネスモデルと今後望んでいるビジネスモデル、そして、顧客にどんな価値を届け、どんな関係を結びたいかを検討することができる。

次に、本書で分類した15種類のビジネスモデルすべてに目を通し、0から10までの点数をつける。10点は「深刻かつ差し迫った脅威」を表す。それができたら、自社の事業にとって脅威となる現在進行形のディスラプションや今後起こりうるディスラプションをいくつかリストアップする。これをおこなう際には、さまざまな視点を持つ少人数のグループでブレインストーミングするとうまくいくだろう。とりわけ、これまでありえなかったライバル企業から見た自社の弱点を考えること。私たちのワークショップでは、このプロセスでいつもさかんな議論が交わされる。

最後に、防衛的戦略（収穫戦略、撤退戦略）と攻撃的戦略（破壊戦略、拠点戦略）のうち、自社でどれを採用するかを選ぶ。これも少人数のグループでおこなうとうまくいくことが多い。あなたと同僚がそれぞれ別のアプローチを検討して、それぞれの戦略がどういう結果になるかを具体的に考えるのだ。全体の診断プロセスは、会社の事業分野ごとに何度でも繰り返し利用することができる（ディスラプションがあなたの会社のあらゆる側面に同じ方法で影響を与えることは少ないため、いいエクササイズになる）。

デジタルビジネス・アジリティ診断

ふたつ目のフレームワークは「デジタルビジネス・アジリティ診断」だ。このフレームワークは、本書の第Ⅱ部の内容をカバーしている。この診断をおこなうことで、あなたの会社のデジタルビジネス・アジリティを測定することができる。ハイパーアウェアネスを分析するには、従業員や顧客、ビジネス環境、オペレーション環境を考慮したうえで、行動認識と状況認識の両面について自社の能力を0～10点のあいだで採点する（10が「非常に強い」）。情報にもとづく意思決定力と迅速な実行力、ならびにそれぞれの下位能力についても、このプロセスを繰り返す。

この診断で、よい採点結果が出る企業は少ない。こうした最先端のプラクティスはハードルが高く、自社の従業員が何をしていて何を知っているのか、顧客がどう行動しているのか、自社の物理的な資産の状態はどうなっているのかなどについて「いかに自分が何も理解していないか」がわかり、目の覚めるような思いがするだろう。たいていの大企業には、すぐれた決定を担保する仕組みなどまるでないし、今日の平均的な既存企業の動きは「動的プロセス」のコンセプトから大きく取り残されている。それがわかってがっかりするかもしれないが、よい知らせとして受け取ろう。私たちの調査でも、この診断でデジタルビジネス・アジリティを持っていることがわかった既存企業はほとんどなかった。

このエクササイズでは、現時点での能力というより、おもに今後あなたの会社がどうなりたいかについて考えることになる。変化させたい領域やデジタル化を実現してくれそうな人材やプロセス、テクノロジーについて考え、それらに優先順位をつける。このプロセスを終わらせれば、デジタルビジネス・トランスフォーメーションへの道に向けて最初の大きな一歩を踏み出したことになる。

経営革新でも最先端を走るデジタル・ディスラプター

デジタル・ディスラプションは興味深い質問をいくつも投げかけている。本書でそのすべてに答えることはできないが、なかでも重要度の高い問題についていくつか考えてみよう。たとえば、マネジャー、そしてマネジャーたちが導く企業は長期的にどうなっていくだろうか。本書で述べてきたようにデジタル・ディスラプターは、カスタマーバリューを変革する画期的なテクノロジーやビジネスモデルを使って既存企業を脇に追いやっている。また、ディスラプションは、市場レベルだけでなく、会社の内部や、どのようにして仕事がおこなわれるかといったレベルでも起きている。

では、「マネジメント」についてはどうだろうか。何年ものあいだ、さしたるイノベーションが起きていなかった「マネジメント」という分野に、いまふたたび目が向けられ、新しい考え方が注入されつつある。企業は一歩さがって「そもそもマネジャーとは何か」というより大きな疑問に答えを出そうとしている。

仕事というものが根本的に変わった世界、そのときどきに応じて市場のメカニズムを通して人材が動的に配分されていく世界では、マネジャーの役割もまた劇的に変化する。マネジャーは個々の従業員の仕事ぶりを長期にわたって監督するのではなく、自分が担当するプロジェクトにひっきりなしに出入りし、変化していく多種多様な参画者たちを指揮していかなければならない。「人材クラウド」からやってきた契約業者やベンダーなど、いまよりもたくさんの人、さまざまなタイプの人を短期間だけ管理することになるだろう。

デジタル・ディスラプターは、「マネジメント」のイノベーションでも最先端を走っている。これはおもにディスラプターが、多くの正社員を雇うことも複雑なプロセスを採用することもなしに業務を拡大する方法を見出さなければならないからだ。正社員も複雑なプロセスも、ディスラプティブな企業の経営者にとっては大きな負担となる。ディスラプティブな企業は、イノベーティブな人材配置やマネジメントの「実験場」といった様相を呈している。

靴やアクセサリーの電子商取引をおこなう第一人者、ザッポス（Zappos）は最近、組織全体に「ホラクラシー（Holacracy）」と呼ばれるマネジメントモデルを取り入れた。従来の階層型組織ではないこのモデルでは、自己組織的なチームのあちこちに権限や意思決定権が分散されている（注1）。肩書はなくマネジャーもいない。ザッポスのCEOのトニー・シェイはこのアプローチを固く信じており、「このモデルの下で働きたくない従業員には解雇手当を支払う」と申し出た。そして、働いている人たちの14％がこの条件を呑み、辞めた（注2）。最近の報告によると、このモデルの導入によって社内に混乱が生じ、この実験が成功するかどうかはいまのところ未知数だ（注3）。

しかし、シェイはまだあきらめていない。「ホラクラシー」が成功すれば、ザッポスはアジリティを向上させながら、給与の高い管理職を排除することで、競争優位が得られるからだ。

ソフトウェア企業のベースキャンプ（Basecamp）やトマト加工業者のモーニングスター（Morning star）、生地メーカーのゴアテックス（Gore-Tex）も、「格子状組織」や「フラット組織チャート」「セルフマネジメント」といった新しい経営手法を取り入れている（注4）。次世代のマネジメント構造とリーダーシップモデルは今後の調査の焦点になるだろう。

企業が動的リソースと動的プロセスのアプローチに移行していくにつれ、静的でトップダウン型の報告系統はネットワーク化し、リソース構造は柔軟になり、参画者間のプラットフォーム効果が増すだろう。ユビキタス解析が導入されれば、エグゼグティブや中間管理職にとってかなりの追い風が吹くことも予想される。つまり、経営そのものが「経営科学」によって磨かれるかもしれない。

こうしたマネジャーを雇う会社はどうなるか。デジタル・ディスラプションが分解するのは業界だけでない。企業をもばらばらにし、企業という存在そのものに疑問を投げかける。経営理論の礎は1937年に書かれたロナルド・コースの有名な論文「*The Nature of the Firm*」で確立された。それによれば、企業が存在しているのは「取引コスト（取引をおこなう際に発生するコストで、経済的なコストだけでなく手間や時間も含まれる）効率」が高いからだ（注5）。だから企業家もマネジャーもこれまで、新製品を開発したりそれを顧客に売ったりするたびにわざわざ新しいプロセスをつくろうとはしなかった。が、デジタル・ボルテックスのなかで取引コストは急激に減少しつつある。買い手と売り手のあいだの透明性が増し、スイッチング・コスト（他ブランドに切り替える際に発生するコスト）が減少し、イノベーターの参入障壁が低くなり、商取引の摩擦も軽減されている。

また、私たちは、「ディスラプションを利用する企業にとって重要なのは、バリューチェーンではなくバリューそのものだ」という原則を打ちたてた。この原則からわかるのは、バリューチェーンに力を注ぐことはまちがいであり、その代わりに組織能力を開発、選択して（できるかぎり直接的に）コストバリューやエクスペリエンスバリュー、プラットフォームバリューを創出するということだ。バリューチェーンの重要性が減少するにつれて、従来のバリューチェーンを構成する資産（工場や倉庫、コールセンター、車両部隊など）を所有することが逆に不利に働くようになる。もし企業が規模を大きくすることなしに、ほとんど無限に成長できるとしたらどうだろうか。デジタルな要素と物理的な要素が切り離されていくなかで資産を持たないまま規模を拡大できれば、その企業はディスラプションを起こす準備ができているといえる。

さて、こうしたディスラプションは究極的にどこに行き着くのか。スイスに拠点を構えるディスラプター、イーサリアム（Ethereum）は、プラットフォームや仮想通貨、プログラミング言語といったサービスを提供している。そうしたサービスを使えば、「プログラム可能な通貨」をつくって売り手と買い手のあいだの取引を自動化できるかもしれない（注6）。「ビットコイン2・0」とも呼ばれるこの技術は、ブロックチェーンを新たな高みに押し上げ、「スマートコントラクト」を可能にする。スマートコントラクトとは、自動的な取引システムのことで、銀行のような中間業者がいなくても自律的に機能する（注7）。「このアプローチがいずれ『分散型自律組織（DAO）』の誕生につながり、今日の企業に不可欠な人的プロセスはあらかた排除される」と考える者もいる（会社が会社を経営するようになる）。イーサリアムの広報担当者、ステファン・トゥアルは「たとえば、自社の金融契約について機械がすべてを交渉してくれるようになります。あなたが望むなら、機械はもっと稼いでくれる。契約を開始したあと、自分は身を引くこともできる。機械は自らの意思で稼働しつづけ、カネを生みつづける。こうして機械はどんどん金持ちになっていく。もしかしたらいずれ機械が雇用主になり、人間を雇うようになるかもしれません（注8）」。イーサリアムの共同創立者ビタリク・ブテリンは、「あらゆるものの基盤的プラットフォームとなるテクノロジーを確立すること」が目標だと語っている（注9）。

この話を極端なところまで突きつめると、ロボットが経営する企業や相互に監視し合うアルゴリズム式ブロックチェーンだけでなく、経済活動が究極的に分散して広がった世界（人間が経営する物理的な企業にしろバーチャルな企業にしろ、企業というものがまったく存在しない世界）、いわば「ポスト企業時代」が連想される。２０１５年、イーサリアムの元最高技術責任者は、オープンソースモデル革命が経済に広く適用されるとどうなるのかをブログで説明した。「ソフトウェアのプログラミングはいまではすっかり分散型になりましたが、これは手はじめに過ぎません。……（イーサリアムによって）サービスのあらゆる側面が同じ道をたどります。厳密な組織や企業といった概念は消えてなくなるでしょう（注10）」

これはまだ先の話で、現実にそうなるかどうかはわからない。が、デジタル・ボルテックスの力学を知ることで繰り返し学ぶ教訓は、市場は急激なスピードで変化しているということ、そして「不確実」と「不可能」を取りちがえてはいけないということだ。イーサリアム（のみならず、同じ考えを持ったベンチャーキャピタリストやテクノロジー界の巨人、多国籍金融機関といった、このテクノロジーに何百万ドルもの投資をしている人々）が思い描いている未来は、最強の組み合わせ型ディスラプションのようなものだ。そこでは、コストバリューやエクスペリエンスバリュー、プラットフォームバリューが革命的なレベルに達している。私たちがよく知る経済交流や競争は、そんな未来（自動化や解析、つながりによって動いている経済）とはなじまないだろう。

ディスラプションは「なぜ」「誰のために」起きているのか

私たちは、デジタル・ディスラプションの現実（従来のビジネス常識にもたらされる苦痛に満ちた変化）を直視してきた。そして、かなり議論の分かれるトピック、たとえばデジタル・ディスラプションが経済全体や労働者におよぼす影響や、労働や商取引のデジタル化によって生じるプライバシー侵害の問題などに対して努めて中立的であろうとしてきた。私たちの関心は、社会全体への影響よりもむしろ、個々の企業の競争力という点にあるからだ。私たちが中立的なスタンスをとったのは、こうした影響、なかでもとくに典型的な労働者におよぼされる影響に対して葛藤を抱いているからではない（注11）。ソフトウェアプログラムが人間のジャーナリストと遜色ないレベルでスポーツイベントに関する新聞記事を「書ける」ようになったとき（注12）、あるいは熟練した職人の助けを借りずとも3Dプリンターでマンションを建てられるようになったとき（注13）、そのときにこそ、雇用に対する看過できない真のリスクが生まれることになる。

今日の業界紙を騒がせているディスラプターたちがいずれ消滅していったとしても（注14）、デジタル・ディスラプションはまぎれもない現実のものであり、すぐに消えてなくなるような類いのものではない。私たちはその現実を受け入れるよう、読者に求めてきた。何度も強調したように、重要なのはディスラプションであり、特定のディスラプターではないからだ。

市場シェアが固定化し、富が一極に集中する一方で、現状ではディスラプションと支配的企業の入れ替わりが続いている。これは一見矛盾しているように思えるが、どう解釈したらよいだろうか。競争が足りていない状態と（注15）、前例のないレベルで競争が起きている状態が同居するなどということがありえるのだろうか。

最大手規模の既存企業の多くが最良の防衛手段（たとえばＪＰモルガン・チェースのＣＥＯ、ジェイミー・ダイモンがいうところの「要塞」のような堅固なバランスシート）（注16）を持ち、それを有効活用している。既存企業は資本を貯め込み（注17）、弁護士やロビイストを動員して納入業者や顧客に圧力をかけることで自社基盤の弱体化を遅らせたり、回避したりしようとしている。が、すでに指摘したように、こうした防衛手段はこれまでのような力を持っていない。値上げや貧弱なサービスで顧客に圧力をかければ、ディスラプションを招くことになる。加えて、スタートアップ企業の今後の展望について考える際は、低金利の融資金が枯渇した場合を想定することがスタンダードになっている。が、その一方で、既存企業もそうした低金利の恩恵を受けており、業績の悪化した既存企業の多くが低金利の融資金で競争力の低下を隠し、踏ん張ろうとしている。

なかにはデジタル・ボルテックスに適応して繁栄を謳歌する大企業もあるだろう。組み合わせ型ディスラプションを継続させてバリューベイカンシーを占領できれば、とてつもなく大きな成功を収め、市場リーダーでありつづけられるだろう。ＤＢＴセンターの調査によれば、その企業の衰退を占う一番のバロメーターは、企業の規模や市場シェアではなく、その企業が創出しているカスタマーバリューのレベルと、バリューをもたらすアジリティだ。

何がデジタル・ボルテックスを回転させているのか。別の言い方をすれば、ディスラプションはなぜ、誰のために起きているのか。その答えはまちがいなく、市場や社会のなかにある満たされていないニーズをデジタルの手段で満たすためだ。利益を最大化して利便性をもたらし、利用者に新たな娯楽の源を提供すれば、プライベートエクイティやベンチャーキャピタルから資金を調達できる。だが、デジタル・ディスラプターが大量に現れている理由はそれだけではない。

　この変化を導いているのは、もっと根本的な力だ。消費者にとっては、収入が少なくても多くのバリューを手に入れられる。公共機関にとっては健康管理やエネルギー、教育などの公共の利益を、もっと手頃な価格で効果的に提供することができる。人間の創意工夫と生活をよくしたいという欲求が、デジタル・ボルテックスに力を与えているのだ。

　悪い面もないわけではないが、デジタルは多くの方法でさまざまなものを「もたらして」いる。経済学者であれば、生産性の向上をデジタル技術と結びつけて論じるかもしれないが（注18）、そういった議論では、個人や法人顧客がデジタルを通じて学習し、つながり、売買をおこない、巨大な価値を実現しているという真実が見えにくくなってしまう。デジタル・ビジネスモデルも議論に含めれば、なおさらだ。

　たとえば、「デジタル・ディスラプションこそが地球温暖化に対処するための最善策だ」という主張には正統性がある。従来の市場メカニズムや政治的指導者が二酸化炭素排出量を減らすことに失敗し、行動を変えるべきだという人々の懇願も通じなかったとしても、デジタル・ディスラプターは地球温暖化をチャンスととらえ、代替エネルギーやインテリジェント輸送システム、消費効率などの分野ですばやく会社の規模を拡大して俊敏に動く。そうなれば有益な結果がいく

図 19　エグゼクティブはデジタル・ディスラプションをどう見ているか

質問 それぞれの質問に対して「まあまあ」もしくは「大いに」賛同するとした回答者の割合。

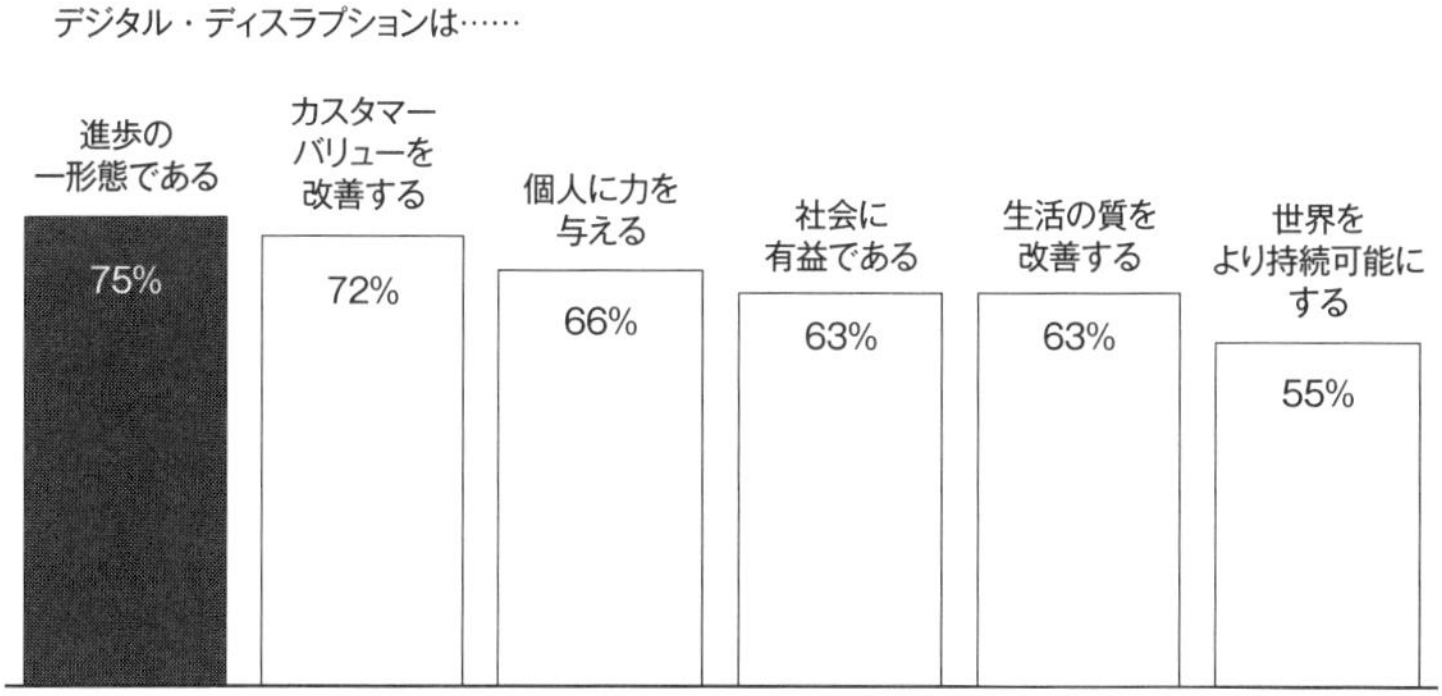

Source: Global Center for Digital Business Transformation, 2015

つもたらされる。だからこそ、私たちの調査でエグゼクティブたちは「ディスラプションの効果は全体的に見ればポジティブなものだ」と考えていたのだろう（図19）。75%のエグゼクティブが「デジタル・ディスラプションは進歩の一形態であり、私たちを正しい方向に導いてくれる」と回答した。それと同じくらいの割合のエグゼクティブが「顧客は最終的に恩恵を受ける」と考えており、回答者の3分の2が「個々人に、たんなる消費者としてではなく人間としての力を与える」と答えた。

　なかにはネガティブな影響を受ける企業もあり、おそらくは、いまあるかたちのすべての業界がネガティブな影響を受けるだろう。が、もっと大きな目で見れば、デジタル・ディスラプションは（実利的な意味で）きっとポジティブなものなのだ。調査に参加したエグゼクティブたちがデジタル・ディスラプションをこのようにとらえていることは、たんに経済学者ヨーゼフ・シュムペーターが言った「資本主義は創造的破壊である」という古めかしい言葉の正しさが、いまになって証明されているといえるかもしれない。創造的破壊のなかでは古い経済秩序は永遠に捨て去られ、新たな富の源泉に道を譲るという（注19）。とはいえ、私たちの調査に参加してくれたのは中規模以上の民間企業のエグゼクティブであり、公務員や労働組合幹部、失業者などは含まれていない。

もしあなたが、デジタル・ディスラプションが経済の混乱を引き起こすことはないと考えているなら、あまりに見通しが甘いといわざるをえない。現に、業界の覇者がその座を追われ、ぎりぎりの経営を余儀なくされ、あるいは過去の遺物のように扱われている。自動化やＡＩの隆盛、中間業者の排除により、あらゆる専門職が真綿でじわじわと首を絞められている。グローバルな舞台における国家の地位は、デジタル化によって国家の財源が影響を受けるにつれ、一進一退していく。こうしたネガティブな効果を軽減させて、デジタル・ディスラプションから悪影響を受ける人々に救いの手を差しのべられるかどうかは、企業や政府、市民社会、ひいては私たちひとりひとりに懸かっている。

とはいえ、こうした問題は、デジタル時代におけるコストバリューやエクスペリエンスバリュー、プラットフォームバリューという前代未聞の新しい価値の源泉を加味したうえで、バランスのとれた視点から検討しなければならない。たとえば、ポケットブック（Pocketbook）などの金銭管理アプリによる貯金や利便性、学習しアイデアを共有する機会の増加、持続可能性の改善など。これらはほんの一例に過ぎないが、こうした価値の源泉については私たちみなが理解しつつある。そして、これらの価値が組み合わさると、とてつもなく大きな恩恵が生まれる。だからこそ大半のエグゼクティブが、自分の会社が貧乏くじを引く羽目になるかもしれないと知りつつ、デジタル・ディスラプションをポジティブなものとしてとらえているのだろう。

自らの手で未来を選ぶ

デジタル・ボルテックスは、宿命的ともいえるロジックを含んでいる。私たちはみな、否応なしにその渦に呑まれ、変化と競争の絶対的な法則に束縛される。が、実際には「絶対」といえることはひとつしかない。それは、ビジネスの世界においても、私たちの生活においても、デジタル化は今後ますます進んでいくということだ。このトレンドが逆転する可能性はほぼゼロに等しい。一方、「絶対」ではないことは、このデジタル化が私たちにとってどんな意味を持つかということだ。

デジタル・ボルテックスが示している未来は、本質的にユートピアでもディストピアでもない。私たちが目撃しているのは「勝者総取り」の競争力学の前兆だ。その力学は、市場シェアの固定化や富の一極集中につながる。商取引と人間同士の交流のデジタル化が進めば、プライバシーやセキュリティが脅かされるかもしれない。が、デジタル・ボルテックスが伝えている大きな物語は、支配ではなく選択とエンパワメントの物語だ。企業にとっては、デジタル・ボルテックスの渦のなかで自らの道を選び、その道を進むにあたってデジタルビジネス・アジリティが助けになってくれるだろう。一般市民にとっては、長きにわたって資本主義を支配してきた経済社会のパターンを捨ててＰ２Ｐでつながり、情報へのアクセス権や場所、社会経済的地位、同調圧力といったしがらみから解放されることを意味している。

カーンアカデミーは非営利の教育機関で、世界じゅうの受講生に無料の教育コンテンツを提供している（コストバリュー）。彼らが表明している使命は「世界クラスの教育を無料で、誰にでも、どこにでも（注20）」だ。受講生は３０００万人以上おり、講座はおよそ5億８０００万回視聴されている。高校３年生までの一般的な授業と、それ以上の内容をカバーしており、40近い言語に翻訳されている（エクスペリエンスバリュー）（注21）。ユーチューブを使うことで、教育を受けられない学生や指導を必要とする学生といった、十分な教育の行き届いていない、以前であれば断絶されていた顧客層にリーチしている（プラットフォームバリュー）。また、クリエイティブ・コモンズ・ライセンスとオープンソースのアプリケーションを通して１００万人以上の登録教師にオンラインツールとリソースを提供している。教師の多くは経営難の学校組織で働いている。

カーンアカデミーのモデルはグローバルな組み合わせ型ディスラプションだといえる。このディスラプションに悪い面は存在せず、ただ勝者だけがいる。カーンアカデミーの人々は、自分が望む未来を実現するためにデジタル・ディスラプションを利用する道を選んだのだ。私たちみなが、それに倣うべきだ。

さいごに　デジタル・ボルテックスの渦中での原著出版にあたって

「私たちは本を書いたほうがいい」。これは2014年後半、IMDとシスコのチームがローザンヌに最初に招集されて話し合った際に、みなが思っていたことだった。当時は刺激的なパートナーシップ・プロジェクトのために集まっただけで、「本を書く価値はあるが、きっと時間がかかるだろう」と考えていた。

DBTセンターは2015年6月にIMDで正式に設立され、その時点で私たちは独自調査の第一弾を公開した。その後、数カ月間にわたってかなりの量の追加調査をおこない、「デジタル・ディスラプション」と「デジタルビジネス・トランスフォーメーション」というテーマについて何百人ものエグゼクティブとかかわった。

2015年11月、DBTセンターのチーム（IMDとシスコのスタッフで構成されている）が定期的におこなっていたテレビ会議の最中、ふたたび「本を書く」というアイデアが浮上した。議論を重ねるたびに「エグゼクティブが真っ先に考える（あるいは考えるべき）たくさんの貴重な新情報や書籍にするだけの十分なデータはそろっている」という実感を深めていた。

さまざまな出版社が興味を示してくれたが、デジタル・ディスラプションをテーマにした本を書くつもりだったこともあり、私たちは「本書の制作でもディスラプティブなアプローチを採る」という合意にいたった。従来の出版社からのオファーとディスラプティブな出版社からのオファーをざっと比較検討したところ、有力な洞察が得られた。なかでも大きなものは「ディスラプティブな出版社は、著者の利益になるように『組み合わせ型ディスラプション』を生み出している」ということだった。支払うべきマージンは従来の出版社よりはるかに少なく、その分、印税が多かった（これはコストバリューだ）。また、プリントオンデマンド（訳注、必要なときに必要な数だけ印刷する）モデルは、私たちが「従量課金制」と呼んでいるビジネスモデルと同じだった。印刷や仕入れが発生せず、物理的な書籍を在庫として持っている必要がないため、維持費もかからない。顧客が購入ボタンをクリックしたとき、書籍は「動的に」印刷される。

ディスラプティブな出版社は、複数のエクスペリエンスバリューももたらしていた。まず、彼らのサービスを使えば、著者は作品を「永遠のベータ版」として扱うことができる（カスタマーエンパワメント）。実質的には、作品に対して無限に手を加えられるのだ。プリントオンデマンド・モデルのおかげで埋没費用（サンクコスト）はほとんど発生せず、作品の新しいソースファイルをアップロードすれば、気がすむまで更新できる。つまり、あなたが読んでいるこの本の原著は、初版だったかもしれないし、そうではなかったかもしれない。

出版社や印刷業者を1社に限定する必要がないという点でも、「カスタマーエンパワメント」にもとづく価値をもたらしていた。実際に私たちは2社を選んだが、これまでそんなことを許してくれるところがあっただろうか。私たちにとっては非常に大きな恩恵があった。1社はグローバルなリーチを持ち、もう1社はハードカバーか電子書籍かなど書籍の形態を柔軟に変えられることから、両社のいいところ取りができた。カスタマーエンパワメントのビジネスモデルの本質は「セルフサービス」と「中間業者の排除」だが、それがまさに私たちのしたことだった。

ふたつ目のエクスペリエンスバリューは「即時的な満足感」である。実はこれが、ディスラプティブな出版形態を選ぶ最大の決め手となった。簡単に言うとディスラプティブな出版社のほうが従来の出版社より進行が劇的に速かったのだ。従来の出版社は「出版の準備や印刷、発送に1年か、それ以上かかるだろう」と言った。私たちはそれを半分以下に短縮することができた。本を出そうという話になった時点から最初の見本を手にするまで、約半年しかかからなかった。

「カスタマイズ」からもエクスペリエンスバリューが生まれていた。電子書籍やオーディオブックのフォーマットをさまざまな選択肢のなかから選べたからだ。出版用のコンテンツの作成やアップロードを自分たちで直接管理できたことは「摩擦軽減」であり、印刷や電子商取引、決済、発送といったプロセスの重要なステップをほぼオンライン上のやりとりのみで完結させられたことは「自動化」に該当する。

ディスラプティブな出版社は、いくばくかのプラットフォームバリューをもたらしていた。アマゾンは世界最高クラスのデジタル・マーケットプレイスで、著者や書店、購入者などをつなぐ多方向型マーケットだ。巨大なチャネルを通して本が提供されることで「コミュニティ」というプラットフォームバリューも生まれていた。イングラムコンテンツグループが展開している「イングラムスパーク」は世界随一の書籍販売サービスであり、数百カ国にまたがる数千の書籍販売業者にアクセスすることができる。こうしたプラットフォームが情報の伝達効率を向上させ、私たちのリーチを広げてくれた。

原著の表紙のデザインは、デザインサービスを必要としている人向けの人材パイプライン、

99designsを使い、プラットフォームバリュー（クラウドソーシング）の恩恵を受けた。サンフランシスコを拠点とするこの会社が提供しているクラウドソーシングのプラットフォームを使えば、世界じゅうからコンテスト形式でデザイナーを募集することができる。コンテストの賞金はプロジェクト次第だが、現金で200〜2500ドルとなっている。私たちの場合は、数日以内に数十のデザインが集まった。そこから候補を絞って議論を重ね、一番よいと思うデザインを選んだ。このサービスのおかげで、本書の特徴にぴったり合う表紙をこれまでのやり方よりもずっと早く、ずっと安く手に入れることができた。非常に満足したので、その後もあと2回、99designsでコンテストを開催した。ウェブサイト（digitalvortex.com）をデザインするためと、マーケティング用資料を作成するためだ。組み合わせ型ディスラプションのおかげで出版プロセスは、当初予想していたものとは全然ちがうものになった。

次に、本書に含まれる調査やコンテンツの制作について、この本のもうひとつの重要な概念である「デジタルビジネス・アジリティ」の観点から見てみよう。

周囲で何が起きているかをさまざまな人が参加して理解するハイパーアウェアネスは、調査の親戚のようなものだ。私たちは複数のベクトルを追うことで、ディスラプション発生の仕組みの全容を把握したいと思っていた。そのためには重要なアイデアを見逃したり、調査で知り得たことをあらかじめ頭のなかで考えたことに合わせてねじ曲げたりしないようにする必要がある。何よりも、得られる洞察は量も質も十分なものでなければならない。量については、ライトスピードリサーチ（LightSpeed Research）の一部門であるグローバルマーケットインサイト（GMI）

と協力し、13カ国941名のエグゼクティブを対象にしたオンラインのアンケート調査を実施した。回答者の採用と実際のフィールドワーク遂行では、GMIと協働して品質を維持できるよう、さまざまな手段を整備した。GMIのネットワーク規模と世界各地の研究機関と連携するエコシステムのおかげで、あらかじめ精査された参加者のなかから、ひと月と経たずに1000人近い回答者を集めることができた。また、アジャイルな人材アプローチで低価格の翻訳サービスを提供しているライオンブリッジ（Lionbridge）に依頼することで、アンケート用の文書は1週間と経たずに9カ国語に翻訳できた。

質については、ガーソン・レーマン・グループ（GLG）が提供するオンラインの会員制知識共有プラットフォームを使い、数十名の上級エグゼクティブに定性的なインタビューをおこなった。このプラットフォームのおかげで専門家を特定し、交流できるようになった。インタビューでは、シスコや他のディスラプティブなスタートアップ企業から提供された「テレプレゼンス」や「クラウドベースの会議ツール」といった協働テクノロジーにも助けられた。こうした要素がひとつでも欠けていたら、ディスラプターたちが業界や市場をどのように再形成しているのか、市場リーダーたちがそれにどう対応しているのかといったことについて、ここまで綿密に、かつエビデンスにもとづいて世界規模で理解することはできなかった、つまり、ハイパーアウェアにはなれなかっただろう。

データ解析では広範な解析・協働ツールを使い、情報にもとづく意思決定力を高めた。こうしたツールには、収集した膨大な量のデータや洞察を交換し理解するためのクラウドベース・データ解析や共有プラットフォームが含まれている。たとえば、当初の調査データと異なる視点を得たり、統計学的解析をおこなったりするためにマーケットサイト（MarketSight）とアール（R）というふたつの低価格なクラウドベース・データ解析ソフトウェア・ツールを使った。また、オンラインのファイル共有サービスであるボックス・ドットネット（Box.net）を使って動画や音声ファイルを含む大量のコンテンツをチーム間でやりとりした。企業家やエグゼクティブへの多数のインタビュー記録は、レブ・ドットコム（Rev.com）というクラウドベースのサービスを使って書き起こした。これは音声1分につき1ドルで24時間以内に完成原稿にしてくれるサービスだ。レブ・ドットコムそのものは、世界じゅうの書き起こし作業者と翻訳者の仮想ネットワークを構築する人材マーケットプレイスとして機能している。

4名の主著者のほか、主要メンバー（プロジェクトマネジャーやリサーチャー、デザイナー、編集者、レビュワー）が10名以上いただけでなく、作業チームは4カ国（カナダ、インド、スイス、アメリカ）に分散していた。そのため、効果的に協働できるかどうかが最重要課題だった。著者を含むこの大所帯は、コンセプトの討論や情報の視覚化、コンテンツの共作、レビュワーからのフィードバック、イテレーションと幾度にもわたる推敲にあたり、シスコの「テレプレゼンス」「ジャバー」「ウェブエックス」「スパーク」といった協働ツールに大いに助けられた。デジタル技術によって可能になった開放的意思決定を実践したといえる。

最後に、アイデアのマーケットプレイスにおいて読者が本書から受け取る価値の大半を占めるのは、本書に書かれている情報がちゃんと通用するかどうかだ。内容は新鮮だろうか。本書のように精力的にトピックをカバーしている本にとっては、そこが肝心なところだ。となれば市場に迅速に投入しなければならない。原文で約7万ワードの原稿を首尾一貫した内容にまとめて世に送り出すにあたっては、いかんともしがたい遅延やストレスもそれなりにあったが、ディスラプティブなアプローチにより、迅速な実行力を発揮することができた。

たとえば、編集プロセスの最後の最後になって、索引づくりの時間も予算もないがしろにしていたことに気づいた。その解決策として、「ギグ」とマイクロジョブのマーケットプレイスであるアップワークの自動化ビジネスモデルを使い、書籍の索引制作を専門にしている作業者に依頼するという、高度に産業化されたプロセスを採った。いち早くプロセスを可能にすることで（迅速な改善）、締切日だった2016年6月のIMDの「オーケストレーティング・ウィニング・パフォーマンス（OWP）」（訳注、世界中から数百名の企業幹部らが集まり、5日間かけておこなう研修プログラム）に間に合わせることができた。

第1章で見たように、メディア・エンターテインメント業界（出版業界もここに含まれる）は、テクノロジー業界に次いでデジタル・ボルテックスの渦の目に近い位置にあり、業界内部や隣接する業界（小売、卸売など）のディスラプターたちが新たな価値を創出し、デジタル化できるものをデジタル化しようと虎視眈々と狙っている。本書（原著）は、同業界の顧客である私たちがいかにして既存のバリューチェーンを避け、デジタル・ディスラプターの製品やサービスによって高い価値を得ようとしているかを示す、シンプルだが生きた実例だといえる。私たちの顧客であるあなたも、このアプローチからなんらかの価値を得てくれれば幸いだ。

謝辞

本書は何十人というプロジェクト参画者による協力作業の賜物だ。地理的に分断された4人の著者からなる中核チームは、ふたつのまったく性質の異なる組織、IMDとシスコの連携から途方もない恩恵を受けた。それぞれの分野での世界的なリーダーだ。両組織のさまざまな考え方や経験、顧客から学ぶことができたのは、私たちにとってとても僥倖だった。

毎年、何千人ものエグゼクティブがIMDの門を叩くが、彼らの多くは知らず知らずのうちに本書に貢献してくれた。本書に含まれている事例や洞察のうち、かなりの数がエグゼクティブとの会話から引き出されている。彼らが属する会社や業界はデジタル・ディスラプションに苦戦を強いられていた。私たちは彼らに教えると同時に、彼らからも教わっていた。IMDなどの場でおこなったトレーニングプログラムやワークショップでは、形になりつつあったアイデアや構想をリアルタイムでテストした。自らの経験を共有し、話に耳を傾けてくれたエグゼクティブたちに心から感謝する。あなたがたの洞察が本書の核となった。

スイスのローザンヌにあるDBTセンターがなければ、本書が世に出ることはなかっただろう。DBTセンターの設立にあたっては、複数の当事者グループが一致団結して協力した。IMD学長（当時）のドミニク・テュルパン、理事会議長のピーター・ウフリ、ならびにマネジメントチームのメンバーに深く感謝する。彼らは実践に深く根ざした、まったく新しい思想的リーダーシップの確立を支援すると請け合ってくれた。とりわけ、アナンド・ナラシマン、ジェイムズ・ヘンダーソン、サンドラ・ボースカル、マーリーン・ボーカード、ジョン・エバンス、マイケル・ブーリアン、オーロラ・バラス、マルチェロ・マンチェスティの協力に感謝する。SIXペイメントサービスの専務取締役であり戦略的ベンチャー責任者、DBTセンターの諮問委員でもあるクリスティアン・ブチェリにもお礼を言う。私たちが執筆という「渦」のなかに何度となく呑まれるなか、DBTセンター副責任者のレミー・エル・アシールは、スイス製腕時計のような正確さと能力で万事を取り計らってくれた。特別な感謝の念を表する。

チャック・ロビンズ、ジョン・チェンバーズ、ケリー・クラマー、ヒルトン・ロマンスキ、カレン・ウォーカー、フラン・カツォーダス、マイケル・ガンザー、マチェイ・クランツをはじめ、DBTセンターをつねに支援してくれたシスコのたくさんのエグゼクティブたちにも心から感謝する。DBTセンターの立ち上げから運営にいたるまで、その原動力でありつづけてくれたティエリー・モプリエにもお礼を言いたい。IMDに招聘されたエグゼクティブ（エグゼクティブ・イン・レジデンス）にしてシスコの戦略的パートナーシップ統括責任者であるティエリーの先見の明と決断力は、DBTセンターが設立され、最終的には本書が出版されるきっかけになった。今後もいくつもの企業とのリサーチや活動があとに続くだろう。

シスコの最高デジタル責任者、ケビン・バンディに。そして、彼の思想的リーダーシップと助言に。デジタルビジネス・トランスフォーメーションに向かう旅の道中で、大きく困難な未知のもの、独自性や陥穽、希望に遭遇するたびに私たちを励ましてくれたことに。本プロジェクトに貢献したシスコの関係者たちが「研究者」と「実践者」というふたつの役割を担えたのは、ケビンの指揮があればこそだ。このふたつの視点は、私たちの作業にとても大きな価値をもたらしてくれた。ケビンと共に働き、かかわったシスコ自身のデジタル化計画立案からは、信じられないほど大きなものを得た。旅の次の一歩を踏み出すことを楽しみにしている。ケビンの同僚、マイケル・アダムス、ドナ・コックス、クレア・マーコビッツ、マリベル・キノネズらは、本書を執筆していた数カ月のあいだ、計り知れないほどの支援をしてくれた。とりわけ、DBTセンター客員学者のジョエル・バービアーと、変革の経済学に関する彼の比類なき知識に。

キャシー・オコネルと彼女が率いるシスコのマーケティングチームの面々、キャロライン・アールキスト、ケビン・デラニー、ニコール・フランス、シェリー・グッドマン、リサ・ラーデ、ステファニー・マッカン、メリッサ・マインズ、ボブ・モリアーティ、ビル・ラドケ、リック・リップリンガー、バージル・ビダルに。本書の制作にあたって、きみたちはたんなるマーケティングのパートナーではなく、ほんとうの思想的パートナーだった。きみたちの協力精神や知恵、行動指向のマインドセットは世界クラスだ。ほかにもたくさんのシスコ関係者に助けてもらった。とくにインバー・ラッサーラーブ、ジム・グラブ、ステファン・モンターデ、クリスティアン・クーン、アンドレア・ダッフィ、アラン・スターンに。また、ジョセフ・ブラッドレーにも衷心からの感謝を。彼は長年の友人であり、その先見の明とプロフェッショナリズムはもちろん、ＩｏＴに関する彼の洞察は他の追随を許さない。

コンテンツ作成については、デベロップメントエディターのピート・ゲラルドとプロダクションエディターのケリー・アンダーソンに感謝する。グラフィックデザインの魔術師、スコット・

フィールズにも。スコットのように勤勉でありながらも陽気な真のプロには、めったにお目にかかれない。リサーチと解析については、ディブヤ・カプール、シエラ・パーカー、イザベル・レドンド・ゴメス、ヒテン・セシ、ジアル・シャン、ゴーラブ・シン、アンドリュー・ターリングに感謝する。きみたちは100社以上のデジタル・ディスラプターのモデルを調査し、ユニコーンやバンパイアといった世にも奇妙な生き物たちを見つけてきてくれた。データを徹底的に噛み砕くきみたちのスキルも、本書の制作においてとても大きな役割を果たした。また、私たちの考えに対し、数えきれないほどの方法で疑問を呈し、改善してくれた。

ローラ・バッカリューの絶え間ない努力や知恵、誠実さがなければ、本書が読者の手に届くことはなかった。彼女は主要な調査のフィールドワークのいっさいを管理し、リードインタビュアーやプロジェクトマネジャーを務め、本書を隅から隅までチェックしてくれた。アンディが「ローレンには頭があがらない」と言っていたが、まさにそのとおりだ。ローレン。ありがとう。

日本語版の刊行に尽力してくれた日本の友人たちに。

2015年末、横塚裕志と西野弘を中心とした特定非営利活動法人CeFILのチームは、日本の代表的な企業数十社からなる「デジタルビジネス・イノベーションセンター（DBIC）」を立ち上げ、デジタル化する経済社会での日本の競争力を高めるという壮大な構想を持ってIMDのDBTセンターを訪ねてきた。そのときはまだ青写真にすぎなかったが、ビジョンに導かれアジリティを伴った議論と準備作業の末、DBICが主催し、DBTセンターが講師陣とコンテンツを提供するプログラムを東京で開催することになった。これは、ＩＭＤがスイスやシンガポールで開催しているエグゼクティブ向け研修を日本向けにカスタマイズしたものだ。このプログラムを通じて日本のビジネスリーダーと直接対話し、ともに未来を考えられるようになったことは僥倖であるし、今後ここから新たなイノベーションが生まれることを願っている。

早稲田大学教授の根来龍之に。ビジネスモデル研究の世界的な第一人者のひとりである彼の監訳と解説で、日本の読者にとっての本書の価値はさらに高まったと思う。東京やスイスでおこなわれた数々のセッションを通して生まれた交流が今回のコラボレーションの礎となった。

翻訳者の武藤陽生、編集者の伊藤公一に。真のプロフェッショナルとしての、２人の質の高い丁寧な仕事には尊敬と深い感謝の念を覚える。

シスコシステムズ合同会社の今井俊宏に。ＤＢＴセンターの世界的な取り組みを日本国内で展開するリーダーとしてコラボレーションを深化させてくれた。

そして、ＩＭＤ北東アジア代表、高津尚志に。ＩＭＤの日本におけるアンバサダーとしてステークホルダー全体の結節点を担い、ひとつひとつの取り組みの実現に尽力してくれた。

子供たち、両親、友人、親戚に。このプロジェクト中のきみたちの愛や支援、忍耐にはどれだけ感謝してもしきれない。私たちの妻、スーザン、ジェン、カレン、ハイジに。ようやくきみたちが待ち望んでいた言葉を言える。「本ができたよ」。どうもありがとう。

巻末資料A どのようにしてデジタル・ボルテックスを測定したか

Digital Vortex Methodology

調査について

2015年4月、DBTセンターはデジタル・ディスラプションの現状を理解するために、941名のビジネスリーダーに対しオンライン上でブラインド調査をおこなった。調査に参加した回答者と組織の特性については表A1を参照。

業界をいかにランクづけしたか

第三者機関のデータと調査データを組み合わせてDBTセンターで各業界をランクづけした。業界ごとのデジタル・ディスラプション発生可能性を相対的に評価するにあたっては以下の方法を採った。

ステップ1　デジタル・ディスラプション発生可能性を示す指標を特定する

業界ごとのデジタル・ディスラプション発生可能性を解析するため、デジタル・ディスラプション発生のカギとなる指標の特定からはじめた。DBTセンターでは、表A2に記した内容が、業界ごとの相対的なデジタル・ディスラプション発生可能性を示す有効な指標だと考えてい

表A1　調査の詳細

回答企業の本社所在地	アメリカ　41% 中国　9% イギリス　9% インド　8% ブラジル　6% カナダ　6% イタリア　6% ドイツ　5% フランス　4% メキシコ　2% ロシア　2% オーストラリア　1% 日本　1%
回答企業の業界	消費財製造　23% 金融サービス　18% 小売　12% テクノロジー　10% ヘルスケア　6% 通信　6% 教育　5% 旅行・ホテル　5% 製薬　5% メディア・エンターテインメント　4% 石油・ガス　3% 公益事業　3%
回答企業の年間売上	5000万ドル未満　4% 5000万ドル以上、1億ドル未満　9% 1億ドル以上、5億ドル未満　20% 5億ドル以上、10億ドル未満　20% 10億ドル以上、50億ドル未満　22% 50億ドル以上、100億ドル未満　11% 100億ドル以上　14%
回答者の役職、職種	エグゼクティブ（CEO、CIOなど）　33% 上級副社長、副社長　29% 取締役　38% 情報技術（IT）　24% 総括管理　19% 金融　16% 製造、供給、物流　7% 営業　6% マーケティング　5% カスタマーサービス　4% 人事　4% 法務、リスクマネジメント、コンプライアンス　4% 研究開発　4% その他　4% 調達　2%

Source: Global Center for Digital Business Transformation, 2015

表A2　デジタル・ディスラプション発生可能性の指標

投資	デジタル技術を使って業界をディスラプトしようとしている企業への投資水準。これは投資家がどこに目をつけていて、どこがデジタル・ディスラプションによって経済的価値が高まりそうだと考えているかを示す指標になる。
時間	デジタル・ディスラプションが業界に有意な影響を与えるまでにかかる時間の長さ、ならびにデジタル・ディスラプションによる変化が業界に浸透するスピード。
手段	デジタル・ディスラプターがその業界に参入するにあたって直面する障壁の水準、ならびに、こうした障壁を乗り越えるために彼らが利用できるディスラプションの手段（破壊的ビジネスモデルの数など）。
影響	ディスラプションがおよぼす影響の範囲（既存企業の市場シェアに与える影響など）、ならびにデジタル・ディスラプターがその業界の存続に与える脅威の程度。

Source: Global Center for Digital Business Transformation, 2015

る。

これらの指標は以下のような疑問の答えを提示してくれるからだ。

・投資家と市場が投資しているのはどこか
・デジタル技術を使って業界をディスラプトしようとしている企業の数は？
・その業界にデジタル・ディスラプションはいつ起きるか、起きるとしたらどれくらいの速さで進行するか
・デジタル・ディスラプターが業界に攻撃を仕掛けるとしたらどんなビジネスモデルを武器にするか、その成功率は？
・こうしたデジタル・ディスラプターは業界内にどの程度の規模のディスラプションを起こしうるか

ステップ2　デジタル・ディスラプション発生可能性を示す指標を定量化する

デジタル・ディスラプション発生可能性を示す指標を特定したあと、次のステップとして、これらの指標を定量化できる特定の測定基準を探した。測定基準になりそうなものを数十種類検討した結果、表A3に示したものを選んだ。これらの測定基準は異なるソースから引いてきたもので単位も異なるため、zスコア（訳注、標準偏差の数が母平均より上または下である度合い）に換算して標準化した。ひとつ以上の入力測定基準がある指標についてはzスコアの平均を採った。最後に、ディスラプション発生可能性を示す指標ごとにzスコアの合計値を計算した。

ステップ3　デジタル・ディスラプション発生可能性が高い順に業界をランクづけする

業界ごとに各指標のzスコアを合計し、各業界のzスコア合計値を求めた。このスコアをもとにして業界をランクづけしたのが表A4だ。

ステップ4　パターンを解析する

ステップ3で求めたスコアから明らかになるのは、業界ごとのデジタル・ディスラプション発生可能性だけでない。業界の順位と分類から、業界内あるいは業界をまたいでデジタル・ディスラプションが起きる可能性についていくつかの重要なパターンがわかる。DBTセンターはこのスコアとスコア算出に用いたデータから、業界をまたぐデジタル・ディスラプションのパターンに関する綿密な解析と、このレポートの主眼であるデジタル・ボルテックスの解析の両方をおこなった。

表A3　業界ごとの発生可能性を定量化する際に用いた測定基準

測定基準	指標	定義
デジタル・ディスラプションに対するベンチャー投資	投資	業界内で、ベンチャー支援を受けている未公開企業のうち、2015年4月時点で評価額が10億ドルを超えている企業の数（＊1）。
デジタル・ディスラプションにかかる年数	時間	その業界にデジタル・ディスラプションの影響がおよぶまでにかかると思われる年数（＊2）。
デジタル・ディスラプションの激しさ	時間	業界内で、「今後5年以内に業界内でデジタル・ディスラプションが指数関数的に増える」と考えているエグゼクティブの割合（＊2）。
考えられるデジタル・ディスラプションのモデルの数	手段	5つの破壊的デジタル・ビジネスモデルのうち、「今後5年以内に業界内に破壊的な影響をもたらしそうだ」とエグゼクティブが考えているビジネスモデルの数（＊2）。
デジタル・ディスラプターにとっての参入障壁	手段	業界内で、「デジタル・ディスラプターにとっては参入障壁が存在しない、あるいは、あったとしてもとても低い、もしくは低い」と考えているエグゼクティブの割合（＊2）。
市場トップの既存企業の入れ替わり	影響	業界内で、市場シェアトップ10企業のうち、「今後5年以内にデジタル・ディスラプターに取って代わられる」とエグゼクティブが考えている企業の数（＊2）。
廃業に追い込まれるリスク	影響	業界内で、「デジタル・ディスラプションによって今後5年以内に廃業に追い込まれるリスクが少し、またはいちじるしく増加する」と考えている回答者の割合（＊2）。

（＊1）ウォール・ストリート・ジャーナル　2015年4月。
（＊2）DBTセンター調べ　2015年4月。

表A4　デジタル・ディスラプション発生可能性が高い順に業界をランクづけ

テクノロジー	1位
メディア・エンターテインメント	2位
小売	3位
金融サービス	4位
通信	5位
教育	6位
旅行・ホテル	7位
消費財製造	8位
ヘルスケア	9位
公益事業	10位
石油・ガス	11位
製薬	12位

Source: Global Center for Digital Business Transformation, 2015

巻末資料B　デジタル・ディスラプション診断

Digital Disruption Diagnostic

次のページに「デジタル・ディスラプション診断ワークシート」を掲載する（英語版はdigitalvortex.comから無料でダウンロード可）。これを使ってあなたの会社を診断してみよう。

1　自社の現在の競争力を支えているのは、どんな形態のバリューか（具体例を挙げること）
2　15種類あるデジタル・ビジネスモデルすべてについて、現時点での脅威レベルを0～10点で採点する（10点は「深刻かつ差し迫った脅威」を意味する。具体例を挙げること）
3　未来のことを考える。2のプロセスで特定した脅威レベルの高いビジネスモデルに対し、今後4～5年のあいだ自社が競争力を保つには、どんな形態のバリューを創出する必要があるか（具体例を挙げること）
4　あなたが望む未来を実現するために採るべき防衛的戦略、攻撃的戦略は？（具体例を挙げること）
5　作成したワークシートを少数の同僚グループに見せる

必要に応じて、自社の事業部門ごとに同じプロセスを繰り返す。

デジタル・ディスラプション診断ワークシート

	バリュードライバーの例		いまどのビジネスモデルが脅威か			対抗戦略
	いま	今後4～5年		0～10点	例	例
コスト バリュー 			無料／超低価格			
			購入者集約			収穫
			価格透明性			
			リバースオークション			
			従量課金制			
エクスペリエンス バリュー 			カスタマーエンパワメント			撤退
			カスタマイズ			
			即時的な満足感			
			摩擦軽減			
			自動化			破壊
プラットフォーム バリュー 			エコシステム			
			クラウドソーシング			
			コミュニティ			
			デジタル・マーケットプレイス			拠点
			データオーケストレーター			

Source: Global Center for Digital Business Transformation, 2015

巻末資料C デジタルビジネス・アジリティ診断

Digital Business Agility Diagnostic

次のページに「デジタルビジネス・アジリティ診断ワークシート」を掲載する（英語版はdigitalvortex.comから無料でダウンロード可）。ワークシートを埋めてあなたの会社を診断してみよう。

1　あなたの会社の現在の能力を0～10点で採点する。10点は「とても強い」を意味する
2　各能力を改善、獲得できるチャンスを特定する。具体例を挙げること
3　本書で学んだことをもとに、各能力の獲得を支援してくれるデジタル技術、ツール、アプリケーションを特定する

必要に応じて、自社の事業部門ごとに同じプロセスを繰り返す。

デジタルビジネス・アジリティ診断ワークシート

	デジタルビジネス・アジリティの各能力	具体的な領域	現在の能力値（0～10点）	その能力を改善・獲得できるチャンス	その能力を獲得できるデジタル技術など
ハイパーアウェアネス	行動認識	従業員			
		顧客			
	状況認識	ビジネス環境			
		オペレーション環境			
情報にもとづく意思決定力	開放的意思決定	多様な視点			
		開放的な環境			
	拡張意思決定	ユビキタス解析			
		自動化／迅速な決定			
迅速な実行力	動的リソース	アジャイルな人材			
		アジャイルなテクノロジー			
	動的プロセス	迅速な改善			
		迅速な介入			

Source: Global Center for Digital Business Transformation, 2015

訳者あとがき

国内企業はデジタル・ディスラプションにどう立ち向かおうとしているか

デジタルビジネス・イノベーションセンター　副代表・ファウンダー　西野　弘

いまこの瞬間もデジタルビジネスが世界のマーケットを破壊し、席巻している。日本企業が現状維持のままで事業を続けることは、そのまま「破壊される側」に追いやられることを意味する。そうした圧倒的な危機感から、私たちはデジタルビジネス・イノベーションセンター（DBIC）を設立した。

きっかけは2014年の冬。東京海上日動火災保険の常務・CIOを務めた後、イノベーション人材の育成支援をおこなう特定非営利活動法人CeFILの理事長に就任した横塚裕志と、株式会社プロシードを設立し、PMBOK（プロジェクトマネジメント）を理解・活用するための知識体系ガイド）やITIL（ITサービスマネジメントのベストプラクティスをまとめたフレームワーク）を日本に導入するなどIT企業とも関係の深い西野弘は、外資系ITソフト会社の支援を受けて多方面の方々をお呼びした朝食会を開催した。そこで話題となったのが「デジタルビジネス・イノベーション」である。そのダイナミックな動きに衝撃を受けた2人は、これから世界がどのように変化していくのか、きちんと調査をしたほうがよいという意見で一致した。

その後、横塚と西野はシンガポールや米国、北欧などを訪問し、デジタルビジネス・イノベーションのインパクトの大きさにさらなる衝撃を受ける。ＩＴ企業のみならず、メーカーや金融機関などメインストリームにあるさまざまな産業の人たちが「スマホに代表されるデバイスをどう使いこなすか」「ＡＩやＩｏＴなどを活用してどのようにデジタルビジネスをおこなうのか」について熱い議論をかわしているのだ。そうした関心の高さに対し、当時の国内企業の認識は驚くほど低かった。

この状況を放置しておくわけにはいかない。ＣｅＦＩＬ理事長に横塚が就任したのを機にデジタルビジネス・イノベーションのシンポジウムを開催すると、会場には１００名を超える経営トップが集まった（おそらくこれが、デジタル・ディスラプションについて警鐘を鳴らした国内初のシンポジウムであっただろう）。そこで、シンポジウム参加企業のなかから危機意識を共有する有志企業を募り、具体的な組織設立のための準備委員会を設置した。その後、約半年にわたる議論や調査をおこない、16年5月に設立したのがＤＢＩＣである。

折しも16年初頭には政府やメディアからも「第4次産業革命」「デジタル・ディスラプション」「ＡＩ」「ＩｏＴ」といった言葉が出はじめ、国内企業の関心の度合いも大きくなっていった。準備委員会に参加していた16社に、新たに参加を希望した11社を加えた計27社でＤＢＩＣはスタートした（17年9月時点では31社）。

認識は高まりつつあるが、インパクトを測りかねている日本企業

ＤＢＩＣは「デジタル技術を活用したイノベーションの創出」「オープンイノベーションの推進」「ビジネス・エコシステムの形成」をミッションとし、メンバー企業にイノベーション支援や人材育成のためのプログラムを提供している。設立当初から世界最高レベルの教育プログラムの導入を目指し、本書の著者たちが調査・研究をおこなっているＩＭＤ、ＤＢＴセンターやシンガポールマネジメント大学と連携、デザインシンキング推進国家であるシンガポールから講師を招いて数々のワークショップをおこなってきた。

なかでもメンバー企業から高い評価を得ているのが、ＤＢＴセンターのプログラムである。そのプログラムのベースとなっている本書の日本語版出版を機に、私たちはＤＢＴセンターの合意のもと、デジタル・ディスラプションに関するアンケート調査をメンバー企業に対しておこなった。本書で紹介しているＤＢＴセンターの調査の対象に日本企業があまり入っていなかったことも、今回調査を実施した理由のひとつである。具体的な調査方法は、ＤＴＢセンターが実施したものと同様である（巻末資料Ａ参照）。

調査期間　２０１７年7月～8月
調査対象　ＤＢＩＣメンバー企業の経営幹部
有効回答数　30社

図D1　デジタル・ディスラプションによる影響はいつ起こると予想されますか

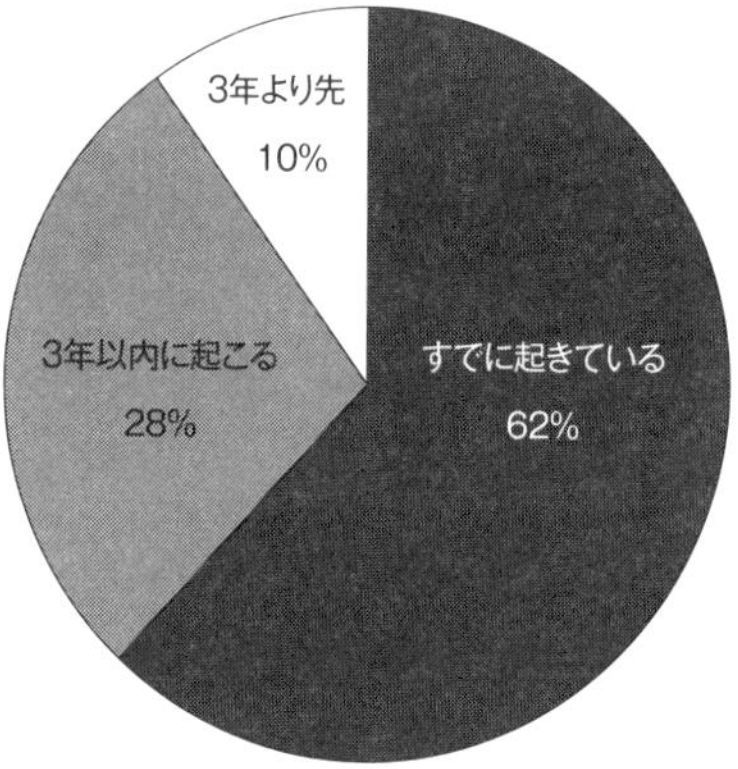

Source: Digital Business Innovation Center, 2017

調査結果からは次のことがわかった。

「デジタル・ディスラプションによる影響はいつ起こると予想されますか」という設問については、90％の企業が「すでに起きている」もしくは「今後3年以内に起こる」と回答した。これは、ＤＢＴセンターが実施した２０１７年度の調査結果（82％）を上回る水準であり、国内企業においてもデジタル・ディスラプションに対する認識が浸透してきていることを表している。先に述べたように２０１４年にはデジタル・ディスラプションという言葉さえ知らない経営者が多かったことを考えると、この2〜3年間で急速に意識が高まったことがわかる（図Ｄ１）。

また、「あなたの会社のリーダーは、デジタル・ディスラプションに対してどのようなスタンスをとっていますか」という設問についても38％の企業が「積極的に対処している」と回答

図D2　あなたの会社のリーダーは、デジタル・ディスラプションに対してどのようなスタンスをとっていますか

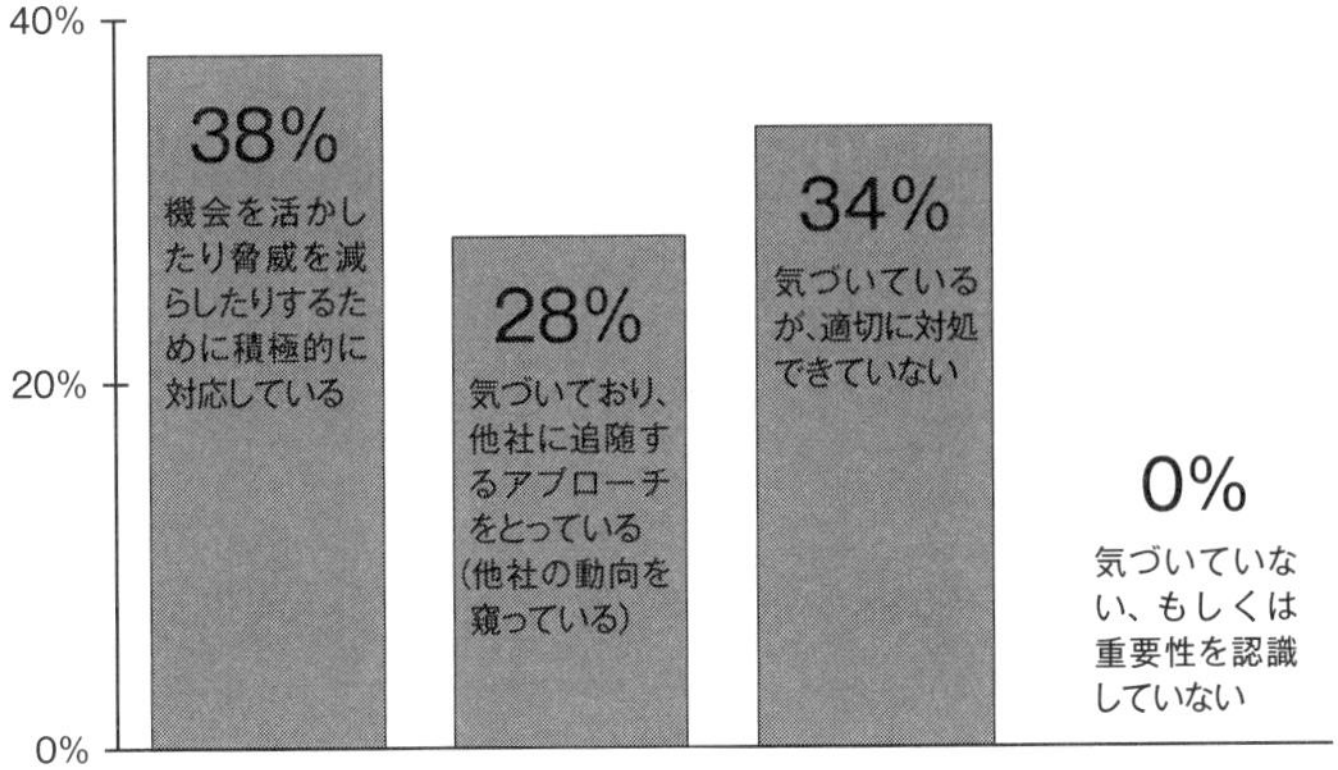

Source: Digital Business Innovation Center, 2017

し、DBTセンターが実施した2017年度の調査結果（31％）を上回るものとなった（図D2）。

しかし、「デジタル・ディスラプションは、あなたの会社にどの程度の影響を与えるでしょうか」という設問に対して「自社の変革を必要とするレベルの影響がある」と答えた企業は21％で、DBTセンターの調査結果（30・9％）を下回っている（図D3）。

このことから、「デジタル・ディスラプションに対する認識は十分に高まっており、対処しようと考えてはいるが、それが自社や自社が属する業界にどのような影響を及ぼすのかについては正しく把握できていない」という国内企業の姿が見える。デジタル・ディスラプションに対する感度が国内企業の平均値より高いDBICメンバー企業においてさえである。

業界別に見ると、銀行や保険会社などの金融

図D3　デジタル・ディスラプションは、あなたの会社にどの程度の影響を与えるでしょうか

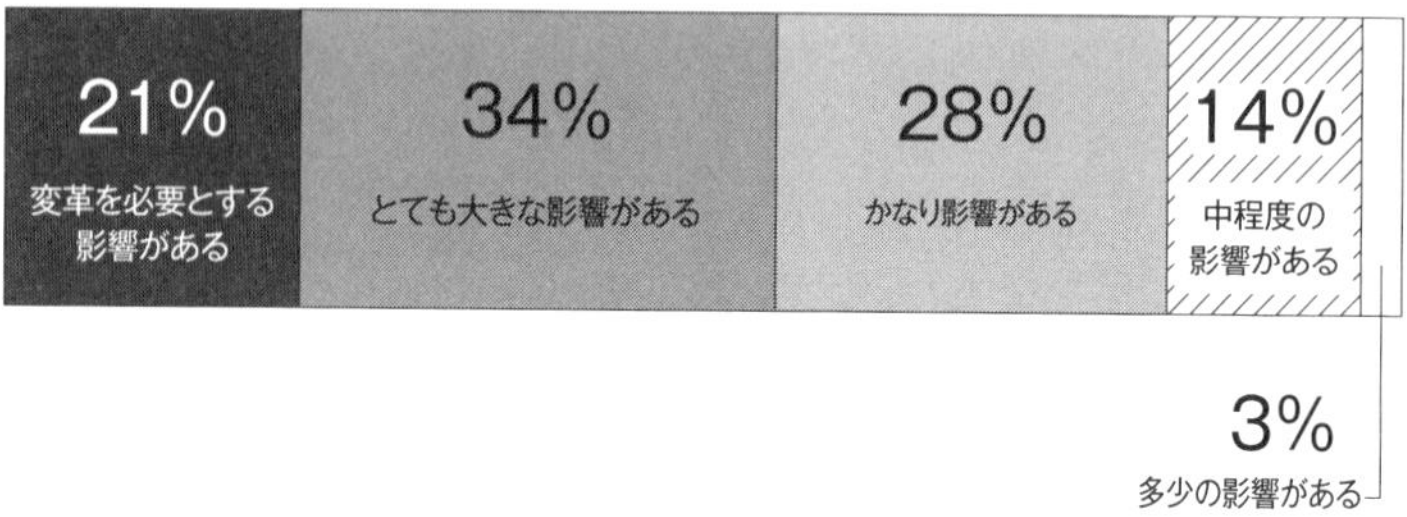

Source: Digital Business Innovation Center, 2017

業界で、デジタル・ディスラプションが及ぼす影響を低く評価している傾向があることがわかった（図D4）。とはいえ、ビットコインを代表とする仮想通貨の爆発的な普及や国際送金プラットフォームの登場により、金融業界ではすでにデジタル・ディスラプションが始まっている。保険業界も同様である。本書でもデジタル・ボルテックスの渦の目に吸い込まれつつある業界のひとつとして取り上げられているとおり、海外ではオンライン専門型企業や新型医療保険を販売するスタートアップ企業への顧客流出が始まっている。

多くの場合、「変化が始まってからでは、すでに手遅れ」である。これまでの破壊的イノベーションの事例が、そのことを私たちに教えてくれている。いかなる企業であっても社会や市場の変化を敏感に感知し、予想される変化に柔軟に対応できるようにならなくてはならない。

図D4　デジタル・ディスラプションは、あなたの会社にどの程度の影響を与えるでしょうか（DBIC メンバー企業の業界別平均値）

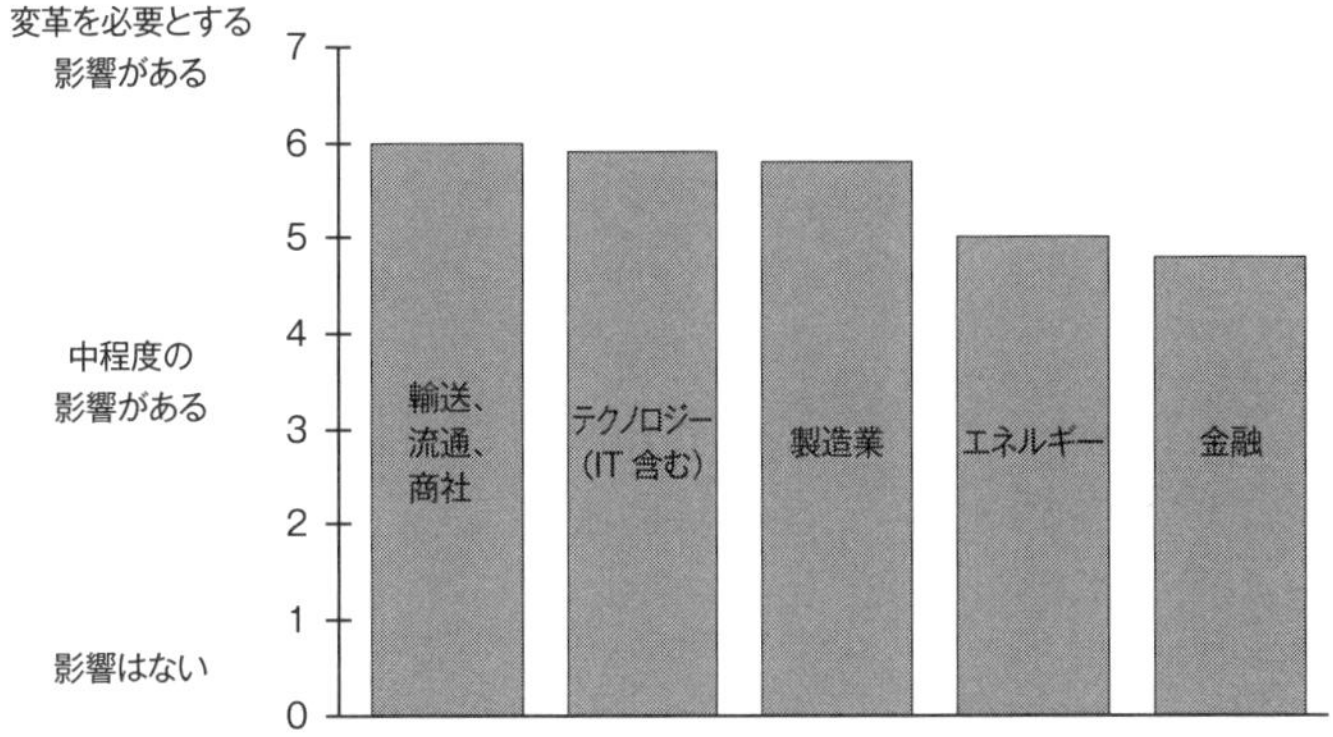

Source: Digital Business Innovation Center, 2017

調査では、「デジタル・ディスラプションによるポジティブな影響を利用する自信がありますか」という設問に対して66％の企業が「自信がある」「かなり自信がある」「強い自信がある」と答えているが、重要なのは実際にどんな取り組みをおこなうかだ。

そのためには、本書で述べる「デジタルビジネス・アジリティ」を、なかでもその起点となる「ハイパーアウェアネス（察知力）」を高めることが必須である。そのための準備を進めておかなければならない。すでに知っていると安易に考えて情報収集を怠ったり、現実から目を背けたり、自分や自社にとって都合がよい勝手な解釈をしたりするのではなく、現実を直視することが重要だ。

何がデジタルビジネス・イノベーションを阻害しているのか

私たちが実施した調査では「自社においてデジタルビジネス・イノベーションを阻害する最大の要因は何か」という設問も独自に追加した。それぞれ企業ごとに独自の課題も抱えているが、回答では次のような声が目立った。

・デジタル・ディスラプションに対する経営層の認識が異なり、社内で方向性がまとまらない
・同じような環境で育った社員ばかりで多様性が低く、新しいアイデアの発想に幅が出ない
・デジタル技術活用やビジネスモデル構築のスキルを持った人材が不足している
・現業が忙しく、イノベーションのためのリソースを捻出できない
・社内の重厚長大な承認プロセスやネガティブな議論が足かせになっている

調査結果からは、「高品質なアイデアを生み出せない」「技術を起点とした革新的なビジネスモデルを確立できていない」「イノベーションのためのリソースを確保できていない」といった課題に直面している日本企業の姿が浮き彫りにされた。これは、約1年間におよぶDBICの活動を通して得た私たちの実感とも合致する。たとえば、たんにオープンイノベーションを標榜するだけでは事態は何も進展しない。参加者自身のオープンマインド化がなかなか進まないからである。そうした傾向は、特に大手企業に長年勤めている人たちに多く見られる。

また、イノベーションを起こすための方法論や意思決定の仕組み、すなわちベストプラクティス（どのような人材を配置し、どのような行動を起こすべきか）が確立できていない。近年ではデジタルビジネス・イノベーションを推進する専門部署を設置した企業も多いが、そこでどんな取り組みをおこなうか、さらには、その動きをどうやって全社的に拡大していくかが重要だ。

さらに大きな要因として、日本企業の保守的な体質や同質性が思っていた以上に根深いという現実がある。採算性や事業リスクが表に出てしまい、「まずはやってみよう」とはならない。特に、若手のやる気をそぐ幹部や、やってみなければわからないことを質問する上司が多く見受けられる。短期的な利益追求を重視する経営、あるいは過去に経験がないリスクに対して慎重になりすぎる姿勢から脱することがカギとなる。

読者の皆さんはお気づきだろうか。先に紹介した調査で得られた声は、いずれも「人」あるいは「プロセス」の問題である。いま問われているのはリーダーシップなのだ。経営陣が目前の成果ばかりを見ているようでは、デジタルテクノロジーへの対応が遅れ、ディスラプトされてしまう時代がすぐそこに来ている。「当社は大丈夫だ」という言葉が、どんな事実を根拠にしてそう考えられているのか、再度確認すべきだろう。

また、「何も行動を起こさない組織は滅びる」ということを、もういちど歴史から学ぶことが大切だ。「Do things right！（ルールを守るマネジメント）」から「Do the things right for Innovation（いましていることが正しいかどうかを未来のために考えるマネジメント）」への転換が、いまリーダーに求められている。

なお、今回私たちがおこなった調査についてくわしく知りたい方は、次のサイトも参照してほしい。同サイトでは調査の詳細に加えて、「あなたの会社にデジタルビジネス・アビリティがどれほど備わっているか」を自己診断できるアセスメント（ＩＭＤとＤＢＩＣがＣＶＴ社の協力を得て制作）も紹介している。

https://www.dbic.jp/news/n06/

解説

国内企業が手がけるデジタル・ビジネスモデルと対応戦略

早稲田大学ビジネススクール　教授　根来 龍之

本書は、あらゆる業界で進行している「デジタル化」に対して既存企業がどう対応すべきかを網羅的に論じた理論的かつ実践的な書物である。

デジタル化のトレンドを受けて、新興企業（ディスラプターと呼ばれる破壊的イノベーター）がどんな新しいビジネスモデルを創造（ディスラプション）しているかを述べた書籍は多いが、既存企業の視点からディスラプションにどう対応すべきかを網羅的に論じた本は少ない。

あらゆる業界は、多かれ少なかれデジタル化の波に飲み込まれつつある。本書では、その状況を「デジタル・ボルテックス（デジタルの渦）」というメタファーで表現している（第1章）。本書におけるデジタル化とは、製品のデジタル化だけでなく、チャネルや消費者との接点のデジタル化、消費行動の各ステップのデジタル化までを含む概念である。

音楽産業がレコードやCDという物理的媒体を必要としなくなったのは「製品」のデジタル化

によるが、ダウンロードによる音楽ファイル販売は「チャネル」のデジタル化であり、自分が聴いた音楽の感想を顧客がＳＮＳで発信する行為は「消費者との接点」のデジタル化だ。そして、iTunes上に自分だけのお気に入りの音楽リストを作成するのは「消費行動におけるステップ（の一部）」がデジタル化している例である。このようにデジタル化の概念を広くとらえているので、本書が提唱する理論の適用範囲も広い。産業により程度の違いはあるが、ほとんどの産業が本書の議論の対象となりうる。

本書に一貫するのは、顧客への「価値提案」から戦略を考えようとする思想である。デジタル・ボルテックスを回転させる力は、デジタル技術の進展と同時に「市場や社会のなかにある、満たされていないニーズ（unmet needs）」である。デジタル化は、その「満たされていないニーズ」を満たす「新しい価値（バリュー）」を提案するための手段と位置づけられる。

このような立場から、本書は、既存企業が対応すべきなのは、「ディスラプター（破壊的イノベーター）」と呼ばれる事業者ではなく、新たなバリューを実現する「ディスラプション（破壊）」だと主張する。つまり、個別のベンチャー企業への対応に目を奪われることなく、デジタル化によるバリューの変化への対応を考えるべきだということだ。

国内のデジタル・ビジネスモデル事例

本書のキーコンセプトのひとつである「デジタル化がもたらす３つのバリュー」について、日本企業の事例をふまえて、以下で解説する。多くの場合、産業のディスラプションは、既存のビジネスモデルから利益を得ている既存企業ではなく、制約がないところから新しいビジネスを始められるベンチャー企業から生まれることが多い。そして、既存企業は、あとからディスラプションへの対応を図ることを強いられる。

本書は、デジタル・ディスラプターがもたらすカスタマーバリューを「コストバリュー」「エクスペリエンスバリュー」「プラットフォームバリュー」の3つに分類する（第2章）。

コストバリュー　コストバリューとは、「価格を大幅に下げることに代表される経済的利益の破壊的イノベーション」のことだ。本書で紹介されているコストバリューを追求する企業（ビジネスモデル）のうち、スカイプ（無料）やアマゾン（価格破壊）、グルーポン（共同購買：購入者集約）は日本でもよく知られた企業である。

さらに、この分類に属する他のビジネスモデルとして「価格透明化」「リバースオークション」「従量課金制」が挙げられている。このビジネスモデルを追求している日本企業として、カカクコムやPSI（旧「購買戦略研究所」）、ソラコムがそれぞれ例示できる。

カカクコムは、パソコンや家電から、ファッション、食品などに至るまで多くの製品・サービスについて、販売価格を比較できるサイトである。さらに、各製品・サービスのクチコミやユーザーによるランキング情報なども見ることができる「お買い物支援サイト」だ。

PSIは、企業の購買業務・資材コスト削減の総合アウトソーシングサービスを提供している。その出発点は、間接財のリバースオークションだった。リバースオークションとは、クライアント企業が設定する仕様と購買数を提示して入札企業を募り、ネット上で価格を下げていく競争をさせることでコスト削減を図る手法である。

ソラコムは、低頻度・小データ容量のＩｏＴ通信サービスを提供する会社で、使った分だけ料金を支払う従量課金制のＳＩＭカードとウェブ上の管理システムをセットで、主に直販で提供している。このサービスを使えば、たとえばバスがどの停留所を通過したかといった通知サービスをバス１台あたり月数百円で実装することができる。

エクスペリエンスバリュー　エクスペリエンス（体験）バリューとは、「顧客に新しい購買体験や消費体験を提供する破壊的イノベーション」のことだ。本書で紹介されているエクスペリエンスバリューを追求する企業（ビジネスモデル）のうち、ペイパル（カスタマーエンパワーメント）やアマゾンナウ（即時的な満足感）は日本でもよく知られたサービスである。

さらに、この分類に属する他のビジネスモデルとして「カスタマイズ」「摩擦低減」「自動化」が挙げられている。このビジネスモデルを追求している日本企業として、セブン銀行やワンタッププバイ、家事代行（エニタイムズなど）がそれぞれ挙げられる。

セブン銀行のＡＴＭは、ユーザーが自分の取引銀行のバンクカードを入れると、その取引銀行のＡＴＭに似た画面を表示してくれる。ワンタッププバイは、スマホのアプリを使って、アップルやフェイスブックなどの代表的な米国株や、花王やトヨタ自動車などの代表的な日本株に

1000円から投資できるサービスである。株式投資のプロセスを大幅に簡略化してとっつきやすくしている。エニタイムズは、家の掃除などをしてくれる人をネットで仲介し、紹介してくれるC2Cサービスである。

プラットフォームバリュー　プラットフォームバリューとは、「従来にないネットワーク効果を提供する破壊的イノベーション」である。本書では「プラットフォームバリュー」としているが、「ネットワークバリュー」と言い換えてもいいかもしれない。本書で紹介されているプラットフォームバリューを追求する企業（ビジネスモデル）のうち、iOS（エコシステム）やツイッター（コミュニティ）、エアビーアンドビー（デジタルマーケットプレイス）、GEのプレディックス（データオーケストレーター）は、日本でもよく知られたサービスである。

さらに、この分類に属する他のビジネスモデルとして「クラウドソーシング」が挙げられているが、これは日本でも、クラウドワークスやランサーズによってすでにメジャーなサービスとなっている。

上記の3つのバリューは、組み合わされて提供されることも多い。アマゾンは、書籍ビジネスにおいて、コストバリュー（米国市場での大幅デイスカウント）やエクスペリエンスバリュー（電子書籍）、プラットフォームバリュー（顧客による本のレビュー）のすべてを提供している。このようなケースを本書では「組み合わせ型ディスラプション」と呼んでいる。

既存企業がとるべき4つの対応戦略

既存企業は生き残るために、ディスラプターによるバリュー革新をいち早く発見し、すばやく対応しなければならない。バリュー革新と対応戦略をつなぐ概念として本書では、「バリューバンパイア（価値の吸血鬼）」と「バリューベイカンシー（価値の空白地帯）」という概念を提示している（第3章）。

バリューバンパイアとは、「自らの競争優位を武器に、市場全体の売上あるいは利益（ときに両方）を縮小させてしまう企業」のことだ。一方、バリューベイカンシーとは、「デジタル・ディスラプションによって生じた市場の空隙で利益を享受できるチャンス」のことである。バリューベイカンシーは、ある産業の中心的製品を代替するディスラプションだけでなく、ディスラプションが余震のように引き出す周辺ビジネスの誕生や創造も含む概念だと解釈される。

たとえば、ナップスターによる音楽市場の破壊（ディスラプション）とそれを合法的に引き継いだともいえるiTunes Music Storeは、音楽市場全体の金銭的規模を縮小させたバリューバンパイアだ。既存企業（レコード会社やアーティスト）は、音楽市場全体の規模縮小を前提にして、その対応戦略を考えざるをえなくなっている。対応戦略は、異なる技術を取得したり従来と異なるビジネスモデルに対応したりするだけでなく、縮小する市場への対応でもあるのだ。

たとえば、最近では玩具市場の縮小が起きている。これは、小さな子供がタブレットやスマートフォン（スマホ）を使ってゲームで遊んだり、動画を楽しんだりすることが増えたためだ。タブレットやスマホで提供されるサービスが、玩具市場のバリューバンパイアとして機能している。経営危機を報じられているトイザらスは、アマゾンというディスラプターにコストバリュー面で攻撃されるとともに、玩具市場の縮小にも直面しているのだ。

バリューベイカンシーの例として、スポティファイを考えてみよう。同社は利用者の好みに合わせて楽曲を提供するパーソナライズサービスを（エクスペリエンスバリュー）ストリーミングで無料提供している（コストバリュー、ただし広告を停止する場合は有料）。デジタル化した音楽市場は、アップルのiTunes Music Store（ダウンロードモデル）が一人勝ち状態になりつつあったが、スポティファイはその市場にストリーミングモデルというバリューベイカンシーを見出して急成長した。しかし、このバリューベイカンシーは、アップルもストリーミングサービス（Apple Music）を始めたことで乱戦状態になりつつある。バリューベイカンシーはあるタイミングで開いた「空室」であり、一企業だけで長くそれを占領することはできない。企業がデジタル・ボルテックスにのみ込まれないようにするためには、次々と「空室」を発見あるいは創造し、新たなチャンスを追求する必要がある。

そのうえで、既存企業はディスラプターとどう戦えばよいのか。バリューバンパイアによって規模や利益が縮小しつつある市場に対応するために、あるいはバリューベイカンシーを創造したディスラプターに対抗したり、新たに生まれるバリューベイカンシーに自社が参入したりするために既存企業がとるべき戦略（対応戦略）を、本書は4つに分類している（第4章）。防衛的戦略である「収穫戦略」と「撤退戦略」、攻撃的戦略である「破壊戦略」と「拠点戦略」がそれである。防衛的戦略は、バリューバンパイアを払いのけ、攻撃されている事業の寿命を最大限に延ばす。攻撃的戦略は、バリューベイカンシーの追求を目的とする。

収穫戦略　防衛的戦略のひとつである収穫戦略は、ディスラプションに対して、自社の既存資源を全面活用することで既存事業から得られる顧客の体験や価格を改善し、既存事業を守る戦略である。本書では、ネットフリックスが自ら定額契約の動画ストリーミング事業というディスラプションを追求しながら、同時に既存事業である郵送方式のＤＶＤ定額レンタル事業を縮小しつつ、そこでも利益をあげ続けている事例が紹介されている。ただし、既存事業を守りながら、ディスラプションも同時に追求する二正面作戦は成功しにくいとされる。ネットフリックスは例外的事例ということになる。

撤退戦略　もうひとつの防衛的戦略である撤退戦略は、自社の中核事業分野を諦め、利益が出るニッチ分野に集中することで企業としての生存を図る戦略のことで、場合によっては計画的に既存事業から撤退することも選択肢となる。収穫戦略がまだ残っている事業価値を「絞り出す」のに対し、撤退戦略は中核事業を「畳む」という決断である。本書では、ＧＥが過去多くの利益をあげたＧＥキャピタル事業さえも売却し、プレディックスと呼ばれる「デジタルプラットフォーム事業」に経営資源を移動させた事例が紹介されている。この事例では、金融事業の売却が撤退戦略であり、デジタルプラットフォーム事業への進出は次に説明する拠点戦略となる。事業の撤退は、適切なタイミングで、他の事業に関する破壊戦略や拠点戦略と並行しておこなわれることが好ましいとされる。

破壊戦略　攻撃的戦略のひとつとされる破壊戦略は、既存の中核事業に対して自らディスラプションを起こすことである。この戦略では、デジタル技術とデジタル・ビジネスモデルを駆使してコストバリューやエクスペリエンスバリュー、プラットフォームバリュー（2つあるいは3つが揃っていればなおよい）の創出を追求する。しかし、失うものがある既存企業が自ら大規模な破壊戦略をしかけることは稀であり、リスクがある。たとえば、伝統的な新聞社が紙の新聞から撤退し、電子新聞だけに集中するとしたら、それは破壊戦略であるといえる。

拠点戦略　そこで登場するのが拠点戦略だ。もうひとつの攻撃的戦略である拠点戦略は、進行するディスラプションと対峙するポジションを市場内に確保する戦略である。バリューベイカンシーでは、新たに生まれた機会をめぐり顧客の選択肢が増えていることが多い。拠点戦略は、こうしたチャンスを活かしてバリューベイカンシーを少しでも長く大きく占めることを目指す。本書では、自分にあった投資スタイルを自動的に選んでくれたり、どんな割合でそれぞれの金融商品に投資するのがよいかを教えてくれたりする「ロボアドバイザー」と呼ばれるサービスに対する、既存企業3社の拠点戦略（新設、買収、提携）が紹介されている。

顧客資産全米第2位の証券会社であるチャールズ・シュワブは2014年10月、ベンチャー企業が有料でおこなっていたロボアドバイザー・サービスを無料で「新設」した。一方、世界最大の投資運用会社であるブラックロックは2015年8月、ロボアドバイザー提供業者を「買収」した。また、世界最大の投資信託の販売・運用会社であるフィデリティ投信は2014年10月、ロボアドバイザー専門業者のベターメントと戦略的「提携」契約を結んだ。

コマツの拠点戦略――いかにしてバリューを織り込むか

コストバリューやエクスペリエンスバリュー、プラットフォームバリューをどのようにして対応戦略に織り込んでいけばよいのかについて、コマツの事例を使って総合的に考えてみよう。

コマツは2017年8月、土や機械、資材、作業者などのあらゆる「モノ」をつなぐ新プラットフォーム「LANDLOG（ランドログ）」を同年10月より土木・建設事業者向けに提供する計画を発表した。プラットフォームの運用サービスは、NTTドコモ、SAPジャパン、オプティムと共同でおこない、建設機械や測量ドローンなどの機器から吸い上げたデータ（3次元の地形データ、建機の稼働状況、資材の使用量、作業者のかかわり具合など）や、そのデータを加工するためのアプリケーションをどの企業でも使えるオープンなサービスとして提供する。

コマツ自身も「いまダンプトラックがどこにあるのか」「どのような間隔で走行するとよいか」がわかったり、土を落とす場所をマップ上で指示したりする機能を搭載したスマホアプリ（TRUCK VISION）を提供する予定だ。データを取得するための機器が他社製のものであってもかまわない。これは、ハードを扱う企業であるコマツが、サービス事業（データ処理層だけのプラットフォームサービス）をおこなうことを意味する。

LANDLOGは、土木・建設事業者に対してデータ取得や処理に関する価格破壊を起こし（コストバリュー）、不足しつつある熟練作業者なしでも土木工事の進捗予測や調整を可能とし（エクスペリエンスバリュー）、データオーケストレーターとして土木・建設事業者に工事の計画・進捗情報を提供するとともに、アプリケーション事業者に対してもオープンにデータを供給する（プラットフォームバリュー）。これは、3種類すべてのバリューを備えた「組み合わせ型ディスラプション」の試みである。本書での「拠点戦略ではバリューベイカンシー獲得に向けた総力戦を仕掛け、3種類すべての価値を備えた組み合わせ型ディスラプションを起こすことがもっとも好ましい」という主張の実践例といえよう。

測量業界のディスラプションを促すイノベーションであり、LANDLOGを可能とする機器のひとつであるドローンについて、コマツはスカイキャッチ社というベンチャー企業と組み、その利用を検討してきた。また、LANDLOGのシステム基盤構築の他、AIを活用したエッジコンピューティングによるデータの高速処理やLANDLOG活用APIの開発を担っているのも、オプティム社というベンチャー企業である。LANDLOGは、土木・建設工事業界で誕生しつつあるデジタルベイカンシーへの対応戦略（拠点戦略）だといえるだろう。

デジタル化がもたらす価値をいち早く認識する

本書で整理された戦略リストは、繰り返し利用すべきものである。企業はひとつのバリューベイカンシーを永遠に占領しつづけることはできない。デジタル・ボルテックスのなかで何度となく進化し、その一歩ごとに、収益を引き出していかなければならない。

そうした進化を継続的におこなうために必要な組織能力として、本書は「デジタルビジネス・アジリティ（迅速さ）」という概念を提示する（第5章）。デジタルビジネス・アジリティとは、「ハイパーアウェアネス（察知力）」「情報にもとづく意思決定力」「迅速な実行力」の3つの能力を土台にした「メタ能力」だとされる（3つの能力については、第6章以降、それぞれくわしく説明されている）。

強力なデジタルビジネス・アジリティを持つ企業は、差し迫った脅威に対して迅速かつ効果的に対応する。新たな市場機会を明敏に察知してチャンスをつかみ（ハイパーアウェアネス）、情報優位を利用して何が価値をもたらしているのかを分析して、勝利のための戦略と顧客への価値提案を導き出す（情報にもとづく意思決定力）。さらには迅速に行動し、針路を変えつつディスラプターに反撃し、バリューベイカンシーを発見あるいは創造する（迅速な実行力）。

既存企業は「計画してそのとおりに実行するプランニング能力」ではなく「ディスラプターのスピードや柔軟性、有効性に対応できる能力」を備えるべきだ、と本書は主張する。それが、デジタルビジネス・アジリティなのである。

本書の理論研究の舞台となったＤＢＴセンターの一方の当事者であるＩＭＤと早稲田大学ビジネススクールは包括的提携関係にあり、２０１５年６月、筆者はスイスにあるＩＭＤのキャンパスでマイケル・ウェイド教授らのセミナーを聴講したことがある。デジタル・ディスラプションに取り組む企業の責任者も講師として登壇するきわめて興味深いものだった。そのセミナーの骨子は、本書の翻訳に携わったデジタルビジネス・イノベーションセンター（ＤＢＩＣ）において国内でも実施されている。

ＤＢＩＣが本書出版を機におこなった国内企業へのアンケート調査の詳細は「訳者あとがき」に収められているが、筆者が特に懸念するのは、日本企業におけるデジタル・ディスラプションへの対応スピードの遅さである。デジタル・ボルテックスの渦中にある既存企業は「デジタル化がもたらす新しい価値が何であるか」をいち早く認識し、対応戦略を練り、迅速にそれを実行しなければならないが、既存事業にはデジタル化と戦略的に矛盾する側面があり、この矛盾をどう処理するかは既存企業にとって常に課題となる。筆者は、この戦略矛盾の問題について理論化を試みているが、万能な答えはなく個別の判断が必要となる。

とはいえ、既存企業に共通する課題として「スピード」、つまり本書が注目する「アジリティ」がある。察知し、意思決定し、実行するスピードを鍛えなければ、対応戦略はその効果を発揮しない。日本企業が抱えている大きな課題がここにある。こうした課題を持つ日本企業にとって、本書が提起する「３つのカスタマーバリュー」「４つの対応戦略」「３つのデジタルビジネス・アジリティ」の概念は大きな示唆を与えると信じている。

org/2015/04/05/bazaar-services/

(注 11) デジタル・ディスラプションがさまざまな国でどのような影響をおよぼしているかについての概要は以下を参照。Financial Times' series "New World of Work,"（2016 年 4 月 25 日にアクセス）ft.com/indepth/new-world-of-work

(注 12) Joe Fassler, "Can the Computers at Narrative Science Replace Paid Writers?" *The Atlantic*, April 12, 2012, theatlantic.com/entertainment/archive/2012/04/can-the-computers-at-narrative-science-replace-paid-writers/255631/

(注 13) Michelle Starr, "World's First 3D-printed Apartment Building Constructed in China," *CNET*, January 19, 2015, cnet.com/news/worlds-first-3d-printed-apartment-building-constructed-in-china/

(注 14) 今日注目を集めているディスラプターの多くが、ダムに穴のあいたような状態に陥っている。たとえば以下を参照。Farhad Manjoo, "The Uber Model, It Turns Out, Doesn't Translate," *New York Times*, March 23, 2016, nytimes.com/2016/03/24/technology/the-uber-model-it-turns-out-doesnt-translate.htmlTed Schadler et al., "What Comes After the Unicorn Carnage? Smart CMOs Will Exploit the Slowdown to Catch Up With and Serve Customers," *Forrester Research*, March 30, 2016, blogs.forrester.com/ted_schadler/16-03-30-what_comes_after_the_unicorn_carnage

(注 15) Paul Krugman, "Robber Baron Recessions," *New York Times*, April 18, 2016, nytimes.com/2016/04/18/opinion/robber-baron-recessions.html?_r=0

(注 16) Edward Teach, "A Fortress Balance Sheet," *CFO*, June 18, 2009, cfo.com/banking-capital-markets/2009/06/a-fortress-balance-sheet/

(注 17) 企業の現金保有高の増加を経済界におけるテクノロジーの隆盛と関連づけて考える専門家もいる。セントルイス連邦準備銀行の最近の分析によれば「アメリカの企業の現金保有高が増えているのは（ある意味では）研究開発（R&D）が増えているからだ。R&D は本質的に不確実性と関係があるから、R&D と現金保有高の動きが結びついているのも当然といえる。経済界全体で R&D の重要性が高まっている原因は情報技術系企業の急成長にあり、この現象は長期的に続く」。以下を参照。Juan M. Sánchez and Emircan Yurdagul, "Why Are Corporations Holding So Much Cash?" Federal Reserve Bank of St. Louis, January 2013, stlouisfed.org/Publications/Regional-Economist/January-2013/Why-Are-Corporations-Holding-So-Much-Cash

(注 18) Paul Krugman, "The Big Meh," *New York Times*, May 25, 2015, nytimes.com/2015/05/25/opinion/paul-krugman-the-big-meh.html

(注 19) Joseph Schumpeter, *Capitalism, Socialism and Democracy* (London: Routledge, 1942)（ヨーゼフ・シュムペーター『資本主義・社会主義・民主主義』東洋経済新報社）

(注 20) Khan Academy（2016 年 4 月 7 日にアクセス）khanacademy.org/

(注 21) "Press Room," Khan Academy（2016 年 4 月 7 日にアクセス）khanacademy.zendesk.com/hc/en-us/articles/202483630-Press-room

(注 43) 複数の有意義な研究がこの問題を対象にしている。たとえば以下を参照。Vijay Govindarajan and Chris Trimble, *The Other Side of Innovation: Solving the Execution Challenge* (Boston: Harvard Business Review Press, 2010)（ビジャイ・ゴビンダラジャン、クリス・トリンブル『イノベーションを実行する』NTT 出版）Nathan Furr and Jeff Dyer, *The Innovator's Method: Bringing the Lean Startup into Your Organization* (Boston: Harvard Business Review Press, 2014)（ネイサン・ファー、ジェフリー・ダイアー『成功するイノベーションは何が違うのか？』翔泳社）

(注 44) Steve Blank, "Lean Innovation Management – Making Corporate Innovation Work," *Steve Blank* (blog), June 26, 2015, steveblank.com/2015/06/26/lean-innovation-management-making-corporate-innovation-work/

終章

(注１) ウィキペディアの Holacracy の項を参照（2016 年 4 月 7 日にアクセス）en.wikipedia.org/w/index.php?title=Holacracy&oldid=713630893

(注２) Alison Griswold, "Zappos Stopped Managing Its Employees. They Don't Seem Too Happy About It." *Slate*, May 8, 2015, slate.com/blogs/moneybox/2015/05/08/zappos_holacracy_many_employees_choose_to_leave_instead_of_work_with_no.html

(注３) Laura Reston, "Tony Hsieh's Workplace Dream: Is Holacracy a Big Failure?" *Forbes*, July 17, 2015, forbes.com/sites/laurareston/2015/07/17/tony-hsiehs-workplace-dream-is-holacracy-a-big-failure/#314f90735ccd

(注４) Benjamin Snyder, "Holacracy and 3 of the Most Unusual Management Practices Around," *Fortune*, June 2, 2015, fortune.com/2015/06/02/management-holacracy/

(注５) R. H. Coase, "The Nature of the Firm," Economica 4 No. 16 (November 1937), pp. 386-405, DOI: 10.2307/2626876

(注６) Elliot Maras, "Are Smart Contracts the Future of Blockchain?" *CryptoCoinsNews*, January 13, 2016, cryptocoinsnews.com/smart-contracts-future-blockchain/

(注７) Nathaniel Popper, "Ethereum, a Virtual Currency, Enables Transactions That Rival Bitcoin's," *New York Times*, March 27, 2016, nytimes.com/2016/03/28/business/dealbook/ethereum-a-virtual-currency-enables-transactions-that-rival-bitcoins.html

(注８) Gian Volpicelli, "Smart Contracts Sound Boring, But They're More Disruptive Than Bitcoin," *Motherboard*, February 16, 2015, motherboard.vice.com/read/smart-contracts-sound-boring-but-theyre-more-disruptive-than-bitcoin

(注９) DJ Pangburn, "The Humans Who Dream of Companies that Won't Need Us," *Fast Company*, June 19, 2015, fastcompany.com/3047462/the-humans-who-dream-of-companies-that-wont-need-them

(注 10) Gavin Wood, "Bazaar Services," *Ethereum Blog* (blog), April 5, 2015, blog.ethereum.

(注 31) Dorinda Elliott, "Tencent: The Secretive, Chinese Tech Giant That Can Rival Facebook and Amazon," *Fast Company*, April 17, 2014, fastcompany.com/3029119/most-innovative-companies/tencent-the-secretive-chinese-tech-giant-that-can-rival-facebook-a

(注 32) Peter J. Williamson and Eden Yen, "Accelerated Innovation: The New Challenge from China," *MIT Sloan Management Review*, April 23, 2014, sloanreview.mit.edu/article/accelerated-innovation-the-new-challenge-from-china/

(注 33) Michael Wade, Y. Fang and W. Kang, "Tencent: Copying to Success," case study 3-2274, IMD Business School, 2011

(注 34) James Macaulay et al., "The Digital Manufacturer: Resolving the Service Dilemma," Cisco, November 2015, cisco.com/c/dam/en_us/solutions/industries/manufacturing/thought-leadership-wp.pdf

(注 35) Chris Lo, "Digital Wind Farms and the New Industrial Revolution," *Power Technology*, December 10, 2015, power-technology.com/features/featuredigital-wind-farms-and-the-new-industrial-revolution-4644602/

(注 36) Daniel Gross, "Siemens CEO Joe Kaeser on the Next Industrial Revolution," strategy+business, February 9, 2016, strategy-business.com/article/Siemens-CEO-Joe-Kaeser-on-the-Next-Industrial-Revolution?gko=efd41

(注 37) "From Virtual Space to Outer Space," *Pictures of the Future* (digital magazine), April 13, 2015, siemens.com/innovation/en/home/pictures-of-the-future/industry-and-automation/digital-factory-plm.html

(注 38) Stephanie Neil, "Has PTC 'Ubered' the Automation Industry?" *Automation World*, December 29, 2015, automationworld.com/all/has-ptc-ubered-automation-industry

(注 39) Sarah Scoles, "A Digital Twin of Your Body Could Become a Critical Part of Your Health Care," *Slate*, February 10, 2016, slate.com/articles/technology/future_tense/2016/02/dassault_s_living_heart_project_and_the_future_of_digital_twins_in_health.html

(注 40) Greg Bensinger, "Amazon Wants to Ship Your Package Before You Buy It," *Wall Street Journal*, January 17, 2014, blogs.wsj.com/digits/2014/01/17/amazon-wants-to-ship-your-package-before-you-buy-it/

(注 41) Joel Barbier et al., "Cybersecurity as a Growth Advantage," Cisco, April 2016, https://www.cisco.com/c/dam/m/en_us/offers/pdf/cybersecurity-growth-advantage.pdf

(注 42) 以下を参照。Eric Ries, *The Lean Startup: How Today's Entrepreneurs Use Continuous Innovation to Create Radically Successful Businesses* (New York: Crown Business, 2011)（エリック・リース『リーンスタートアップ』日経 BP 社）Steve Blank, *Four Steps to the Epiphany: Successful Strategies for Products That Win* (California: Steve Blank, 2013)（スティーブ・ブランク『アントレプレナーの教科書』翔泳社）

October 20, 2014, medcitynews.com/2014/10/cohealo-uber-ride-sharing-medical-equipment-sharing/?rf=1

(注23) Dazhong Wu et al., "Cloud Manufacturing: Drivers, Current Status, and Future Trends," in *ASME 2013 International Manufacturing Science and Engineering Conference collocated with the 41st North American Manufacturing Research Conference, Volume 2: Systems; Micro and Nano Technologies; Sustainable Manufacturing*, proceedings.asmedigitalcollection.asme.org/proceeding.aspx?articleid=1787092, doi:10.1115/MSEC2013-1106

(注24) ウィキペディアの3D Hubsの項を参照（2016年4月7日にアクセス）en.wikipedia.org/w/index.php?title=3D_Hubs&oldid=704069571

(注25) ジョン・ヘーゲル3世とジョン・シーリー・ブラウンは著書 *The Only Sustainable Edge* のなかで「リーダーはコアコンピタンス（中核能力）だけで満足せず、優位を維持するために、能力の高速形成について考えるべきである」と説いている。この場合の能力とは「コストを上まわる明白な価値をもたらすために、リソースを繰り返し動員すること」を意味している。この定義を聞くと、能力の高速形成を軸にしてどうやって競争的ポジションを確立すべきか、イメージしやすくなるだろう。デジタル・ボルテックスのなかで成功を収めるには（自社という狭い壁のなかだけで完結させずに）、提携業者のエコシステムを横断して有形・無形のリソースを動員する能力を磨き、イノベーションを加速させ、新しいカスタマーバリューを創出しなければならない。

(注26) Michael E. Porter, *Competitive Advantage: Creating and Sustaining Superior Performance* (New York: The Free Press, 1985) p.37（マイケル・ポーター『競争優位の戦略』ダイヤモンド社）

(注27) Steve Bertoni, "Meet Adyen: The Little-Known Unicorn Collecting Cash for Netflix, Uber, Spotify and Facebook," *Forbes*, January 20, 2016, forbes.com/sites/stevenbertoni/2016/01/20/meet-adyen-the-little-known-unicorn-collecting-cash-for-nextflix-uber-spotify-and-facebook/#5f28ffbc2dd6

(注28) "Why Customers Leave – And How to Keep Them," Nomi(2016年4月7日にアクセス) 3ez6hf6v2zy5uytw2a9dvi13.wpengine.netdna-cdn.com/wp-content/uploads/2014/01/Why-Customers-Leave-Whitepaper.pdf

(注29) "Real Time In-store Analytics with RetailNext," RetailNext, January 2014, retailnext.net/wp-content/uploads/2014/01/RetailNext-Data-Sheet-Real-Time-In-Store-Analytics.pdf

(注30) いち早くプロセスを可能にすれば、より上質なイノベーションを、より迅速に生むこともできる。ディスラプターは特定の組織能力を高速（かつ低コスト）で獲得したり手放したりできるため、さらなる実験やデザインのイテレーション、ビジネスモデルのテスト、継続的な学習ができるポジションにある。その意味で、いち早くプロセスを可能にしたり、プロセスを最適化したりすることは、イノベーションの速度に複合的な効果を与えうる。

ly-good-at-hiring-people-but-hr-keeps-getting-in-the-way/

（注 10）従来的なチーム編成モデルの限界に関する議論と、企業がどうやって内向きのチーム編成構造から脱却すべきかについては、以下を参照。著者らは、「分散型リーダーシップを実践し、内部と外部の垣根を越えてイノベーションと変化のスピードを加速させるチーム」を「Xチーム」と称している。Deborah Ancona, Elaine Backman, and Henrik Bresman, "X-teams: New Ways of Leading in a New World," *Ivey Business Journal*, September/October 2008, iveybusinessjournal.com/publication/x-teams-new-ways-of-leading-in-a-new-world/

（注 11）Pam Baker, "Visier's New Release Offers Real-Time Workforce Analytics," *Fierce Big Data*, December 3, 2014, fiercebigdata.com/story/visiers-new-release-offers-real-time-workforce-analytics/2014-12-03

（注 12）Melissa E. Mitchell and Christopher D. Zatzick, "Skill Underutilization and Collective Turnover in a Professional Service Firm," *Journal of Management Development* 34, no. 7 (July 2015): 787-802, DOI: 10.1108 /JMD-09-2013-0112

（注 13）Phil Wainewright, "Workday Analytics Recommends Your Next Career Move," *Diginomica, November* 4, 2014, diginomica.com/2014/11/04/workday-analytics-recommends-next-career-movve-predictive-future/#.VnHX4t-rQqI

（注 14）Ben Kepes, "Moving IT Beyond the 'Department of No'," *Forbes*, September 27, 2013, forbes.com/sites/benkepes/2013/09/27/moving-it-beyond-the-department-of-no/

（注 15）Joseph Bradley et al., "Fast IT: Accelerating Innovation in the Internet of Everything Era," Cisco, 2014, cisco.com/c/dam/en/us/solutions/collateral/executive-perspectives/fastit_findings.pdf

（注 16）同上。

（注 17）同上。

（注 18）"IT as a Strategic Business Resource," *Forbes Insights*, 2015, cisco.com/c/dam/en/us/solutions/collateral/data-center-virtualization/application-centric-infrastructure/strategic-business-resource.pdf

（注 19）"Executive Guidance for 2016: Accelerated Corporate Clock Speed," Corporate Executive Board, 2015, cebglobal.com/content/dam/cebglobal/us/EN/top-insights/executive-guidance/pdfs/eg2016ann-accelerating-corporate-clock-speed.pdf

（注 20）Joseph Bradley et al., "The Impact of Cloud on IT Consumption Models," Cisco, 2013, cisco.com/c/dam/en_us/about/ac79/docs/re/Impact-of-Cloud-IT_Consumption-Models_Study-Report.pdf

（注 21）"Global Oil & Gas Capital Expenditure Over $1 Trillion," *Energy Digital*, August 23, 2012, energydigital.com/utilities/2434/Global-Oil-Gas-Capital-Expenditure-Over-1-Trillion

（注 22）Dan Verel, "Can Cohealo Bring the Sharing Economy to Hospitals?" *MedCityNews*,

car-health-using-misfit-wearables-to-reward-fit-customers/#3bbc88b92574

（注41）Jonah Comstock, "With $400M Injection, Tech-savvy Health Insurer Oscar Eyes 1M Member Mark," *MobiHealthNews*, February 23, 2016, mobihealthnews.com/content/400m-injection-tech-savvy-health-insurer-oscar-eyes-1m-member-mark

第8章

（注1）たとえば以下を参照。"The Future of Jobs: Employment, Skills, and Workforce Strategy for the Fourth Industrial Revolution," *World Economic Forum*, January 2016, reports.weforum.org/future-of-jobs-2016/ "The Future of Work: A Journey to 2022," *PwC*, 2014, pwc.com/gx/en/managing-tomorrows-people/future-of-work/assets/pdf/future-of-rork-report-v16-web.pdf

（注2）さまざまな予測がある。たとえば以下を参照。"How Far Reaching is the 'Gig Economy'?" Wells Fargo Securities, February 29, 2016, 08.wellsfargomedia.com/assets/pdf/commercial/insights/economics/special-reports/gig-economy-20160229.pdf

（注3）Jared Lindzon, "The State of the American Freelancer in 2015," *Fast Company*, June 26, 2015, fastcompany.com/3047848/the-future-of-work/the-state-of-the-american-freelancer-in-2015

（注4）Guy Gilliland, Raj Varadarajan, and Devesh Raj, "Code Wars: The All-Industry Competition for Software Talent," *BCG Perspectives*, May 27, 2014, bcgperspectives.com/content/articles/hardware_software_human_resources_code_wars_all_industry_competition_software_talent/

（注5）Drafted（2016年4月7日にアクセス）drafted.us/

（注6）Lauren Weber, "Your Résumé vs. Oblivion," *Wall Street Journal*, January 24, 2012, wsj.com/articles/SB10001424052970204624204577178941034941330

（注7）James Manyika et al., "Connecting Talent with Opportunity in the Digital Age," *McKinsey Global Institute*, June 2015, mckinsey.com/insights/employment_and_growth/connecting_talent_with_opportunity_in_the_digital_age

（注8）Jacqueline Smith, "Why Companies Are Using 'Blind Auditions' to Hire Top Talent," *Business Insider*, May 31, 2015. businessinsider.com/companies-are-using-blind-auditions-to-hire-top-talent-2015-5

（注9）最近、全米経済研究所が企業15社30万例の雇用を調査したところ、適性試験をおこなうと従業員の在職期間が15%長くなることがわかった。適性試験の結果を無視して人間が介入すると、結果はいちじるしく悪くなる。仕事を遂行するパフォーマンスについては、適性試験をおこなったケースと人間が審査したケースとのあいだに相違は見られなかった。以下を参照。Lydia DePillis, "Computers Are Now Really Good at Hiring People – but HR Keeps Getting in the Way," *Washington Post*, November 23, 2015, washingtonpost.com/news/wonk/wp/2015/11/23/computers-are-now-real-

tion/factsheet_BusinessSphere.pdf

(注 24) "Data Analytics Allows P&G to Turn on a Dime." *CIO Insight*, May 3, 2013, cioinsight.com/it-strategy/big-data/data-analytics-allows-pg-to-turn-on-a-dime?utm_source=datafloq&utm_medium=ref&utm_campaign=datafloq

(注 25) Tom Davenport, "How P&G Presents Data."

(注 26) Sue Hildreth, "Data+ Awards: Procter & Gamble Puts Worldwide BI Data in Executives' Hands," *Computerworld*, August 26, 2013, computerworld.com/article/2483948/enterprise-applications/data--awards--procter---gamble-puts-worldwide-bi-data-in-executives--hands.html

(注 27) Tom Davenport, "How P&G Presents Data."

(注 28) "Senior Managers View the Workplace More Positively than Front-Line Workers," American Psychological Association, May 12, 2015, apa.org/news/press/releases/2015/05/senior-managers.aspx

(注 29) Amy Adkins, "Employee Engagement in U.S. Stagnant in 2015," Gallup, Jan 13, 2016, gallup.com/poll/188144/employee-engagement-stagnant-2015.aspx

(注 30) Susan Sorenson and Keri Garman, "How to Tackle U.S. Employees' Stagnating Engagement," Gallup, June 11, 2013, com/businessjournal/162953/tackle-employees-stagnating-engagement.aspx

(注 31) メモ社は従業員から匿名のフィードバックも収集している。匿名のフィードバックシステムについては第6章を参照。

(注 32) Steven Rosenbush and Laura Stevens, "At UPS, the Algorithm Is the Driver," *Wall Street Journal*, February 16, 2015, wsj.com/articles/at-ups-the-algorithm-is-the-driver-1424136536

(注 33) 同上。

(注 34) 同上。

(注 35) "The Decentralized Control Room" (case study), DAQRI(2016年4月7日にアクセス) daqri.com/home/case-studies/case-ksp/

(注 36) "Gartner Says Customer Relationship Management Software Market Grew 13.3 Percent," *Gartner*, May 19, 2015, gartner.com/newsroom/id/3056118

(注 37) Shira Ovide and Elizabeth Dwoskin, "The Data-Driven Rebirth of a Salesman," *Wall Street Journal*, September 17, 2015, http://www.wsj.com/articles/the-data-driven-rebirth-of-a-salesman-1442534375

(注 38) 同上。

(注 39) Tim Bradshaw, "CES 2016: L'Oréal Gets a Makeover with Move into Wearable Tech," *Financial Times*, January 6, 2016, ft.com/intl/cms/s/0/c61c4bd4-b45c-11e5-8358-9a82b43f6b2f.html

(注 40) Steve Bertoni, "Oscar Health Using Misfit Wearables To Reward Fit Customers," *Forbes*, December 8, 2014, forbes.com/sites/stevenbertoni/2014/12/08/os-

だが、ところ変わってドイツでは、2015年から16年にかけて中東から150万人の移民を受け入れることが予想されていた。こうした移民は、会社の顧客になるかもしれないし、従業員になるかもしれない。

(注9) Shana Lebowitz, "Three Unconscious Biases That Affect Whether You Get Hired," *Business Insider*, July 17, 2015, businessinsider.com/unconscious-biases-in-hiring-decisions-2015-7

(注10) Jane Porter, "You're More Biased than You Think," *Fast Company*, October 6, 2014, fastcompany.com/3036627/strong-female-lead/youre-more-biased-than-you-think

(注11) Sara Ashley O'Brien, "Biased Job Ads: This Startup Has a Fix," *CNN*, May 5, 2015, money.cnn.com/2015/03/20/technology/unitive-diversity/

(注12) "Premium Appliance Producer Innovates with Internet of Everything," Cisco, 2014, cisco.com/c/dam/en_us/solutions/industries/docs/manufacturing/appliance_producer_innovates_with_ioe.pdf

(注13) 同上。

(注14) Scott A. Christofferson, Robert S. McNish, and Diane L. Sias, "Where Mergers Go Wrong," *McKinsey Quarterly*, May 2004, mckinsey.com/business-functions/strategy-and-corporate-finance/our-insights/where-mergers-go-wrong

(注15) Sujeeb Indap, "IBM Bets on Mergers and Algorithms for Growth," *Financial Times*, January 12, 2016, ft.com/cms/s/0/11010eea-ae5f-11e5-993b-c425a3d2b65a.html#ixzz3x2lpWTb9

(注16) Steve Dunning, "Why IBM is in Decline," *Forbes*, May 30, 2014, forbes.com/sites/stevedenning/2014/05/30/why-ibm-is-in-decline/#752439814c53

(注17) Barb Darrow, "Why IBM Is Dropping $2.6 Billion on Truven Health," *Fortune*, February 18, 2016, fortune.com/2016/02/18/ibm-truven-health-acquisition/

(注18) Sujeeb Indap, "IBM Bets on Mergers and Algorithms for Growth," *Financial Times*, January 12, 2016, ft.com/cms/s/0/11010eea-ae5f-11e5-993b-c425a3d2b65a.html#ixzz3x2lpWTb9

(注19) "M&A Accelerator," IBM (2016年4月7日にアクセス) ibm.com/services/us/gbs/strategy/mna/

(注20) "Where We Operate," P&G, n.d., pg.com/en_US/downloads/media/Fact_Sheets_Operate.pdf

(注21) Tom Davenport, "How P&G Presents Data to Decision-Makers," *Harvard Business Review*, April 4, 2013, hbr.org/2013/04/how-p-and-g-presents-data

(注22) Doug Henschen, "P&G's CIO Details Business-Savvy Predictive Decision Cockpit," *InformationWeek*, September 11, 2012, informationweek.com/it-leadership/pandgs-cio-details-business-savvy-predictive-decision-cockpit/d/d-id/1106234?

(注23) "Latest Innovations: Business Sphere," P&G, n.d., pg.com/en_US/downloads/innova-

ticbrain.com/fedex-company-statistics/

(注44) "BP at a Glance," BP（2016年4月6日にアクセス）bp.com/en/global/corporate/about-bp/bp-at-a-glance.html

(注45) Julie Bort, "Cisco Teams Up with Robot Company So It Can Watch Hundreds of Robots on Factory Floors," *Business Insider*, October 5, 2015, businessinsider.com/cisco-fanac-for-iot

(注46) "Mining Firm Quadruples Production, with Internet of Everything," Cisco, 2014, cisco.com/c/dam/en_us/solutions/industries/docs/manufacturing/c36-730784-01-dundee.pdf

(注47) 同上。

第7章

(注1) Justin Worland, "Google's Former CEO: Amazon Is Biggest Rival," *Time*, October 14, 2014, time.com/3505713/google-amazon-rivals/

(注2) この章における「ワークフォース」や「従業員」という用語には、従来のフルタイム従業員やパートタイム従業員、契約スタッフ、派遣会社の人材、コンサルティング企業などの人間が含まれる。また「提携業者」には、サプライチェーンやチャネルの提携業者や、当該企業と契約を結んでいたり協力関係にあったりする業者が含まれる。

(注3) 開放的意思決定という概念には「集団的知性」との類似点があるが、開放的意思決定のポイントは、合意にいたることではなく、多様な視点や背景を持つ個々人が参加することにある。集団的知性についての詳細は、ウィキペディアのCollective Intelligenceの項を参照（2016年4月11日にアクセス）。en.wikipedia.org/w/index.php?title=Collective_intelligence&oldid=714619437

(注4) この言葉はもともと、グッドイヤー・タイヤ・アンド・ラバー社の組織開発実践者であるフィル・エンサーが1988年に「機能的サイロ症候群」として提唱したものだ。イリノイ州の片田舎が出身地のエンサーは、多くの組織のコミュニケーションチャネルが孤立しているのを見て、地方にぽつぽつと散在する「穀物サイロ」を想像したのだ。

(注5) Adam M. Kleinbaum, Toby E. Stuart and Michael L. Tushman, "Communication (and Coordination?) in a Modern, Complex Organization," Working Paper 09-004 (Harvard Business School, 2008), http://hbswk.hbs.edu/item/communication-and-coordination-in-a-modern-complex-organization

(注6) Sarah Jane Gilbert, "The Silo Lives! Analyzing Coordination and Communication in Multiunit Companies," *Working Knowledge*, September 22, 2008, hbswk.hbs.edu/item/the-silo-lives-analyzing-coordination-and-communication-in-multiunit-companies

(注7) Ranktab（2016年4月7日にアクセス）ranktab.com/explore/

(注8) たとえば、1970年のアメリカには960万人のヒスパニック系国民がいた。2014年には5,540万人（全国民の17%）に増加していた。これは大きいもののゆったりとした変化

why-disney-won-t-be-taking-magic-wristbands-to-its-chinese-park

(注 29) Affectiva（2016 年 4 月 6 日にアクセス）affectiva.com/

(注 30) Oliver Nieburg, "Smile for Candy: Hershey Eyes In-Store Excitement with Facial Recognition Sampler," *ConfectionaryNews.com*, July 31, 2015, confectionerynews.com/Manufacturers/Hershey-Smile-Sample-Facial-recognition-to-dispense-chocolate

(注 31) 同上。

(注 32) Rob Matheson, "Watch Your Tone: Voice Analytics Software Helps Customer Service Reps Build Better Rapport with Customers," *MIT News*, January 20, 2016, news.mit.edu/2016/startup-cogito-voice-analytics-call-centers-ptsd-0120

(注 33) David Cohen, "How Facebook Manages a 300-Petabyte Data Warehouse, 600 Terabytes per Day," *SocialTimes* (blog), April 11, 2014, adweek.com/socialtimes/orc-file/434041?red=af

(注 34)「状況認識」という言葉は本来、戦闘機同士の「ドッグファイト」に関連して使われる軍事用語である。敵を観察して理解し、動きを読んで機先を制する能力のことを指す。

(注 35)「顧客に対する行動認識」と「ビジネス環境に対する状況認識」ははっきりと区別できないケースもある。前者が基本的に「個々の顧客」の行動に注目するのに対し、後者は多数の「顧客集団」の動向から得られるより大きな傾向や知見を指す。個々の顧客に対する行動認識を持ち、そのミクロレベルのデータをマクロレベルの洞察に引き上げることで、ビジネス環境に対する状況認識力を高められる場合がある。

(注 36) Jason Del Rey, "How Amazon Tricks You into Thinking It Always Has the Lowest Prices," *Recode*, January 15, 2015, recode.net/2015/01/13/how-amazon-tricks-you-into-thinking-it-always-has-the-lowest-prices/

(注 37) Erik Kain, "Amazon Price Check May Be Evil, But It's the Future," *Forbes*, December 14, 2011, forbes.com/sites/erikkain/2011/12/14/amazon-price-check-may-be-evil-but-its-the-future/#3fa5861a6839

(注 38) Gregory T. Huang, "Diving Deeper Into Cybersecurity, Recorded Future Reels In $12M," *Xconomy*, April 16, 2015, xconomy.com/boston/2015/04/16/diving-deeper-into-cybersecurity-recorded-future-reels-in-12m/#

(注 39) Alicia Boler-Davis, "How GM Uses Social Media to Improve Cars and Customer Service," *Harvard Business Review*, February 12, 2016, hbr.org/2016/02/how-gm-uses-social-media-to-improve-cars-and-customer-service

(注 40) Rob Preston, "GM's Social Media Plan: It's Not About Likes," *Forbes*, August 18, 2015, forbes.com/sites/oracle/2015/08/18/gms-social-media-plan-its-not-about-likes/#55a26e4c2eae

(注 41) Dan Primack, "This Software Startup Is Battling Slavery," *Fortune*, December 21, 2015, fortune.com/2015/12/21/software-startup-battling-slavery/

(注 42) 同上。

(注 43) "FedEx Company Statistics," Statistics Brain（2016 年 4 月 6 日にアクセス）statis-

（注17）Sue Shellenbarger, "Stop Wasting Everyone's Time," *Wall Street Journal*, December 2, 2014, wsj.com/articles/how-to-stop-wasting-colleagues-time-1417562658

（注18）リサーチ・コンサルティング企業のトレンドウォッチングによれば「あらゆる年齢層、あらゆる市場の人々が、かつてないほど自由にアイデンティティを構築しようとしている。その結果、年齢や性別、地域、収入、家族構成などの『伝統的』な人口統計学的要素で消費パターンを定義することはできなくなった」"Post-Demographic Consumerism," Trend Watching（2016年4月6日にアクセス）trendwatching.com/trends/post-demographic-consumerism/

（注19）David Nield, "Do You Really Know Everything Your Phone Is Tracking on You?" *TechRadar*, July 25, 2015, techradar.com/news/phone-and-communications/mobile-phones/sensory-overload-how-your-smartphone-is-becoming-part-of-you-1210244

（注20）Duncan Graham-Rowe, "A Smartphone that Knows You're Angry," *MIT Technology Review*, January 9, 2012, technologyreview.com/s/426560/a-smart-phone-that-knows-youre-angry/

（注21）Elizabeth Dwoskin, "Lending Startups Look at Borrowers' Phone Usage to Assess Creditworthiness," *Wall Street Journal*, November 30, 2015, wsj.com/articles/lending-startups-look-at-borrowers-phone-usage-to-assess-creditworthiness-1448933308

（注22）Tanaya Macheel, "Average Time to Close Mortgages Fell in February: Ellie Mae," *National Mortgage News*, March 16, 2016, nationalmortgagenews.com/news/origination/average-time-to-close-mortgages-fell-in-february-ellie-mae-1073931-1.html

（注23）銀行が貸出債権を増やしたいと考えるようになったこともあり、こうした抵当手続きは再び増えてきている。本書の解析は民間組織に重点を置いているが、規制機関などの公的組織がハイパーウェアネスを獲得することで詐欺を検知したり阻止したりできるようになるといった可能性もありそうだ。Kirsten Grind, "Remember 'Liar Loans'? Wall Street Pushes a Twist on the Crisis-Era Mortgage," *Wall Street Journal*, February 1, 2016. wsj.com/articles/crisis-era-mortgage-attempts-a-comeback-1454372551

（注24）Sydney Ember, "See That Billboard? It May See You, Too," *New York Times*, February 28, 2016, nytimes.com/2016/02/29/business/media/see-that-billboard-it-may-see-you-too.html?ref=technology

（注25）同上。

（注26）David Bolton, "Wearables: Triple-Digit Growth in 2015 Signals Increased Interest," *ARC*, February 26, 2016, arc.applause.com/2016/02/26/wearables-shipments-2015-idc/

（注27）Cliff Kuang, "Disney's $1 Billion Bet on a Magical Wristband," *Wired*, March 10, 2015, wired.com/2015/03/disney-magicband/

（注28）Christopher Palmeri, "Why Disney Won't Be Taking Magic Wristbands to Its Chinese Park," *Bloomberg*, January 10, 2016, bloomberg.com/news/articles/2016-01-10/

（注７）Lisa He, "Google's Secrets of Innovation: Empowering Its Employees," *Forbes*, March 29, 2013, forbes.com/sites/laurahe/2013/03/29/googles-secrets-of-innovation-empowering-its-employees/#74d93ae7eb39

（注８）映画『ファインディング・ニモ』に登場する好奇心旺盛な魚にちなんで名づけられた。

（注９）"Enterprise Collaboration: Insights from the Cisco IBSG Horizons Study," Cisco, March 2012

（注 10）Edgar H. Schein, *Humble Inquiry: The Gentle Art of Asking Instead of Telling* (San Francisco: Berrett-Koehler Publishers, 2013), p. 2（エドガー・H・シャイン『問いかける技術』英治出版）

（注 11）「知識労働者」というのは、1957 年にピーター・ドラッカーが使いはじめた言葉だ。「企業であるかどうかを問わず、21 世紀の組織における最も価値ある資産は、組織内の知識労働者であり、彼らの生産性である」と彼は言った。その後、時が経つにつれ、知識労働者は増えに増え、推定によれば 2015 年にはアメリカの労働人口の 44% を占めるまでになった。非ルーティン的な問題解決や潜在的な知識の活用、情報探索、協働などの認知的タスクが知識労働の特徴だが、すべての知識労働者が 1 日じゅうデスクのまえに張りついているわけではない。それどころか、以前であれば肉体労働だと考えられていた仕事の多くが、いまでは知識労働に類するものと考えられるようになってきている。製造業界でも、工場で働く生産労働者が高度なトレーニングを受け、経験とスキルを駆使して非ルーティン的な問題に対処しなければならないことがある。以下を参照。Peter Drucker, *Management Challenges for the 21st Century* (Oxford: Butterworth-Heinemann, 1999) p. 116（ピーター・ドラッカー『明日を支配するもの』ダイヤモンド社）William G. Castellano, *Practices for Engaging the 21st Century Workforce: Challenges of Talent Management in a Changing Workplaca* (Upper-Saddle River, New Jersey: Financial Times/Prentice Hall, 2014), p. 22

（注 12）Rawn, "Measuring the Performance of Knowledge Workers," *IBM developerWorks* (blog), April 1, 2006, ibm.com/developerworks/community/blogs/rawn/entry/measuring_the_performance_of_knowledge?lang=en

（注 13）Dave Evans, "The Internet of Things: How the Next Evolution of the Internet is Changing Everything," Cisco, April 2011, cisco.com/c/dam/en_us/about/ac79/docs/innov/IoT_IBSG_0411FINAL.pdf

（注 14）Olivia Solon, "Why Your Boss Wants to Track Your Heart Rate at Work," *Bloomberg*, August 12, 2015, bloomberg.com/news/articles/2015-08-12/wearable-biosensors-bring-tracking-tech-into-the-workplace

（注 15）Hannah Kuchler, "Data Pioneers Watching Us Work," *Financial Times*, February 17, 2014, ft.com/intl/cms/s/2/d56004b0-9581-11e3-9fd6-00144feab7de.html

（注 16）Rachel Emma Silverman, "Tracking Sensors Invade the Workplace," *Wall Street Journal*, March 7, 2013, wsj.com/articles/SB10001424127887324034804578344303429080678

com/publications/articles/why-it-pays-for-pc-insurers-to-earn-their-customers-intense-loyalty-brief.aspx

第6章

（注1）これは、シスコの民間部門「デジタルバリュー・アット・ステーク」の調査によって裏づけられており、人間同士あるいは人間と機械のつながりは（2015年から24年にかけて）64%の将来価値を生むと考えられている。一方で機械同士のつながりが生む将来価値は36%に留まっている。以下を参照。Joel Barbier et al., "Where to Begin Your Journey to Digital Value in the Private Sector," Cisco, January 2016, connectedfuturesmag.com/Research_Analysis/docs/Private-Sector-Digital-Value-at-Stake.pdf

（注2）Charles Coy, "Spotlight on Technology: Let Employees Voice Their Feedback," *Cornerstone on Demand*, January 22, 2014, cornerstoneondemand.com/rework/spotlight-technology-let-employees-voice-their-feedback

（注3）Greg Petro, "The Future of Fashion Retailing: The Zara Approach (Part 2 of 3)," *Forbes*, October 25, 2012, forbes.com/sites/gregpetro/2012/10/25/the-future-of-fashion-retailing-the-zara-approach-part-2-of-3/#153e9aaa39a0

（注4）Chris DeRose and Noel Tichy, "Here's How to Actually Empower Customer Service Employees," *Harvard Business Review*, July 1, 2013, hbr.org/2013/07/heres-how-to-actually-empower-customer

（注5）匿名のフィードバックシステムについて論じる際は、「内密のフィードバック」と真の意味での「匿名のフィードバック」とのちがいが重要になる。内密のフィードバックシステムを用意している企業は多い。一般的に秘密が保護されるフィードバックシステムは、データ集積の最低閾値を設定することで、どの従業員からのフィードバックかわからないようにしている（最低でも5名の従業員からフィードバックを集めるなど）。それでも、雇用主がその気になれば、属性データやネットワークデータなどさまざまな要素から従業員を特定できるかもしれない。だから、たんに秘密が保護されるというだけでは、なかなか率直なフィードバックをしようという気にはならない。真の意味での匿名のフィードバックシステムを使えば雇用主は、どの従業員からのフィードバックなのか特定できない。そうしたシステムでは、個人を特定できる全情報を自動的に削除したり、フィードバック管理やデータ保管、解析に第三者のプラットフォームを使ったりするなど、技術的・プロセス的な手法が確立されているからだ。匿名性を保証するために使われている技術的・セキュリティ的なメカニズムを従業員に説明するなどして、自社のフィードバックシステムが真の意味で匿名であると理解してもらう機会は今後ますます増えていくだろう。

（注6）"Overview," Officevibe（2016年4月6日にアクセス）officevibe.com/employee-engagement-solution

(注 21) Mark Wilson, "Mobile Orders Will Make Starbucks Coffee More Addictive than Ever," *Fast Company*, December 3, 2014, fastcodesign.com/3039308/mobile-orders-will-make-starbucks-coffee-more-addictive-than-ever

(注 22) Taylor Soper, "Mobile Payments Account For 21% of Transactions at Starbucks as Coffee Giant Rolls Out New Technology," *GeekWire*, October 30, 2015, geekwire.com/2015/mobile-payments-account-for-21-of-sales-at-starbucks-as-coffee-giant-rolls-out-new-technology/

(注 23) Natasha Lomas, "Starbucks' Mobile Pre-Ordering Goes International with London Launch," *TechCrunch*, October 1, 2015, techcrunch.com/2015/10/01/starbucks-takes-mop-to-london/

(注 24) Sarah Perez, "Starbucks' Mobile Order & Pay Now Live Nationwide, Delivery Service in Testing by Year-End," *TechCrunch*, September 22, 2015, techcrunch.com/2015/09/22/starbucks-mobile-order-pay-now-live-nationwide-delivery-service-in-testing-by-year-end/

(注 25) "Available in More Than 7,400 Stores and Customers Using the Starbucks App on iOS or Android Devices; International Expansion Coming in October," Starbucks, September 22, 2015, news.starbucks.com/news/starbucks-mobile-order-pay-now-available-to-customers-nationwide

(注 26) Julia Kowelle, "Starbucks Sales Set to Break $20bn – A Latte for Everyone on Earth," *The Guardian*, October 30, 2015, theguardian.com/business/2015/oct/30/starbucks-coffee-sales-set-to-break-20bn-a-latte-for-everyone

(注 27) Tricia Duryee, "Q&A: Starbucks Digital Chief Adam Brotman on Mobile Ordering, Delivery and International Availability," *GeekWire*, December 4, 2014, geekwire.com/2014/qa-starbucks-digital-chief-adam-brotman-mobile-ordering-delivery-international-availability/

(注 28) Amy Danise, "The Largest Auto Insurance Companies by Market Share," Insure.com, last updated December 3, 2015, insure.com/car-insurance/largest-auto-insurance-companies-by-market-share.html

(注 29) "Insurance Customers Would Consider Buying Insurance from Internet Giants, According to Accenture's Global Research," Accenture, February 6, 2014, newsroom.accenture.com/subjects/research-surveys/insurance-customers-would-consider-buying-insurance-from-internet-giants-according-to-accentures-global-research.htm

(注 30) 同上。

(注 31) "Insurance-Tech Startups Are Invading The Multi-Trillion-Dollar Insurance Industry," *CB Insights*, June 5, 2015, cbinsights.com/blog/insurance-tech-startups-investment-growth/

(注 32) Steven Kauderer, Sean O'Neill and David Whelan, "Why It Pays for P&C insurers to Earn their Customers' Intense Loyalty," *Bain Insights*, August 28, 2013, bain.

(注7) Nestlé and the Digital Acceleration Team Take Social to the Next Level with Socialbakers," Socialbakers (2016年4月6日にアクセス) socialbakers.com/resources/client-stories/nestle/

(注8) Abbey Klaassen, "Nestlé's Global Program Produces Its Digital Disciple," *Advertising Age*, October 13, 2014, adage.com/article/digital/nestle-s-global-program-produces-digital-disciples/295359/

(注9) "Nestlé and the Digital Acceleration Team," Socialbakers (2016年4月6日にアクセス) socialbakers.com/resources/client-stories/nestle/

(注10) Shilpi Choudhury, "How Nestlé Uses Data Visualization for Social Media Monitoring and Engagement," *FusionBrew*, last updated September 13, 2015, fusioncharts.com/blog/2014/08/how-nestle-uses-data-visualization-for-social-media-monitoring-and-engagement/

(注11) Evelyn L. Kent, "Cognitive Computing: An Evolution in Computing," *KMWorld* 24, no. 10 (November/December 2015), kmworld.com/Articles/News/News-Analysis/Cognitive-computing-An-evolution-in-computing-107027.aspx

(注12) Judith Lamont, PhD, "Text Analytics Broadens Its Reach," *KMWorld* 24, no. 7 (July/August 2015), kmworld.com/Articles/Editorial/Features/Text-analytics-broadens-its-reach-104747.aspx

(注13) "At a Glance," Deutsche Post DHL Group (2016年4月6日にアクセス) dpdhl.com/en/about_us/at_a_glance.html

(注14) "DHL Invests $108 Million in Its Americas Hub," DHL, May 29, 2015, dhl.com/en/press/releases/releases_2015/group/dhl_invests_108_million_in_its_americas_hub.html

(注15) "DHL Successfully Tests Augmented Reality Application in Warehouse," DHL, January 26, 2015, dhl.com/en/press/releases/releases_2015/logistics/dhl_successfully_tests_augmented_reality_application_in_warehouse.html

(注16) 同上。

(注17) Charles Mitchell, Rebecca L. Ray, and Bart van Ark, "CEO Challenge 2014," The Conference Board, 2014, conference-board.org/retrievefile.cfm?filename=TCB_R-1537-14-RR1.pdf&type=subsite

(注18) Brad Power, "How GE Applies Lean Startup Practices," *Harvard Business Review*, April 23, 2014, hbr.org/2014/04/how-ge-applies-lean-startup-practices/

(注19) Will Knight, "Inside Amazon's Warehouse, Human-Robot Symbiosis" *MIT Technology Review*, July 7, 2015, technologyreview.com/s/538601/inside-amazons-warehouse-human-robot-symbiosis/

(注20) "Coffee House Chains Ranked by Number of Stores Worldwide in 2014," Statista (2016年4月6日にアクセス) statista.com/statistics/272900/coffee-house-chains-ranked-by-number-of-stores-worldwide/

sic," *Wired*, March 23, 2016, wired.com/2016/03/apple-tiptoes-original-tv-vice-show-apple-music/

(注 53) Roland Banks, "Smartphones Are Changing TV Viewing Habits, Especially among the Younger Generation," *Mobile Industry Review*, October 26, 2015, mobileindustryreview.com/2015/10/smartphones-are-changing-tv-viewing-habits.html

(注 54) Jennifer Booton, "Pandora's Answer to Spotify and Apple Music Might Be Too Late," *MarketWatch*, November 18, 2015, marketwatch.com/story/pandoras-apple-music-rival-might-be-too-late-to-make-a-difference-2015-11-17

第5章

(注1) 新しいものの追求と既存事業の有効活用のバランスについての詳細な議論は以下を参照。Charles O' Reilly III and Michael Tushman, "Organizational Ambidexterity: Past, Present and Future," *Academy of Management Perspectives* 27, no. 4 (November 2013): 324-338, doi:10.5465/amp.2013.0025

(注2) Roger L. Martin, "The Big Lie of Strategic Planning," *Harvard Business Review*, January 2014, hbr.org/2014/01/the-big-lie-of-strategic-planning

(注3) ヘンリー・ミンツバーグの著作 *The Rise and Fall of Strategic Planning* では、将来を占い、それに対してプランを立てる「計画的戦略」と、予期せぬ出来事に対処するための「創発的戦略」が区別されている。おおかたのエグゼクティブが用いているのは計画的戦略であり、未来の出来事の予測と、それに対処するための正しいアプローチの双方を重視している。競争勢力図に大きな変化があっても、当初の計画的戦略にしたがうことが望ましいとされるが、デジタル・ボルテックスの万華鏡のなかでは日常的に大きな変化が起きており、こうしたアプローチは無意味なものになってしまう。本章で紹介するアジリティとは、出来事や機会に応じて創発的戦略を実行できるようになる一連の能力のことだ。くわしくは以下を参照。Henry Mintzberg, *The Rise and Fall of Strategic Planning: Reconceiving Roles for Planning, Plans, Planners* (New York: The Free Press, 1994)

(注4) これは、ひとたび身につければ強力なサプライチェーンや優秀な頭脳といった競争優位がもたらされる不変の「中核能力」ではない。そうしたタイプの能力もアドバンテージとなりうるが、企業がデジタルビジネス・アジリティを身につけるのは、市場の変化を予測してカスタマーバリューをもたらすためだ。

(注5) Aileen Ionescu-Somers and Albrecht Enders, "How Nestlé Dealt with a Social Media Campaign against It," *Financial Times*, December 3, 2012, ft.com/cms/s/0/90dbff8a-3aea-11e2-b3f0-00144feabdc0.html#axzz41OkAJtML

(注6) James Murray, "Greenpeace Lauds Nestlé and Ferrero Palm Oil Pledges, Slams Others," *GreenBiz*, March 7, 2016, greenbiz.com/article/greenpeace-slams-lack-business-progress-palm-oil-deforestation

zy," *Mashable*, October 23, 2013, mashable.com/2013/10/23/apple-free-software-expensive-hardware/#8mVXX0gECsqg

(注 40) 同上。

(注 41) Matt Asay, "Thinking about the iPod as a Razor, Not a Blade," *CNET*, August 4, 2007,cnet.com/news/thinking-about-the-ipod-as-a-razor-not-a-blade/

(注 42) Andrew Tonner, "Apple's Services Segment: It's Bigger Than You Might Think," *Motley Fool*, September 7, 2015, fool.com/investing/general/2015/09/07/apples-services-segment-its-bigger-than-you-might.aspx

(注 43) Christine Moorman, "Why Apple Is a Great Marketer," *Forbes*, July 10, 2012, forbes.com/sites/christinemoorman/2012/07/10/why-apple-is-a-great-marketer/#404bb9be6cb0

(注 44) 世界規模での音楽の売上はいまなお減少しており、1999 年に 286 億ドルというピークを迎えたあと、2015 年には 150 億ドルに落ち込んでいる。また、世界規模でのデジタル音楽の売上（ダウンロードおよびストリーミング）は 68 億 5,000 万ドルとなっている。Recording Industry in Numbers 2015, InternationalFederation of the Phonographic Industry (IFPI), ifpi.org/news/IFPI-publishes-Recording-Industry-in-Numbers-2015

(注 45) "Introducing Apple Music – All The Ways You Love Music. All in One Place." Apple, June 8, 2015, apple.com/pr/library/2015/06/08Introducing-Apple-Music-All-The-Ways-You-Love-Music-All-in-One-Place-.html?sr=hotnews.rss

(注 46) Micah Singleton, "Spotify Hits 30 Million Subscribers," *The Verge*, March 21, 2916, theverge.com/2016/3/21/11220398/spotify-hits-30-million-subscribers

(注 47) Corey Fedde, "Apple Music Hits 11 Million Subscribers: Why Spotify Isn't Worried," *Christian Science Monitor*, February 13, 2016, csmonitor.com/Business/2016/0213/Apple-Music-hits-11-million-subscribers-Why-Spotify-isn-t-worried

(注 48) 限定コンテンツには人気楽曲も含まれており、アップルミュージックの会員数と iTunes のダウンロード数の増加に貢献している。以下を参照。"Apple Music, iTunes Exclusive Album Tops Music Charts," *MacNN*, February 16, 2016, macnn.com/articles/16/02/16/rapper.future.hits.top.spot.with.apple.exclusive.release.for.second.time.in.six.months.132571/

(注 49) Mark Hogan, "The 50 Best Playlists on Apple Music," *Vulture*, October 1, 2015, vulture.com/2015/10/50-best-playlists-on-apple-music.html

(注 50) Ethan Wolf-Mann, "Apple Music Is the 'PC' of the Music Streaming World," *Money*, October 19, 2015, time.com/money/4077990/apple-music-not-popular-with-young/

(注 51) Yoni Heisler, "Apple Music Beats Spotify to the Punch, Will be the First Streaming Service to Feature DJ Mixes," *BGR*, March 15, 2016,bgr.com/2016/03/15/apple-music-mashups-dj-remixes-streaming/

(注 52) Julia Greenberg, "Apple Tiptoes Into Original TV with Vice Show on Apple Mu-

ment-works-with-fidelity-in-ria-push.html

(注 29) Liz Skinner, "Fidelity Institutional Weighs Own Robo Offering," *Investment News*, December 2, 2014, investmentnews.com/article/20141202/FREE/141209982/fidelity-institutional-weighs-own-robo-offering

(注 30) Ron Lieber, "Fidelity Joins Growing Field of Automated Financial Advice," *New York Times*, November 20, 2015, nytimes.com/2015/11/21/your-money/fidelity-joins-growing-field-of-automated-financial-advice.html?_r=0

(注 31) 2014 年 9 月時点で 8 億 8,500 万アカウントが iTunes を利用していた。Yoni Heisler, "Bono Talks 885 Million iTunes Accounts, New Music Format, and 'Haters'," *Engadget*, September 22, 2014, engadget.com/2014/09/22/bono-talks-885-million-itunes-accounts-new-music-format-and-sa/

(注 32) 2015 年 10 月時点でアップルは 4 億台の iPod を販売していた。Sam Costello, "This Is the Number of iPods Sold All-Time," *About.com*, October 13, 2015, ipod.about.com/od/glossary/qt/number-of-ipods-sold.htm また、2015 年第 2 四半期時点で約 8 億 2,200 万台の iPhone を販売していた。Evan Niu, "How Many iPhones Has Apple Sold?" *Motley Fool*, November 14, 2015, fool.com/investing/general/2015/11/14/iphones-sold.aspx?source=isesitlnk0000001

(注 33) Sarah Perez, "Nielsen: Music Streams Doubled In 2015, Digital Sales Continue To Fall," *TechCrunch*, January 7, 2016, techcrunch.com/2016/01/07/nielsen-music-streams-doubled-in-2015-digital-sales-continue-to-fall/

(注 34) たとえば、パンドラ利用者のうち有料会員は 5% に過ぎない。Trevis Team, "Why the Subscription Business Is Important for Pandora and Where Is It Going?" *Forbes*, September 4, 2015, forbes.com/sites/greatspeculations/2015/09/04/why-the-subscription-business-is-important-for-pandora-and-where-is-it-going/#4e3a4a0265ce

(注 35) Paul Resnikoff, "$9.99 Is 'Way Too Expensive' for Streaming Music, Study Finds," *Digital Music News*, January 7, 2016, digitalmusicnews.com/2016/01/07/9-99-is-way-too-expensive-for-streaming-music-study-finds/

(注 36) Jeremy Rifkin, *The Zero Marginal Cost Society* (New York: Palgrave Macmillan, 2014)（ジェレミー・リフキン『限界費用ゼロ社会』NHK 出版）

(注 37) すでに述べたように、消費者が無料のストリーミングサービスを好み、音楽に対価を支払わなくなったせいである。Ethan Smith, "Music Services Overtake CDs for First Time," *Wall Street Journal*, April 14, 2015, wsj.com/articles/digital-music-sales-overtake-cds-for-first-time-1429034467

(注 38) Glenn Peoples, "PwC's Music Biz Forecast for the Next Four Years? More of the Same, Despite Looming Changes," *Billboard*, June 2, 2015, billboard.com/articles/business/6583239/pwcs-music-biz-forecast-for-the-next-four-years-more-of-the-same-despite

(注 39) Chris Taylor, "Apple's Business Model Is Backwards – And It Works Like Cra

（注 14）Joe Morris, "Schwab Storms into 'Robo-Advisor' Sector," *Financial Times*, October 30, 2014, on.ft.com/1UuMKQE

（注 15）"Who We Are," BlackRock（2016 年 4 月 6 日にアクセス）blackrock.com/corporate/en-us/about-us

（注 16）Leena Rao, "Blackrock Buys a Robo Advisor," *Fortune*, August 26, 2015, fortune.com/2015/08/26/blackrock-robo-advisor-acquisition/

（注 17）Alessandra Malito, "In the Wake of Blackrock's FutureAdvisor Deal, which Independent Robo-Adviser Will Be Bought Next?" *Investment News*, August 27, 2015 investmentnews.com/article/20150827/FREE/150829915/in-the-wake-of-blackrocks-futureadvisor-deal-which-independent-robo

（注 18）Brooke Southall, "Why BlackRock's Purchase of FutureAdvisor for $152 Million Could Be a Deal of Destiny," *RIABiz*, September 2, 2015, riabiz.com/a/4949175858888704/why-blackrocks-purchase-of-futureadvisor-for-152-million-could-be-a-deal-of-destiny

（注 19）"BlackRock to Acquire FutureAdvisor," BlackRock, August 26, 2015, blackrock.com/corporate/en-at/literature/press-release/future-advisor-press-release.pdf

（注 20）Michael Kitces, "BlackRock Acquires FutureAdvisor for $150M as Yet Another Robo-Advisor Pivots to Become an Advisor," *Nerd's Eye View* (blog), August 27, 2015, kitces.com/blog/blackrock-acquires-futureadvisor-for-150m-as-yet-another-robo-advisor-pivots-to-become-an-advisor-FinTech-solution/

（注 21）"BlackRock Solutions," BlackRock（2016 年 4 月 6 日にアクセス）blackrock.com/institutions/en-axj/investment-capabilities-and-solutions/blackrock-solutions

（注 22）Kitces, "BlackRock Acquires FutureAdvisor."

（注 23）"Fidelity by the Numbers: Corporate Statistics," Fidelity（2016 年 4 月 6 日にアクセス）fidelity.com/about-fidelity/fidelity-by-numbers/corporate-statistics

（注 24）Suleman Din, "Raising $100M, Betterment Sets Itself Apart in Robo Space," *Employee Benefit News*, March 29, 2016, benefitnews.com/news/raising-100m-betterment-sets-itself-apart-in-robo-space

（注 25）James J. Green, "Betterment Allies with Fidelity to Launch Betterment Institutional for Advisors," *ThinkAdvisor*, October 15, 2014, thinkadvisor.com/2014/10/15/betterment-allies-with-fidelity-to-launch-betterme

（注 26）"Fidelity Institutional Announces New Collaboration with LearnVest," Fidelity（2016 年 4 月 6 日にアクセス）fidelity.com/about-fidelity/institutional-investment-management/collaboration-with-learnvest

（注 27）Liz Moyer, "Northwestern Mutual Is Buying Online Advice Provider LearnVest," *Wall Street Journal*, March 25, 2015, on.wsj.com/1xh64Ih

（注 28）Lawrence Delevingne, "Robo Advisor Betterment Works with Fidelity in RIA Push," *CNBC*, October 15, 2014, cnbc.com/2014/10/15/robo-advisor-better-

downloads/NFLX/1837473908x0x870685/C6213FF9-5498-4084-A0FF-74363CEE35A1/Q4_15_Letter_to_Shareholders_-_COMBINED.pdf
(注2) Emily Steel, "Netflix Refines Its DVD Business, Even as Streaming Unit Booms," *New York Times*, July 26, 2015, nytimes.com/2015/07/27/business/while-its-streaming-service-booms-netflix-streamlines-old-business.html?_r=1
(注3) James Macaulay et al., "The Digital Manufacturer: Resolving the Service Dilemma," Cisco, November 2015, cisco.com/c/dam/en_us/solutions/industries/manufacturing/thought-leadership-wp.pdf
(注4) Ethan Wolf-Mann, "Vinyl Record Revenues Have Surpassed Free Streaming Services Like Spotify," *Money*, October 1, 2015, time.com/money/4056464/vinyl-records-sales-streaming-revenues/
(注5) Jen Wieczner, "Last Big Chunk of GE Capital Sold to Wells Fargo," *Fortune*, October 13, 2015, fortune.com/2015/10/13/ge-capital-wells-fargo/
(注6) "KONE Joins Forces with IBM for IoT Cloud Services and Advanced Analytics Technologies," KONE Corporation, February 19, 2016, kone.com/en/press/press/kone-joins-forces-with-ibm-for-iot-cloud-services-and-advanced-analytics-technologies-2016-02-19.aspx
(注7) Gary Shub et al., "Global Asset Management 2015: Sparking Growth with Go-to-Market Excellence," *BCG Perspectives*, July 7, 2015, bcgperspectives.com/content/articles/financial-institutions-global-asset-management-2015-sparking-growth-through-go-to-market-strategy/
(注8) Julia Greenberg, "Financial Robo-Advisers Go into Overdrive as Market Rumbles," *Wired*, August 27, 2015, wired.com/2015/08/FinTechs-robo-advisers-go-overdrive-market-rumbles/
(注9) Sarah O'Brien, "Will You Trust a Robot to Manage Your Money – When You're 64?" *CNBC*, June 2, 2015, cnbc.com/2015/06/02/will-you-trust-a-robot-to-manage-your-money-when-youre-64.html
(注10) "Schwab Intelligent Portfolios", Charles Schwab (2016年4月6日にアクセス) intelligent.schwab.com
(注11) "Schwab Posts First Robo Results; Q2 Earnings Beat Estimates," *ThinkAdvisor*, July 16, 2015, thinkadvisor.com/2015/07/16/schwab-posts-first-robo-results-q2-earnings-beat-e
(注12) Lisa Schidler, "Schwab's Robo Spikes Suddenly To Nearer $5 Billion as 500 RIAs Sign On," *RIABiz*, October 27, 2015, riabiz.com/a/4957939840319488/schwabs-robo-spikes-suddenly-to-nearer-5-billion-as-500-rias-sign-on
(注13) Alessandra Malito, "Schwab Launches Adviser-facing Robo Service," *Investment News*, June 23, 2015, investmentnews.com/article/20150623/FREE/150629976/schwab-launches-adviser-facing-robo-service

Euromonitor International (blog), February 21, 2016, blog.euromonitor.com/2016/02/a-changing-environment-for-online-shaving-clubs-in-the-us.html

(注44) 戦略的反応の一環としてP&Gはダラーシェイブクラブを相手に訴訟まで起こしている。くわしくは以下を参照。Paul Ziobro and Anne Steele, "P&G's Gillette Sues Dollar Shave Club," *Wall Street Journal*, December 17, 2015. wsj.com/articles/p-gs-gillette-sues-dollar-shave-club-1450371180

(注45) Steve Millward, "WeChat Still Unstoppable, Grows to 697m Active Users," *Tech in Asia*, March 17, 2016, techinasia.com/wechat-697-million-monthly-active-users

(注46) Juro Osawa, "Tencent's WeChat App to Offer Personal Loans in Minutes," *Wall Street Journal*, September 11, 2015, wsj.com/articles/tencent-to-add-personal-loan-feature-to-wechat-app-1441952556?mod=e2tw

(注47) Devin Leonard and Rick Clough, "How GE Exorcised the Ghost of Jack Welch to Become a 124-Year-Old Startup," *Bloomberg Businessweek*, March 17, 2016, bloomberg.com/news/articles/2016-03-17/how-ge-exorcised-the-ghost-of-jack-welch-to-become-a-124-year-old-startup

(注48) Reuters, "GE Has Been Busy Selling Off Its Non-core Assets," *Fortune*, March 30, 2016. fortune.com/2016/03/30/general-electric-selling-assets/

(注49) Ted Mann and Laurie Burkitt, "GE Deal Gives China's Haier Long-Sought Overseas Foothold," *Wall Street Journal*, January 15, 2016, wsj.com/articles/ge-deal-gives-chinas-haier-long-sought-overseas-foothold-1452904339

(注50) "Form 10-K 2015," GE, 2015, ge.com/ar2015/assets/pdf/GE_2015_Form_10K.pdf

(注51) Ed Crooks, "General Electric: Post-Industrial Revolution," *Financial Times*, January 12, 2016, ft.com/intl/cms/s/0/81bec2c0-b847-11e5-b151-8e15c9a029fb.html#axzz3yG-mPePd5

(注52) Kristin Kloberdanz, "GE's Got a Ticket to Ride: How the Cloud Will Take Trains into a New Era," *manufacturing.net* (advertisement)（2016年4月6日にアクセス）manufacturing.net/news/2016/04/ges-got-ticket-ride-how-cloud-will-take-trains-new-era

(注53) 同上。

(注54) Tomas Kellner, "The Power Of Predix: An Inside Look at How Pitney Bowes Is Using the Industrial Internet Platform," *GE Reports*, February 24, 2016, gereports.com/the-power-of-predix-an-inside-look-at-how-pitney-bowes-has-been-using-the-industrial-internet-platform/

(注55) Crooks, "General Electric."

第4章

(注1) "Q4 15 Letter to Shareholders," Netflix, January 19, 2016, files.shareholder.com/

シャン戦略』ダイヤモンド社）

（注 31）同上、204 頁。

（注 32）バリューベイカンシーを追求するにあたっては顧客に出資してもらえるとなおよい。テスラが自社の高級電気自動車ラインナップに大衆市場向けの「モデル 3」を加えると発表した際には、製品発表から 10 日経たずして約 40 万台の予約注文があった。各予約者から 1,000 ドルの保証金を受け取ったので、テスラは無利子で 4 億ドルの投資を受けたことになる。そして、予約されたクルマの多くが 2020 年後半まで納車されないにもかかわらず、140 億ドルの売上見込みが立った。くわしくは以下を参照。Katie Fehrenbacher, "Tesla's Model 3 Reservations Rise to Almost 400,000," *Fortune*, April 15, 2016, fortune.com/2016/04/15/tesla-model-3-reservations-400000

（注 33）Brandon Griggs and Todd Leopold, "How iTunes Changed Music, and the World," *CNN*, April 26, 2013, cnn.com/2013/04/26/tech/web/itunes-10th-anniversary/

（注 34）Steven Tweedie, "Apple Announces Apple Music, Its New Music Streaming App," *Business Insider*, June 8, 2015, businessinsider.com/apple-announces-new-apple-music-streaming-app-2015-6

（注 35）Christina Rogers, Mike Ramsey and Daisuke Wakabayashi, "Apple Hires Auto Industry Veterans," *Wall Street Journal*, July 20, 2015, wsj.com/articles/apple-hires-auto-industry-manufacturing-veteran-1437430826

（注 36）Bruce Brown and Scott Anthony, "How P&G Tripled Its Innovation Success Rate," *Harvard Business Review*, June 2011, hbr.org/2011/06/how-pg-tripled-its-innovation-success-rate

（注 37）Drew Harwell, "Gillette's Lawsuit Could Tilt the Battle for America's Beards," *Washington Post*, December 18, 2015, washingtonpost.com/news/business/wp/2015/12/18/gillettes-lawsuit-could-tilt-the-battle-for-americas-beards/

（注 38）"Blades," Dollar Shave Club（2016 年 4 月 6 日にアクセス）dollarshaveclub.com/blades

（注 39）Rolf Winkler, "Dollar Shave Club Is Valued at $615 Million," *Wall Street Journal*, June 21, 2015, blogs.wsj.com/digits/2015/06/21/dollar-shave-club-valued-at-615-million/

（注 40）Jack Neff, "Dollar Shave Club Claims to Top Schick as No. 2 Razor Cartridge," *Advertising Age*, September 8, 2015, adage.com/article/cmo-strategy/dollar-shave-club-claims-top-schick-2-men-s-razor/300247/

（注 41）Serena Ng and Paul Ziobro, "Razor Sales Move Online, Away From Gillette," *Wall Street Journal*, June 23, 2015, wsj.com/articles/SB12147335600370333763904581058081668712042

（注 42）Ari Levy, "Shaving Wars Pit Tech Start-ups against Gillette," *CNBC*, April 8, 2015, cnbc.com/2015/04/08/s-pit-tech-start-ups-against-gillette.html

（注 43）Matthew Barry, "A Changing Environment for Online Shaving Clubs in the US,"

(注19) "How Jet Works: How to Get JetCash," Jet（2016年4月5日にアクセス）jet.com/how-jet-works/how-to-get-jetcash

(注20) Michael E. Porter, *Competitive Strategy: Techniques for Analyzing Industries and Competitors* (New York: The Free Press, 1998), pp. 35-38（マイケル・ポーター『競争の戦略』ダイヤモンド社）

(注21) Teresa Novellino, "To Catch Amazon, Jet.com Needs to Fuel Up, Find Niches," *New York Business Journal*, July 30, 2015 bizjournals.com/newyork/news/2015/07/30/to-catch-amazon-jet-com-needs-to-fuel-up-find.html

(注22) John Kell, "This Amazon Killer Is in Talks for a $3 Billion Valuation," *Fortune*, July 20, 2015, fortune.com/2015/07/20/amazon-killer-3billion-valuation-jet/

(注23) Paula Rosenblum, "Jet.com: The Top Ten Things You Should Know," *Forbes*, August 5, 2015, forbes.com/sites/paularosenblum/2015/08/05/jet-com-the-top-ten-things-you-should-know/3/#5667b0ac6a3d

(注24) Nick Huang, "Global Logistics Industry Outlook," January 28, 2014, *BusinessVibes*, businessvibes.com/blog/report-global-logistics-industry-outlook

(注25) Erica E. Phillips, "Startups Compete for Freight Forwarding as They Wade Into Global Shipping," *Wall Street Journal*, July 17, 2015, wsj.com/articles/startups-compete-for-travel-agents-for-cargo-mantle-as-they-wade-into-freight-forwarding-1437167723

(注26) Sam Whelan, "Hi-tech Newcomer Shakes Up the Adhoc Freight Sector by Cutting 30% Off Logistics Costs," *The Loadstar*, March 3, 2016, theloadstar.co.uk/high-tech-newcomer-shakes-adhoc-freight-sector-cutting-30-off-logistics-costs/

(注27) 同じく物流業界のスタートアップ企業トランスフィックスについては第2章で述べたが、彼らも同様のビジネスモデルを採り、「トレーラーが空っぽのトラックに乗ったドライバー」と「運ぶべき荷物」をマッチングして10%の手数料を受け取っている。従来の輸送業者の手数料よりもはるかに安い。以下を参照。"The Appy Trucker," *Economist*, March 5, 2016, economist.com/news/business/21693946-digital-help-hand-fragmented-and-often-inefficient-industry-appy-trucker

(注28) Mark W. Johnson, *Seizing the White Space: Business Model Innovation for Growth and Renewal* (Boston: Harvard Business Review Press, 2010)（マーク・ジョンソン『ホワイトスペース戦略』CCCメディアハウス）

(注29) Rita Gunther McGrath, *The End of Competitive Advantage: How to Keep Your Strategy Moving As Fast As Your Business* (Boston: Harvard Business Review Press, 2013) p. xvi（リタ・マグレイス『競争優位の終焉』日本経済新聞出版社、本文引用部分は鬼澤忍訳）

(注30) W. Chan Kim and Renée Mauborgne, *Blue Ocean Strategy: How to Create Uncontested Market Space and Make the Competition Irrelevant* (Boston: Harvard Business Review Press), 2005, p. 49（W・チャン・キム、レネ・モボルニュ『ブルー・オー

sites-so-much/

（注6）"IFPI Digital Music Report 2015," IFPI, 2015, ifpi.org/downloads/Digital-Music-Report-2015.pdf

（注7）これが倫理的に正しいことなのかどうか当時多くの人が疑問に思っていたが、ネットユーザーは、従来なら有料だったもの（新聞や雑誌など）が無料のコンテンツになることに慣れつつあった。

（注8）Don Dodge, "Napster – The Inside Story and Lessons for Entrepreneurs," *Don Dodge on The Next Big Thing* (blog), October 3, 2005, dondodge.typepad.com/the_next_big_thing/2005/10/napster_the_ins.html

（注9）"Internet Growth Statistics," *Internet World Statistics*（2016年4月5日にアクセス）internetworldstats.com/emarketing.htm

（注10）Maya Kosoff, "ClassPass, a Startup That Gym Rats and Investors Love, Is Now a $400 Million Company," *Business Insider*, May 6, 2015, businessinsider.com/classpass-400-million-valuation-2015-5

（注11）Antonia Farzan, "Here's How Often You Have to Work Out to Make a ClassPass Membership Worth It," *Business Insider*, July 6, 2015, businessinsider.com/classpass-worth-it-2015-6

（注12）Jenna Wortham, "ClassPass and the Joy and Guilt of the Digital Middleman Economy," *New York Times Magazine*, March 9, 2015, nytimes.com/2015/03/05/magazine/classpass-and-the-joy-and-guilt-of-the-digital-middleman-economy.html?_r=0

（注13）Nathan McAlone, "Hot New York startup ClassPass is Generating $100 Million in Revenue, and It Just Poached a VP from Amazon to Be Its New CTO," *Business Insider*, March 17, 2016, businessinsider.com/classpass-hires-amazons-sam-hall-to-be-new-cto-and-cpo-2016-3

（注14）Maya Kosoff, "Some Gym Owners Have Grown Wary of $400 Million Startup ClassPass: 'It's the Groupon of Exercise Studios'," *Business Insider*, May 19, 2015, businessinsider.com/how-classpass-wants-to-help-studio-owners-2015-5

（注15）このビジネスモデルには他の市場に対する波及効果もある。たとえば以下を参照。Laura Entis, "Meet Cups, the ClassPass of Coffee Shops," Entrepreneur, September 3, 2015, entrepreneur.com/article/250183

（注16）Brad Tuttle, "Everything You Need To Know About Amazon's New Rival Jet.com," *Money*, July 20, 2015, time.com/money/3964742/jet-com-compare-amazon-costco/

（注17）Leena Rao, "Jet.com, the Online Shopping Upstart, Drops Membership Fee," *Fortune*, October 7, 2015, fortune.com/2015/10/07/online-shopping-jet-com/

（注18）Rolfe Winkler, "Frenzy Around Shopping Site Jet.com Harks Back to Dot-Com Boom," *Wall Street Journal*, July 19, 2015, wsj.com/articles/frenzy-around-shopping-site-jet-com-harks-back-to-dot-com-boom-1437359430

adyen.com/home/payment-network/apple-pay

（注 46）Lucy England, "Here's Why the Company that Takes Payments for Facebook, AirBnB and Spotify is Worth $1.5 billion," *Business Insider*, July 10, 2015, businessinsider.com/adyen-fintech-unicorn-payments-facebook-airbnb-spotify-wired-money-2015-7?r=UK&IR=T

（注 47）ウィキペディアの LinkedIn の項を参照（2016 年 4 月 5 日にアクセス）en.wikipedia.org/w/index.php?title=LinkedIn&oldid=713724958

（注 48）"Free LinkedIn Account Usage Among Members as of May 2015," *Statista*（2016 年 4 月 1 日にアクセス）statista.com/statistics/264074/percentage-of-paying-linkedin-users/

（注 49）Siya Raj Purohit, "How LinkedIn Knows What Jobs You Are Interested In," *Udacity.com* (blog), May 21, 2014, blog.udacity.com/2014/05/how-linkedin-knows-what-jobs-you-are.html

（注 50）"LinkedIn Announces Fourth Quarter and Full Year 2015 Results," *LinkedIn*, February 4, 2016, press.linkedin.com/site-resources/news-releases/2016/linkedin-announces-fourth-quarter-and-full-year-2015-results

（注 51）"2 Million LinkedIn Groups," *Slideshare* (infographic), August 20, 2013, slideshare.net/linkedin/linked-in-groups-2013-infographic

（注 52）John Nemo, "LinkedIn Just Made a Savvy Business Move and Nobody Noticed," *Inc.*, April 26, 2016, inc.com/john-nemo/linkedin-just-made-a-savvy-business-move-and-nobody-noticed.html?cid=cp01002fastco

（注 53）詳細な議論については以下を参照。Geoffrey G. Parker, Marshall W. Van Alstyne, and Sangeet Paul Choudary, *Platform Revolution: How Networked Markets Are Transforming the Economy and How to Make Them Work for You* (New York: W.W. Norton & Company, 2016)

第３章

（注１）もちろん、市場をつぶさに観察していれば、市場の衰退とバリューバンパイア出現のあいだには相関関係だけでなく因果関係があると断定できる。

（注２）Dorian Lynskey, "How the Compact Disc Lost its Shine," *The Guardian*, May 28, 2015, theguardian.com/music/2015/may/28/how-the-compact-disc-lost-its-shine

（注３）Neil Strauss, "Pennies that Add Up to $16.98: Why CDs Cost So Much," *New York Times*, July 5, 1995, nytimes.com/1995/07/05/arts/pennies-that-add-up-to-16.98-why-cd-s-cost-so-much.html

（注４）Lynskey, "How the Compact Disc."

（注５）"Why does the RIAA Hate Torrent Sites So Much?" *Music Business Worldwide*, December 6, 2014, musicbusinessworldwide.com/why-does-the-riaa-hate-torrenting/

(注35)「エコシステム」と「コミュニティ」のちがいを説明しておこう。エコシステムでは、ネットワークのメンバーが（エコシステム所有者から提供された）土台となる基礎的要素を使って自らバリューを創出する。これには、そうした基礎的要素を改良・追加して収益化することに貢献した者と（利益の一部を得る）エコシステム所有者の双方に恩恵をもたらすことも含まれる。一方、コミュニティでは、ネットワーク利用者はたんなる「利用者」にすぎない。利用者は自分が見聞きした情報を（リツイートなどによって）拡散できるが、そこに二次的なバリューを追加したり、そこから利益を得たりするのは稀である。一般的にコミュニティの利用者が付加価値を生み出すポテンシャルは、エコシステムの場合より小さい。また、クラウドソーシングとコミュニティのちがいは、（たとえば両者がゲーミフィケーションを取り入れているとして）クラウドソーシングが多様な参画者の存在によってバリューを創出しているのに対し、コミュニティは伝達の効率性を軸にしている、ということになる。

(注36) Amy Larocca, "Etsy Wants to Crochet Its Cake and Eat It Too," *New York*, April 4, 2016, nymag.com/thecut/2016/04/etsy-capitalism-c-v-r.html

(注37) Harrison Weber, "Etsy Now Has 54M Members. They Drove $1.93B in Sales Last Year," *VentureBeat*, March 4, 2015, venturebeat.com/2015/03/04/etsys-54m-members-drove-1-93b-in-sales-last-year/

(注38) "The Appy Trucker," *Economist*, March 5, 2016, economist.com/news/business/21693946-digital-help-hand-fragmented-and-often-inefficient-industry-appy-trucker

(注39) "Internet of Things in Logistics," *DHL Trend Research*, 2015, dpdhl.com/content/dam/dpdhl/presse/pdf/2015/DHLTrendReport_Internet_of_things.pdf

(注40) Bernard Marr, "From Farming To Big Data: The Amazing Story of John Deere," *Data Science Central* (blog), May 7, 2015, datasciencecentral.com/profiles/blogs/from-farming-to-big-data-the-amazing-story-of-john-deere

(注41) Hal Varian et al., *The Economics of Information Technology: An Introduction* (Cambridge: Cambridge University Press, 2004), p. 4

(注42) ウィキペディアのAdyenの項を参照（2016年4月1日にアクセス）en.wikipedia.org/wiki/Adyen

(注43) Jason Del Rey, "Adyen Is the $2 Billion Payments Startup You've Never Heard Of (Unless You're a Payments Nerd)," *Recode*, January 14, 2016, recode.net/2016/01/14/adyen-is-the-2-billion-payments-startup-youve-never-heard-of-unless-youre-a-payments-nerd/

(注44) Sramana Mitra, "Billion Dollar Unicorns: Adyen is on a Roll," *One Million by One Million* (blog), October 7, 2015, sramanamitra.com/2015/10/07/billion-dollar-unicorns-adyen-is-on-a-roll/

(注45) "Accept Apple Pay Online and In-Store," *Adyen*（2016年4月1日にアクセス）

者はファイナンシャルアドバイザーに多額の報酬を払わずにすむ。タスクラビットで安価な労働力にタスクを代行してもらう場合も、賃金の節約によってコストバリューが生まれている。いずれも消費者はコストバリューの恩恵を受ける可能性があるわけだが、「自動化」をエクスペリエンスバリューに分類したのは、単純化や効率、利便性がこのビジネスモデルの一番大きな特徴だからだ。

（注26）今日の支配的なプラットフォームは「破壊的イノベーション」の性質を備えているだろうか。この疑問は、これまでもかなり議論されて注目を集めてきた。これに対する興味深い視点については以下を参照。Alex Moazed and Nicholas L. Johnson, "Why Clayton Christensen Is Wrong about Uber and Disruptive Innovation," *TechCrunch*, February 27, 2016, techcrunch.com/2016/02/27/why-clayton-christensen-is-wrong-about-uber-and-disruptive-innovation/

（注27）Thomas R. Eisenmann et al., "Strategies for Two-Sided Markets," *Harvard Business Review* 84 (October 2006), hbr.org/2006/10/strategies-for-two-sided-markets/ar/1

（注28）ディスラプションの結果として市場シェアが固定化することは、シティグループの調査によって実証的に確認されている。「デジタル分野は従来の分野よりもはるかに統合が進んでおり、デジタル分野におけるトップ3社のシェアが平均で80%以下だったのに対し、物理的な分野におけるトップ3社のシェアは45%以下だった。以下を参照。Sandeep Davé, Ashwin Shirvaikar, and Dave Baker, "Digital Money: A Pathway to an Experience Economy," *Citigroup*, January 2015, citibank.com/icg/sa/digital_symposium/digital_money_index/pdf/Digital%20money%20A%20pathway%20to%20an%20Experience%20Economy.pdf

（注29）Alexa Ray Corriea, "Debate Over Making Money off of Minecraft Leads to Player Outcry, Notch Dismay," *Polygon*, June 17, 2014, polygon.com/2014/6/17/5817194/debate-over-making-money-off-of-minecraft-leads-to-player-outcry

（注30）John Biggs, "A Tiny Computer Attracts a Million Tinkerers," *New York Times*, January 30, 2013, nytimes.com/2013/01/31/technology/personaltech/raspberry-pi-a-computer-tinkerers-dream.html?_r=0

（注31）"Join 2,940,000 Engineers with Over 1,260,000 Free CAD Files," GrabCAD Community（2016年4月5日にアクセス）grabcad.com/library

（注32）Paul Rubens, "What Are Containers and Why Do You Need Them?," *CIO*, May 20, 2015, cio.com/article/2924995/enterprise-software/what-are-containers-and-why-do-you-need-them.html

（注33）Charles Babcock, "Docker: Less Controversy, More Container Adoption In 2015," *InformationWeek*, January 26, 2015, informationweek.com/cloud/platform-as-a-service/docker-less-controversy-more-container-adoption-in-2015/d/d-id/1318771

（注34）Ericka Chickowski, "8 Signs of Docker Ecosystem Empire-Building," *DevOps.com*, March 30, 2015, devops.com/2015/03/30/8-signs-of-docker-ecosystem-empire-build-

マーバリューをもたらし、競争力を向上させているかを示しているに過ぎない。たとえば、縫い目の細かなベッドシーツや肉汁たっぷりのステーキ、洒落たクルマといった「高品質」や「すぐれたデザイン」は顧客が商品を購入する決め手になる可能性があるが、デジタル・ディスラプションそのものと直接の関係があるわけではない。

(注 12) Joseph Bradley et al., "Winning the New Digital Consumer with Hyper-Relevance," Cisco Systems, January, 2015, cisco.com/c/dam/en/us/solutions/collateral/executive-perspectives/ioe-retail-whitepaper.pdf

(注 13) Hannah Yankelevich, "Big Data: Nordstrom's Innovation and Investment for the Future," *Center for Digital Strategies at the Tuck School of Business* (blog), February 4, 2013, digitalstrategies.tuck.dartmouth.edu/about/blog/detail/big-data-nordstroms-innovation-and-investment-for-the-future

(注 14) Meredith Bauer, "The Hottest Trend in 3D Printing: Shoes on Demand." *Sydney Morning Herald*, February 5, 2016, http://www.smh.com.au/technology/innovation/the-hottest-trend-in-3d-printing-could-change-the-way-you-buy-running-shoes-20160204-gmlbzp.html

(注 15) Yan Deng, "How Instacart's Pricing Changes Impact Retailers," *Viewpoints* (blog), February 9, 2016, supermarketnews.com/blog/how-instacarts-pricing-changes-impact-retailers

(注 16) Sara Ashley O'Brien, "Thousands Are Bypassing the Post Office with This App," *CNNMoney*, May 5, 2015, money.cnn.com/2015/04/21/technology/shyp-series-b/

(注 17) Seth Fiegerman, "Google Becomes a Rival to Amazon to Deliver Your Fresh Fruits and Veggies," *Mashable*, September 8, 2015, mashable.com/2015/09/08/google-express-fresh-groceries/# uL8CdTIHoSqN

(注 18) Adrian Gonzalez, "Amazon's 3D Printing Patent: The Quixotic Quest for Instant Delivery?" *LinkedIn Pulse* (blog), March 5, 2015, linkedin.com/pulse/amazons-3d-printing-patent-quixotic-quest-instant-adrian-gonzalez

(注 19) "Ask Alexa," Amazon（2016 年 4 月 11 日にアクセス）amazon.com/gp/help/customer/display.html?nodeId=201549800

(注 20) "Grocery Click+Collect," Tesco（2016 年 4 月 1 日にアクセス）tesco.com/collect/

(注 21) liquidnet.com（2016 年 5 月 20 日にアクセス）

(注 22) 同上。

(注 23) Mike Gault, "Forget Bitcoin – What Is the Blockchain and Why Should You Care?" *Recode*, July 5, 2015, recode.net/2015/07/05/forget-bitcoin-what-is-the-blockchain-and-why-should-you-care/

(注 24) Laura Shin, "Bitcoin Technology Tested in Trial by 40 Big Banks," *Forbes*, March 3, 2016, forbes.com/sites/laurashin/2016/03/03/bitcoin-technology-tested-in-trial-by-40-big-banks/# 5760b2c3d97a

(注 25)「自動化」は大きなコストバリューももたらす。ウェルスフロントのケースでは、消費

はコストバリューやエクスペリエンスバリュー、プラットフォームバリューを使い、消費者だけでなく企業に対しても魅力的な製品やサービスを提供しているからだ。実際、本書で取り上げる卓越したディスラプターの多くがB2Bでかなりの収益をあげている。グーグルの主要な事業もB2Bであり、全世界のデジタル広告の3分の1の収益(670億ドル)を手にしている。アップルのB2B取引は2015年、250億ドルに達した。特定のB2B業界、たとえば物流業や製造業、エネルギー業界に狙いを定めているディスラプターも数多く存在する。以下を参照。Kris Carlon, "Google Makes One Third of All Global Online Ad Revenue, But There's Trouble Ahead," *Android Authority*, March 18, 2016, androidauthority.com/google-makes-one-third-global-online-ad-revenue-680883/Daisuke Wakabayashi, "Apple's Business-Related Revenue Hits $25 Billion," *Wall Street Journal*, September 29, 2015, wsj.com/articles/apples-business-related-revenue-hits-25-billion-144354828

(注3) Howard Lock and James Macaulay, "Hospitality Business Models Confront the Future of Meetings," *Cornell Hospitality Industry Perspectives* 4 (2010): 6-15. June 1, 2010, scholarship.sha.cornell.edu/chrindper/4/

(注4) Christopher Heine, "In a World of Constantly Deleted Apps, This Mobile Player Uses Cash to Keep Folks Coming Back," *AdWeek*, February 19, 2015, adweek.com/news/technology/world-constantly-deleted-apps-mobile-player-uses-cash-keep-folks-coming-back-163025

(注5) Konrad Putzier, "Who Will Be the Airbnb of Office Space?" *The Real Deal*, July 2, 2015, therealdeal.com/2015/07/02/who-will-be-the-airbnb-of-office-space/

(注6) J.B. Wood, Todd Hewlin, and Thomas Lah, *B4B: How Technology and Big Data Are Reinventing the Customer-Supplier Relationship* (n.p.: Point B Incorporated, 2013), pp. 70-71

(注7) Alex Derber, "No Afterthought: Rolls-Royce and the Aftermarket," *MRO Network*, July 19, 2013, mro-network.com/analysis/2013/07/no-afterthought-rolls-royce-and-aftermarket/1345

(注8) "Disrupting Banking: The FinTech Startups That Are Unbundling Wells Fargo, Citi and Bank of America," *CB Insights*, November 18, 2015, cbinsights.com/blog/disrupting-banking-FinTech-startups/

(注9) Joseph M. Bradley et al., "The Advice Advantage: How Banks Can Close the 'Value Gap' and Regain Customer Trust," Cisco Systems, February, 2015, connectedfuturesmag.com/Research_Analysis/docs/ioe-financial-services-white-paper.pdf

(注10) ネットフリックスは、コストバリューという点でももちろん魅力的だが、顧客にとっては、自分が重視しているものだけに対価を払うことで安くすませられるので、エクスペリエンスバリューの卓越した例だと言える。

(注11) ここに提示されている15のビジネスモデルは、競争するうえで企業が採りうるすべての方法を網羅しているわけではなく、こうしたビジネスモデルがいかに新しいカスタ

（注 26）Geoffrey Moore, *Crossing the Chasm, Marketing and Selling High-Tech Products to Mainstream Customers* (New York: HarperBusiness, 1991)（ジェフリー・ムーア『キャズム』翔泳社）

（注 27）Weixin Zha and Stefan Nicola, "German Solar Records May Keep Traders Busy on Weekends," *Bloomberg*, April 15, 2015, bloomberg.com/news/articles/2015-04-15/german-power-grid-expects-a-season-of-record-solar-output

（注 28）Scott McCullough, "Report: Renewables Met 57% of Scotland's Electricity Demand in 2015," *Daily Record*, March 31, 2016, heraldscotland.com/news/14395942.Half_of_Scotland_s_energy_consumption_came_from_renewables_last_year/

（注 29）Alex Davies, "Elon Musk's Grand Plan to Power the World with Batteries," *Wired*, May 1, 2015, wired.com/2015/05/tesla-batteries/

（注 30）Ray Kurzweil, "The Law of Accelerating Returns," *Kurzweil Accelerating Intelligence* (blog), March 7, 2001, kurzweilai.net/the-law-of-accelerating-returns

（注 31）Matthew S. Olson and Derek van Bever, *Stall Points: Most Companies Stop Growing –Yours Doesn't Have To* (New Haven: Yale University Press, 2008)（マシュー・S・オルソン『ストールポイント　企業はこうして失速する』CCC メディアハウス）

（注 32）"The Problem with Profits," *Economist*, March 26, 2016, economist.com/news/leaders/21695392-big-firms-united-states-have-never-had-it-so-good-time-more-competition-problem

（注 33）"World Economic Outlook: A Survey by the Staff of the International Monetary Fund," *International Monetary Fund*, October 2015, imf.org/external/pubs/ft/weo/2015/02/pdf/text.pdf

（注 34）ふたたび成長軌道に戻るという展望にすべての観測筋がそれほど楽観的なわけではない。たとえば、経済学者ロバート・J・ゴードンの著書を参照。Robert J. Gordon, *The Rise and Fall of American Growth: The U.S. Standard of Living Since the Civil War* (Princeton: Princeton University Press, 2016)

（注 35）Richard Dobbs et al., "The New Global Competition for Corporate Profits," McKinsey Global Institute, September 2015, mckinsey.com/business-functions/strategy-and-corporate-finance/our-insights/the-new-global-competition-for-corporate-profits

（注 36）同上。

第2章

（注１）Alexander Osterwalder and Yves Pigneur, *Business Model Generation*, 2010, p. 14（アレックス・オスターワルダー、イヴ・ピニュール『ビジネスモデル・ジェネレーション』翔泳社）

（注２）「カスタマーバリュー」は「コンシューマーバリュー」と同義ではない。ディスラプター

less-cars-could-reshape-cities/?_r=0

（注 15）Wendy Koch, "Self-Driving 'Robocabs' Could Help Curb Global Warming," *National Geographic*, July 6, 2015, news.nationalgeographic.com/energy/2015/07/150706-driverless-robot-taxis-could-curb-global-warming/

（注 16）Bob Morris, "Clayton M. Christensen: An Interview by Bob Morris," *Blogging on Business* (blog), June 9, 2011, bobmorris.biz/clayton-b-christensen-a-book-review-by-bob-morris

（注 17）Ainsley O'Connell, "Pluralsight Continues Its Acquisition Spree, Dropping $36 Million On Code School," *Fast Company*, January 27, 2015, fastcompany.com/3041515/fast-feed/pluralsight-continues-its-acquisition-spree-dropping-36-million-on-code-school

（注 18）"Interbrand Releases 2015 Best Global Brands Report," *Interbrand*, October 4, 2015, interbrand.com/newsroom/interbrand-releases-2015-best-global-brands-report/

（注 19）Trefis Team, "Q2 2015 U.S. Banking Review: Total Deposits," *Forbes*, September 1, 2015, forbes.com/sites/greatspeculations/2015/09/01/q2-2015-u-s-banking-review-total-deposits/# 7282b2081e7d

（注 20）Charles Riggs, "15 Years Online!" *Wells Fargo Guided by History* (blog), May 17, 2010, blogs.wf.com/guidedbyhistory/2010/05/15-years-online/

（注 21）Charles Riggs, "Wells Fargo: 20 Years of Internet Banking," *Wells Fargo Guided by History* (blog), May 18, 2015, blogs.wf.com/guidedbyhistory/2015/05/internet-20-years/

（注 22）Greg Edwards, "Big Banks Report Steady Increases in Mobile Banking," *St. Louis Business Journal*, January 27, 2015, bizjournals.com/stlouis/blog/2015/01/big-banks-report-steady-increases-in-mobile.html

（注 23）Parmy Olson, "Under Armour Buys Health-Tracking App MyFitnessPal for $475 Million," *Forbes*, February 4, 2015, forbes.com/sites/parmyolson/2015/02/04/myfitnesspal-acquisition-under-armour/#65f8fce04db6 また、フィットネス用アパレルメーカーのアンダーアーマーは 2015 年、デジタル戦略の一環としてマイフィットネスパルを買収した。体の動きとバイオリズムを計測するセンサーを内蔵したアパレルが近々発売されるだろう。Under Armour Turns Ambitions to Electronic Apparel Monitoring Apps, *Wall Street Journal*, February 27, 2015. wsj.com/articles/under-armour-looks-to-get-you-wired-with-its-apparel-1425061081

（注 24）Alyson Shontell, "Snapchat is a Lot Bigger than People Realize and It Could Be Nearing 200 Million Active Users," *Business Insider*, January 3, 2015, businessinsider.com/snapchats-monthly-active-users-may-be-nearing-200-million-2014-12

（注 25）Jerin Mathew, "Snapchat Raises $537.6m via Common Stock Sale at $16bn Valuation," *International Business Times*, May 30, 2015, ibtimes.co.uk/snapchat-raises-537-6m-via-common-stock-sale-16bn-valuation-1503598

al IPO Ever with Extra Share Sales," *Forbes*, September 22, 2014, forbes.com/sites/ryanmac/2014/09/22/alibaba-claims-title-for-largest-global-ipo-ever-with-extra-share-sales/#450bb5f97c26

（注6）"The Unicorn List: Current Private Companies Valued at $1B And Above," *CB Insights*（2016年3月31日にアクセス）cbinsights.com/research-unicorn-companies

（注7）同上。

（注8）これはとくに「非回転渦」と呼ばれる特定の種類の渦に当てはまる。渦は形態ごとに異なる性質を持つ。渦の作用についての概要は、ウィキペディアのVortexの項を参照（2016年4月5日にアクセス）。en.wikipedia.org/w/index.php?title=Vortex&oldid=706651597

（注9）デジタル・ボルテックスの中心部にきわめて近いと思われる業界のディスラプションがいっそう進行し、そのスピードが増してきていると考えているのはDBTセンターだけではない。リサーチ機関であるシティグループも最近、楽曲販売やビデオレンタル、旅行予約、新聞業界で「物理的なビジネスモデル」から「デジタル・ビジネスモデル」へ10年間で平均して44%の市場シェア遷移があったと発表した。シティによれば、このデジタル・ディスラプションは時間とともに加速して市場シェアはゆるやかに遷移し（年間最大1.6%）、4年目あたりで変曲点を迎えたあと、従来的な製品やサービスのシェアは急速に下落し、毎年6%以上の下落率になる。以下を参照。"Digital Disruption: How Fintech Is Forcing Banking to a Tipping Point," *Citi Global Perspectives & Solutions*, March 2016, ir.citi.com/D%2F5GCKN6uoSvhbvCmUDS05SYsRaDvAykPjb5subGr7f1JMe8w2oX1bqpFm 6RdjSRSpGzSaXhyXY%3D

（注10）John Greenbough, "10 Million Self-driving Cars Will Be on the Road by 2020," *Business Insider*, July 29, 2015, businessinsider.com/report-10-million-self-driving-cars-will-be-on-the-road-by-2020-2015-5-6

（注11）Paul Gao et al., "Disruptive Trends that will Transform the Auto Industry," *McKinsey & Company*, January 2016, mckinsey.com/industries/high-tech/our-insights/disruptive-trends-that-will-transform-the-auto-industry

（注12）Michele Bertoncello and Dominik Wee, "Ten Ways Autonomous Driving Could Redefine the Automotive World," *McKinsey & Company*, June 2015, mckinsey.com/industries/automotive-and-assembly/our-insights/ten-ways-autonomous-driving-could-redefine-the-automotive-world

（注13）Jenny Stanton, "Drone Delivery is Here! China's Largest Mail Firm to Deliver More than 1,000 Packages a Day to Remote Areas Using Fleet of Aircraft," *Daily Mail*, March 24, 2015, dailymail.co.uk/news/peoplesdaily/article-3009593/Drone-delivery-China-s-largest-mail-firm-deliver-1-000-packages-DAY-remote-areas-using-fleet-aircraft.html

（注14）Nick Bilton, "Disruptions: How Driverless Cars Could Reshape Cities," *New York Times*, July 7, 2013, bits.blogs.nytimes.com/2013/07/07/disruptions-how-driver-

注

序章

（注1）Joel Barbier, Joseph Bradley, and Doug Handler. "Embracing the Internet of Everything to Capture Your Share of $14.4 Trillion," Cisco Consulting Services, 2013, http://www.cisco.com/c/dam/en_us/about/ac79/docs/innov/IoE_Economy.pdf. 以下も参照。"Internet of Everything: a $4.6 Trillion Public-Sector Opportunity," Cisco Consulting Services, 2013, http://www.cisco.com/c/dam/en_us/services/portfolio/consultingservices/documents/internet-of-everything-public-sector-white-paper.pdf.

（注2）私たちは、『イノベーションのジレンマ』などの著書で知られるクレイトン・クリステンセンが提唱した「持続的イノベーション」や「破壊的イノベーション」など、イノベーションの種類を区別することには関心がない。このことは特記しておく必要があるだろう。私たちの定義においてディスラプションとは「競争におよぼす影響」であり、市場勢力図を甚大かつ迅速に変化させるものはなんであれ「破壊的」となる。シンプルに言えば、その変化を生じさせるためにデジタル技術やデジタル・ビジネスモデルが使われているのであれば「デジタル・ディスラプションが起きている」ということになる。私たちの狙いは、デジタル・ディスラプションを起こしているビジネスモデルや企業の力を理解し、そこから既存企業にも応用できる知見をすくい上げることだ。

第1章

（注1）"Short Messaging Services versus Instant Messaging: Value versus Volume," *Deloitte*, 2014, deloitte.com/content/dam/Deloitte/au/Documents/technology-media-telecommunicatir thons/deloitte-au-tmt-short-messaging-services-versus-instant-messaging-011014.pdf

（注2）Sarah Frier, "Facebook's $22 Billion WhatsApp Deal Buys $10 Million in Sales," *Bloomberg*, updated October 29, 2014, bloomberg.com/news/articles/2014-10-28/facebook-s-22-billion-whatsapp-deal-buys-10-million-in-sales

（注3）いまではワッツアップも大きな野心と潤沢な資金を持ったライバル企業にディスラプトされつつあり、アップルのiMessageプラットフォームと、中国のインターネット界の巨人テンセントが提供するウィーチャットがグローバルな通話サービスで大きなシェアを占めている。

（注4）Erik Heinrich, "Telecom Firms Face $386 Billion in Lost Revenue to Skype, WhatsApp," *Fortune*, June 23, 2014, fortune.com/2014/06/23/telecom-companies-count-386-billion-in-lost-revenue-to-skype-whatsapp-others/

（注5）Liyan Chen, Ryan Mac, and Brian Solomon, "Alibaba Claims Title for Largest Glob-

ラ行

ワ行

マ行

ヤ行

ナ行

ハ行

タ行

サ行

カ行

索引

欧文

ア行

■訳者紹介

根来龍之（ねごろ・たつゆき）

早稲田大学ビジネススクール教授。京都大学文学部卒業（哲学科）、慶應義塾大学大学院経営管理研究科修了（MBA）。鉄鋼メーカー、英ハル大学客員研究員、文教大学などを経て2001年より現職。早稲田大学IT戦略研究所所長、早稲田大学大学院経営管理研究科長、経営情報学会会長、国際CIO学会副会長、CRM協議会副理事長などを歴任。著書に『プラットフォームの教科書』『ビジネス思考実験』『事業創造のロジック』（いずれも日経BP社）『IoT時代の競争分析フレームワーク』（編著、中央経済社）『プラットフォームビジネス最前線』（編著、翔泳社）など。

武藤陽生（むとう・ようせい）

翻訳家。早稲田大学法学部卒業。英米文学、ノンフィクション、ゲーム翻訳などを手がける。おもな訳書に『暴露：スノーデンが私に託したファイル』（共訳、新潮社）『スーパーベターになろう！』（共訳、早川書房）『戦力「内」通告』（ハーパーコリンズ・ジャパン）など。

デジタルビジネス・イノベーションセンター（DBIC）

特定非営利活動法人CeFILが2016年5月に設立した国内大手企業が参加するイノベーション開発拠点。製造業やサービス業、金融業、IT企業など30数社が参加。IMDやシンガポールマネジメント大学と連携して開発した研修をはじめ、シンガポールから専門家を招いたデザインシンキング・ワークショップなど、各種の経営層向け、戦略スタッフ育成プログラムを実施。人財育成のみならずエコシステムを活用したオープンイノベーションの運用・実行を目指す。www.dbic.jp/

■著者紹介

グローバルセンター・フォー・デジタルビジネス・トランスフォーメーション（DBTセンター）

エグゼクティブ教育で世界トップランクのビジネススクールであるIMDとネットワーキング分野の世界的リーダーであるシスコが共同で2015年に設立。デジタルビジネス変革の先端をゆく研究と分析を生み出す。企業との共同研究や、企業の経営幹部に対する教育もおこなう。www.imd.org/dbt/
www.imd.org/country/jp/　www.cisco.com/c/ja_jp/

マイケル・ウェイド（Michael Wade）

IMD教授。DBTセンター所長。企業エグゼクティブ向けプログラム「リーディング・デジタルビジネス・トランスフォーメーション」の統括教授を担う他、クレディ・スイスやボーダフォン、マースク、チューリッヒファイナンシャル、PSAプジョーシトロエン、カルティエ、NTTなどにカスタマイズした独自プログラムを、IBMやLVMH、ネスレ、グーグル、ノバルティスなどにコンサルティングサービスやエグゼクティブ教育を提供。カナダのウェスタンオンタリオ大学リチャードアイビー・スクール・オブ・ビジネスで学位、MBA、博士号を取得。スイス在住。

ジェフ・ルークス（Jeff Loucks）

シスコ・デジタイゼーションオフィスのディレクター、DBTセンター客員研究員（2017年5月まで）。グローバル企業やイノベーティブなスタートアップ企業と協働し、デジタル化時代の成功戦略を探究。調査や執筆、コンサルティング活動を通じてビジネスモデル変革やテクノロジー活用を支援。オハイオ州立大学で政治学の学士号を、トロント大学で政治学の修士号と博士号を取得。

ジェイムズ・マコーレー（James Macaulay）

シスコ・デジタイゼーションオフィスのディレクター、DBTセンター客員研究員。ハイテク業界での経験と幅広い知識を活かし、第一線でデジタルマーケットの変遷を見定めている。世界じゅうの企業と協働し、デジタル・トランスフォーメーションに向けたロードマップを設計。ダルハウジー大学で政治学の学位を、トロント大学で政治学の修士号を取得。

アンディ・ノロニャ（Andy Noronha）

シスコ・デジタイゼーションオフィスのディレクター、DBTセンター客員研究員。テクノロジー業界で20年の経験があり、つねに進化を続けるビジネスの世界で生き残ろうとする企業を手助けするための強力なバックグラウンドを持つ。テクノロジーが未来の生活をどう変えるかに大きな関心を寄せる。カリフォルニア大学バークレー校で生物工学の学位を取得。

対デジタル・ディスラプター戦略
既存企業の戦い方

2017年10月23日　1版1刷

著　者　マイケル・ウェイド、ジェフ・ルークス、
　　　　ジェイムズ・マコーレー、アンディ・ノロニャ
監訳者　根来龍之
訳　者　武藤陽生、
　　　　デジタルビジネス・イノベーションセンター
発行者　金子 豊

発行所　日本経済新聞出版社
　　　　http://www.nikkeibook.com/
　　　　東京都千代田区大手町1-3-7　〒100-8066
　　　　電話 03-3270-0251（代）

DTP　タクトシステム
印刷・製本　シナノ印刷
ISBN978-4-532-32165-9 Printed in Japan